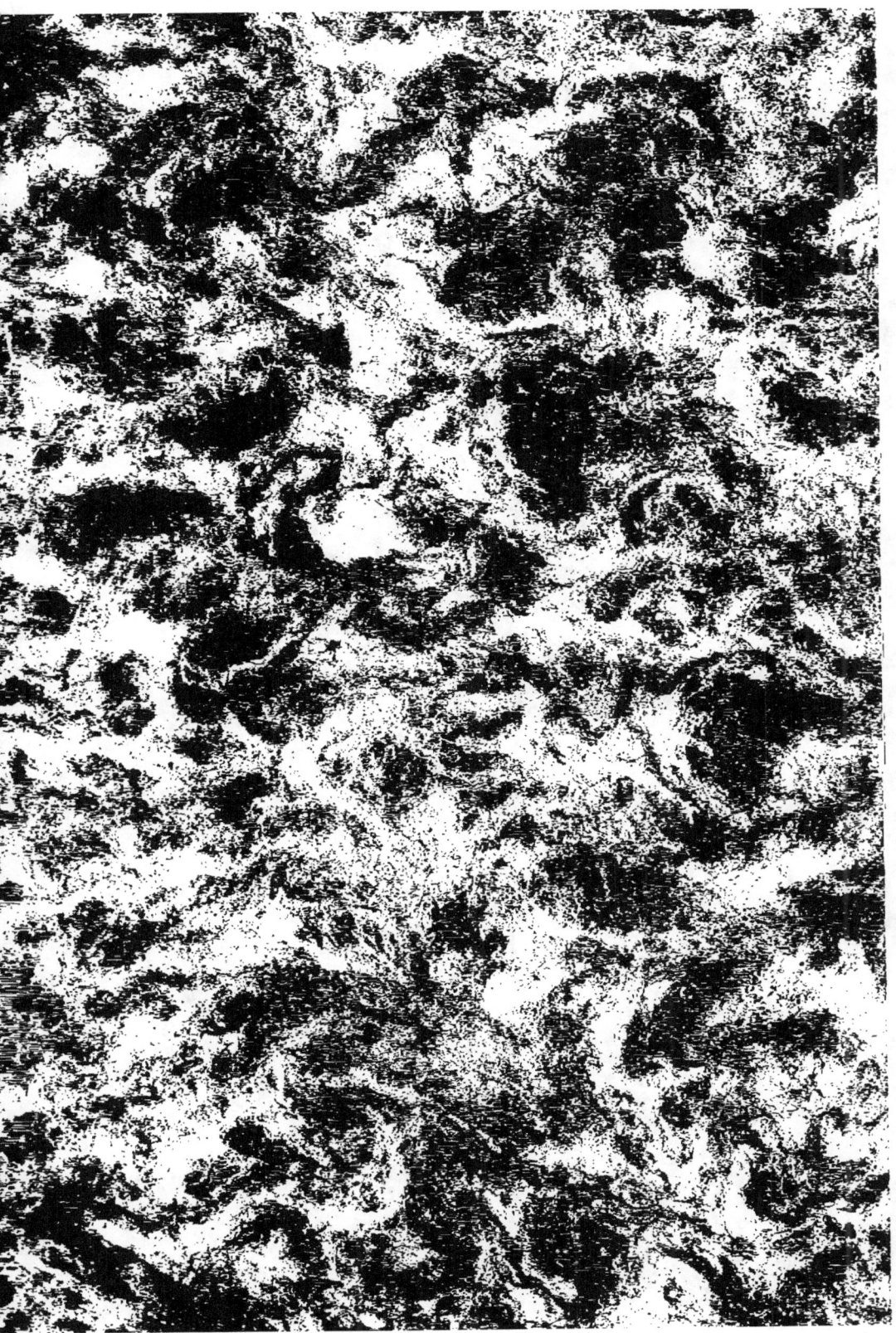

MONTMÉDY EN 1870-71

SIÉGE
BOMBARDEMENTS
OCCUPATION

PAR PH. PIERROT

*Rédacteur du Journal de Montmédy, Membre correspondant de la
Société des Lettres, Arts et Sciences de Bar-le-Duc*

ET N. SIMON

Avocat près la Cour d'Appel de Dijon

EN VENTE:

A PARIS
CHEZ M. DUMAINE, LIBRAIRE-ÉDITEUR, 30, RUE DAUPHINE ET CHEZ M. CH. TANERA,
LIBRAIRE-ÉDITEUR, 6, RUE DE SAVOIE

A MONTMÉDY
CHEZ TOUS LES LIBRAIRES ET AUX BUREAUX DU JOURNAL DE MONTMÉDY

A STENAY
CHEZ Mme NARETTE, LIBRAIRE

A DUN
CHEZ M. DOMINÉ, LIBRAIRE

A SPINCOURT
CHEZ M. RICHARD, LIBRAIRE

A MARVILLE
CHEZ M. PIGNY, LIBRAIRE

MONTMÉDY

EN 1870-71

MONTMÉDY EN 1870-71

SIÉGE
BOMBARDEMENTS
OCCUPATION

PAR

TH. PIERROT & N. SIMON

MONTMÉDY
IMPRIMERIE DE PH. PIERROT-CAUMONT.

1873

AVANT-PROPOS

C'est une tâche difficile que d'écrire l'Histoire. L'Histoire est en effet la résurrection du passé; c'est le passé que l'historien doit tirer du tombeau, arracher à l'erreur, disputer à l'oubli, c'est le passé qu'il doit peindre de ses vraies couleurs, qu'il doit présenter au lecteur de façon que celui-ci puisse dire: Je vous reconnais; c'est vous, c'est bien là le portrait que me trace de vous ma mémoire.

Pour nous surtout la difficulté était grande, car si l'homme qui retrace les annales d'une nation entière fait bon marché des détails et ne s'attache qu'aux faits saillants, qui sont comme autant de cimes élevées d'où l'on découvre la foule des moindres événements, comme autant de phares étincelants dont les rayons éclairent tout le passé d'un peuple, notre devoir, à nous, qui écrivons ici une histoire toute locale était de nous attacher aux moindres détails comme aux faits principaux, de les demander à chacun, de les assembler, de les choisir, de les concilier, de les disposer enfin pour en former un tout qui pût être présenté d'une manière claire et lumineuse au lecteur. Aussi avons-nous longtemps hésité avant d'entreprendre ce modeste travail, et ce n'est que sur les instances de nos amis, avec l'aide de leurs conseils et après de longues et quotidiennes recherches que nous nous hasardons à le livrer enfin à la publicité.

Personne assurément ne s'étonnera que cette poursuite de la vérité dans ses moindres détails ait exigé de notre part deux années d'efforts, quand on réfléchira que pendant cinq longues semaines nous avons été privés, par suite d'un investissement rigoureux, de toute nouvelle du dehors; que le plus souvent une fois la paix faite, il nous fallut visiter les localités voisines en quête de la vérité; que dès le lendemain de la prise de la ville tous les défenseurs qu'il nous eût été si utile de consulter ont été dispersés aux quatre vents, et qu'enfin en ce qui concerne l'ennemi, les Allemands ont toujours mis à cacher la vérité sur leurs actes et leurs pertes le même soin minutieux que d'autres mettent à la rechercher et à la montrer au grand jour.

A défaut d'autre qualité il en est une du

moins que nous revendiquons pour notre œuvre, car nous pouvons en dire ce que Montaigne disait de ses immortels essais : « C'est ici un livre de bonne foi. » N'ayant joué dans les événements racontés qu'un rôle effacé, n'ayant encouru aucune responsabilité, libres de toute influence, n'obéissant à aucune considération personnelle, nous avons demandé à nos concitoyens, aux témoins, aux acteurs des faits dont nous écrivons l'histoire, aux lieux mêmes où ils se sont passés de nous dire la vérité, et c'est cette vérité telle qu'on nous l'a peinte, telle que nous l'avons vue, qu'à chaque page, à chaque ligne de ce livre, nous exposons sans fard, sans passion, dans le costume simple et dégagé qui seul convient à la vérité.

Nous nous trompons, car nous avons au cœur une passion vive, ardente, dont nous ne savons pas déguiser les élans, qui parle malgré nous : l'amour de notre pays.

Nous sommes Français, nous sommes Lorrains, nous n'avons pu l'oublier malgré la présence du vainqueur, et l'image de la patrie en deuil, le souvenir de nos frères d'Alsace et de Lorraine, le ressentiment des humiliations subies, des maux endurés par nous ont toujours été présents à notre mémoire.

Nous dédions notre ouvrage à la France de demain, à cette France grande, libre, courageuse, savante, forte, qui remplacera la France d'hier abaissée, ignorante, efféminée, le jour où la génération qui se lève, se rappelant nos maux et nos fautes, aura appris à éviter les uns en fuyant les autres, le jour où dans chaque ville, dans chaque hameau, dans chaque cœur français on trouvera cette conviction que l'application au travail et la pratique des vertus viriles sont le commencement de la revanche.

Ph. P. — N. S.

Comme à chaque page de ce livre nous aurons à déplorer l'incurie et l'imprévoyance qui ont précédé la guerre et préparé nos désastres, nous avons cru utile pour ne pas revenir sans cesse sur ce triste sujet de dire dans une introduction quelques mots sur deux importantes questions : des causes de la guerre ; des causes de nos défaites.

GUERRE DE 1870 – LES BORDS DU RHIN.

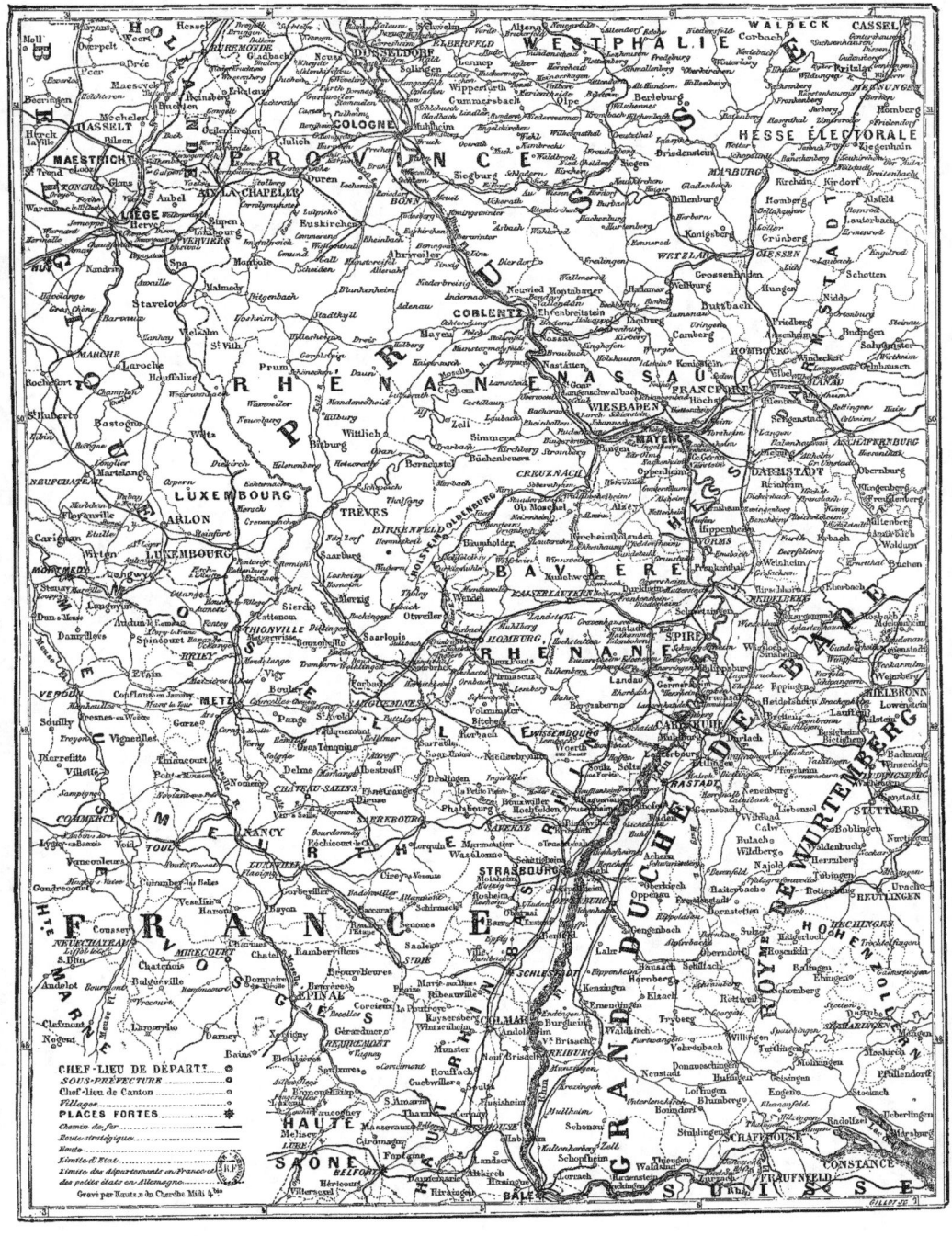

INTRODUCTION

Quelques mots sur les causes de la guerre et les causes de nos défaites

L'heure des pourquoi et des explications est arrivée, et après avoir eu longtemps la faiblesse de l'inaction et de l'apathie, il nous faut avoir du moins le courage de la vérité. Le temps passé n'est plus, et comme au cimetière on grave sur la tombe des morts le souvenir de leurs actions et le résumé de leur vie pour servir d'exemple à ceux qui leur survivent, il nous faut graver dans notre mémoire les enseignements qu'il nous a légués, afin de ne point laisser, nous aussi, aux âges futurs un triste héritage d'humiliations et de malheurs.

A qui la responsabilité du sang répandu ? Quel est le meurtrier de ces soldats de deux nations qui, unis dans la fraternité de la mort pourrissent dans les champs funèbres de Reichshoffen et de Sedan, etc. Qui doivent maudire les mères ? Qui doivent haïr les orphelins ? — Les faits répondront pour nous, et parleront plus haut que le vainqueur lui-même qui ne pourra pas du moins étouffer leur témoignage.

1815 restait à venger.... La victime cependant oubliait ses humiliations et ses misères d'autrefois, quand la Prusse vint raviver ces souvenirs à moitié éteints et ranimer des colères que le temps avait à peine apaisées. Sans cesse provoquée, toujours muette, la France sentait son sang bouillonner et la colère s'allumer dans ses veines. Un jour arriva enfin où une provocation de plus devait faire déborder la coupe déjà trop remplie et armer nos bras contre l'insolent qui portait atteinte à la fierté que nous ont léguée nos belliqueux ancêtres, et qui, à travers les siècles, formera toujours le trait distinctif de la nation française.

Faut-il rappeler ce qui se passa à l'époque de la guerre de Crimée et de la guerre d'Italie? Faut-il rappeler des faits plus récents encore: l'inexécution du traité de Prague, les difficultés soulevées à propos de la question Luxembourgeoise, des chemins de fer belges, du chemin de fer du Saint-Gothard, toutes occasions que saisit avec empressement la Prusse pour nous témoigner une hostilité constante, un mauvais vouloir à peine déguisé et infliger à notre amour-propre des humiliations qui, à la longue, devaient lasser notre patience et nous engager à montrer à l'Europe que pour nous l'heure de la décadence n'était pas venue, et que nous n'étions pas un peuple vieillard que l'on pût insulter sans crainte.

Exploitant à son profit la juste fierté qui constitue le fond de notre caractère national, l'habile et astucieux ministre qui règne à Berlin, sous le nom d'un monarque affaibli par l'âge, le tristement fameux M. de Bismarck « puisqu'il faut l'appeler par son nom, » tendait à notre diplomatie à courte-vue un piége dans lequel celle-ci donnait tête baissée. De même qu'en 1866 il conduisait par ses menées occultes l'Autriche à déclarer la guerre à la Prusse, tandis qu'évidemment l'agression partait de celle-ci, de même en

1870, à propos d'un incident de futile apparence, il força (car forcer est le mot) par une trame savamment ourdie la France à faire à son pays une déclaration de guerre, qu'il appelait de tous ses vœux, qu'il préparait de longue date, dont il avait pesé toutes les conséquences et dont par un prodige d'habileté il sut user pour mettre aux yeux de l'Europe tous les torts de notre côté.

Pendant que nos hommes d'Etat d'alors s'endormaient dans une sécurité trompeuse et dans une coupable inertie, répondant avec un imperturbable aplomb aux interpellations de l'opposition que « corps d'armée, armements, plans de campagne étaient prêts et archi-prêts, » que toutes nos places de l'Est étaient dans un état de défense formidable, le Machiavel prussien et ses complices n'avaient négligé aucun moyen d'action. Espionnage largement conçu et pratiqué par toute la France, depuis plusieurs années, fabrication d'engins de destruction d'une puissance inconnue jusqu'alors, mise en œuvre d'une discipline draconienne, incorporation dans ses armées de tous les hommes valides sans exception, traités secrets avec toutes les cours d'Allemagne auprès desquelles on nous fit passer pour d'audacieux croquemitaines, élaboration d'un code cruel et inhumain à l'égard des populations, création de règlements barbares édictés tout spécialement en vue de la guerre avec la France, voilà ce qu'avait imaginé et organisé dans l'ombre le gouvernement prussien.

Aussi, bien que l'instigateur véritable de cette guerre fût notre ennemi, ne lui marchanderions-nous ni l'éloge, ni l'admiration pour l'énergique activité et la science profonde dont il a fait preuve, et le dirions-nous un grand homme, s'il n'existait une morale qui condamne l'hypocrisie, si le vice pouvait être grand, si la fin obtenue pouvait justifier de sauvages exactions, d'odieux outrages, et si quelques couronnes de laurier chèrement conquises ou achetées à des traîtres pouvaient excuser la cruauté et justifier la barbarie.

Voilà ce qu'était la Prusse au 19 juillet 1870; voyons ce qu'était la France.

« Celui me semble avoir très-bien conceu la
« force de la coustune, dit Montaigne, qui pre-
« mier forgea ce conte, qu'une femme de village
« ayant appris de caresser et porter entre ses
« bras un veau de l'heure de sa naissance et
« continuant tousiours à ce faire, gaigna cela par
« l'accoustumance, que tout grand bœuf qu'il
« était, elle le portait encore. »

Que l'on nous pardonne en un si grave sujet de citer le singulier exemple que le sceptique philosophe donne de la force de la coutume, car vraiment l'on en peut tout croire après ce que nous avons vu.

Depuis vingt ans la France s'était accoutumée au joug, et dénué depuis longtemps d'énergie et de virilité, le pays des Gaulois condamné à l'inertie, ayant désappris à commander, avait appris à dormir d'un profond somme sur l'oreiller commode de l'insouciance; on s'accoutuma à croire comme l'on s'était accoutumé à obéir, et quand quelques jours avant la guerre nos hommes d'Etat proclamèrent que rien ne nous manquait pour vaincre, la France eut un dernier mouvement de crédulité et de reconnaissance envers ses prétendus sauveurs. Hélas! c'était son dernier accès de confiance, et bientôt de terribles désastres devaient lui apprendre ce que devient un pays qui se laisse aller à une aveugle sécurité et qui s'habitue à se laisser conduire sans oser demander à ses administrateurs un compte sévère de son argent.

Eveillée en sursaut au premier coup de canon, la France chercha ces armées immenses qui figuraient sur le papier et émargeaient des centaines de millions au budget et ne les trouva pas. Elle chercha cette organisation merveilleuse qu'on lui avait vantée et ne trouva partout que désorganisation et pourriture. Elle demanda des armes, exigea que l'on ouvrît ses arsenaux, et les trouva vides. Elle demanda des chefs qui pussent la mener à la victoire, elle trouva des soldats qui savaient mourir, conduits par des chefs qui n'avaient appris qu'à s'abêtir et qui y avaient réussi : « des lions conduits par des ânes. » Ses enfants cruellement mutilés sur le champ de bataille, cherchèrent ces ambulances dont on leur avait vanté la sublime organisation, et ne les trouvèrent point. Ils demandèrent du pain à leurs chefs, et leurs chefs avec un amer sourire, leur montrèrent au loin fuyant devant l'indignation publique, les brillantes sirènes qui avaient dans de gais festins mangé le pain de nos soldats. Ils leur montrèrent aussi franchissant la frontière d'un pas agile, la cohorte grassement payée des courtisans, chenilles budgétaires qui avaient mangé le meilleur de l'arbre social, et employé à égayer leurs loisirs les épargnes du peuple.

Pauvre France! elle ne marchanda jamais ni

son argent pendant la paix, ni son sang durant la guerre. On lui demanda des millions, des milliards, et les milliards abondèrent, et les caisses publiques s'emplirent. Toutes ces sommes fabuleuses ont été votées et versées. Elles n'avaient rien de fictif assurément pour les contribuables. Leur emploi seul fut fictif, car l'argent, fruit des sueurs de tout un peuple, on l'employa à corrompre les uns, à s'assurer le concours des autres, à fermer la bouche aux mécontents, à rassasier les ambitieux, à combler les repus. On le dépensa en prodigalités, en fêtes, en festins, jusqu'au jour où il fallut déclarer que le soldat n'avait pas de biscuit, l'artillerie point de canons, l'armée point de chefs, la France point de chance de vaincre.

Mais assez sur ce lamentable sujet. Malgré nos défaites, malgré les humiliations que nous avons subies et que nous subissons encore, nous n'envierons pas à l'ennemi ses lauriers, si, grâce à notre sagesse, il peut un jour nous envier nos cyprès et la régénération qui en aura été la suite. Ces cruels souvenirs eux-mêmes que nous rappelons ici seront profitables à notre cher pays, s'ils restent présents au cœur de tous les Français, et peuvent du moins servir à éviter le retour des fautes dans lesquelles nous sommes tombés et des catastrophes inouïes qui en ont été la suite.

SIÉGE

ET BOMBARDEMENTS

CHAPITRE Ier

LES PRÉLIMINAIRES DE LA CAMPAGNE

La déclaration de guerre

Ce fut le 15 juillet, jour de foire à Montmédy, que l'on apprit en cette ville la rupture définitive des négociations entamées, entre les cabinets français et prussien, relativement à la renonciation du prince de Hohenzollern à la couronne d'Espagne. En même temps parvint la nouvelle de la déclaration de guerre, qui en était la conséquence inévitable, et des premiers mouvements de nos troupes vers la frontière. Le *Journal de Montmédy*, informé par ses correspondances spéciales de ces graves nouvelles que n'avaient pas relatées les feuilles parisiennes du jour, mais que faisait pressentir la baisse extraordinaire des valeurs de la Bourse, les reproduisit le jour même. Pour midi elles étaient l'évènement du jour et elles avaient pour effet immédiat de relever d'une manière sensible le cours des prix des chevaux et des bestiaux que de hardis spéculateurs se mirent à accaparer à n'importe quel prix, en vue d'une prochaine entrée en campagne. L'évènement leur donna raison, et dame Fortune récompensa leur prévoyance.

Cette même après-midi, sur le soir, l'autorité militaire de la ville fit publier à son de caisse un arrêté du général commandant la division de Metz, portant qu'à partir de cette même nuit les portes de la ville haute, qui se rouillaient depuis plusieurs années sur leurs gonds immobiles, se fermeraient désormais à dix heures du soir et s'ouvriraient à quatre heures du matin. Une seconde retraite devait être battue chaque soir sur les remparts à neuf heures et demie, puis suivie, à dix heures moins cinq minutes d'un dernier roulement de tambour prévenant les attardés d'avoir à se hâter s'ils voulaient rentrer en ville.

Tels furent pour Montmédy les premiers indices de la guerre dans laquelle nous entrions.

En outre, le soir même, des patrouilles tirées d'un détachement du 57me de ligne, qui composait la garnison, étaient envoyées en éclaireurs aux alentours de la ville, avec mission de surveiller de préférence les abords du chemin de fer.

On passa la soirée et la nuit au milieu de vives préoccupations et une foule anxieuse attendait, le lendemain 16 juillet, dès le matin, l'arrivée des courriers de Paris. La population, émue à bon droit, se réunissait en groupes, comme si au moment du danger chacun eut senti le besoin de se rapprocher pour échanger ses impressions et discuter la question que le canon, quelques jours plus tard, devait décider.

Si l'on était à juste titre inquiet des suites que devait amener la solennelle détermination prise par notre gouvernement, on envisageait néanmoins l'avenir avec confiance. Notre patriotisme, tant de fois et depuis si longtemps froissé par les provocations incessantes de la Prusse, se plaisait à espérer une vengeance prochaine de tant de mauvais procédés. Les idées optimistes l'emportaient de beaucoup. On se rappelait en effet avec bonheur les succès des guerres précédentes, et notre amour-propre national se complaisait dans la pensée que les vainqueurs de Sébastopol et de Solférino devaient être invincibles.

Les dépêches du matin apportèrent la confirmation de la grande nouvelle. Nos armées, dont on s'exagérait les chiffres et l'importance, avaient reçu l'ordre de se mettre en mouvement vers la frontière. De ce moment, la petite ville, si calme et si paisible d'habitude, prit un air d'animation qu'on ne lui connaissait pas et qu'elle devait conserver jusqu'au désastre de Sedan.

Dans cette même journée du 16, elle devait avoir une première alerte, dénuée il est vrai de tout fondement, mais qui était déjà en quelque sorte l'avant-goût et le présage des tribulations qui nous attendaient. Ce simple incident fut toute une révélation de l'incertitude qui régnait en France et de la complète désorganisation dans laquelle on était tombé.

Des agents de la Compagnie des chemins de fer de l'Est, arrivés par le train de midi, apportèrent la nouvelle que les Prussiens avaient franchi la frontière près de Sierck et marchaient sur Thionville. Cette rumeur sembla d'autant plus vraisemblable, qu'un général, arrivé par le même train, pour inspecter la place, ne fit qu'atterrir, conférer mystérieusement pendant quelques minutes avec les officiers, chefs des services de la place, qui étaient venus l'attendre à la gare, et reprendre aussitôt le train descendant sur Sedan.

Ce bruit fâcheux fut aussitôt colporté en ville où il se propagea avec la rapidité de la foudre, se grossissant chemin faisant comme c'est la coutume. On parlait de canonnade entendue dans le lointain. Un corps prussien, fort de 30,000 hommes entourait Thionville et le bombardait. Avant la nuit ou le lendemain au plus tard, les avant-coureurs ennemis devaient paraître en vue de Montmédy, et l'on n'avait que 120 hommes de troupes à leur opposer!!! Et encore étaient-ils tous fantassins. On avait par mégarde oublié les artilleurs! L'émoi fut vif dans la ville, peu familiarisée avec ces sortes d'alertes qui pourtant devaient plus tard (qu'on nous passe le mot,) être le pain quotidien de sa population.

Par une coïncidence malheureuse, qui fut la conséquence de la conférence qu'avait eue le commandant de place avec le général de passage à la gare, il fut fait une heure plus tard publication d'ordres prescrivant de mettre immédiatement la forteresse en état de défense. A défaut de militaires des armes spéciales, il était fait appel au dévouement de tous pour aller tirer les canons des arsenaux, les disposer sur les remparts, les approvisionner de munitions, etc. Une telle invocation au patriotisme de la population montmédienne ne pouvait rester sans résultat. Tous les habitants de la ville, sans distinction de rangs ni de titres, se portèrent aussitôt aux fortifications et s'y livrèrent à des prodiges d'activité.

Réflexion faite, des idées plus calmes se firent jour. On reconnut qu'en définitive toute cette panique ne reposait que sur de vagues *on dit*, et on se rasséréna le soir à l'arrivée du train.

On apprit que la prétendue invasion du territoire français consistait purement et simplement en une incursion faite par quatre officiers prussiens qui, soit fanfaronnade, soit dans le but de faire une reconnaissance, — ces gens-là ne faisant habituellement aucune démarche qui n'ait un but pratique, — avaient franchi la frontière et étaient venus faire parade d'une facile bravoure aux yeux des habitants désarmés de la petite ville de Sierck, située sur la Moselle, à 2 kilomètres seulement des confins de la Prusse. La gendarmerie fut lancée à leur poursuite. Ils ne l'attendirent pas et repassèrent la frontière au galop de leurs chevaux.

Telle était l'origine de ce fameux télégramme du maire de Sierck, qui fut porté jusqu'à la tribune du Sénat; telle fut la source de ce gigantesque canard que nos officiers généraux, avec le défaut de pénétration qui les caractérisait, accueillirent sans contrôle; tel fut le premier de tous ces faux bruits qui devaient jouer un rôle si fatal pendant tout le cours de cette guerre malheureuse!

Passant brusquement d'un extrême à l'autre avec cette impressionnabilité qui est un des traits distinctifs du tempérament français, on accueillit tout aussitôt avec la même légèreté des nouvelles optimistes, portant que le grand-duché de Luxembourg avait été occupé sans coup-férir par notre armée, qui n'avait en cela fait que prévenir les prussiens dans leurs projets d'envahissement, que 12,000 hommes de nos troupes étaient entrés à Luxembourg et s'y fortifiaient, que 30,000 prussiens, arrivés plus tard, avaient trouvé la place prise, etc.

Finalement et informations reçues, les Luxembourgeois seuls étaient dans le Luxembourg. Français et Prussiens en avaient respecté la neutralité, n'osant ni les uns ni les autres encourir la responsabilité d'une semblable violation de territoire. Seulement ces derniers avaient fait sauter à Wasserbillig, sur la Sure, un pont mettant en communication la Prusse rhénane avec le Grand-Duché.

A la même date du 17, la Compagnie de l'Est porta à la connaissance des intéressés deux avis annonçant, le premier, que sur tout son réseau les marchandises seraient rigoureusement refusées aux gares, les transports en petite vitesse étant exclusivement réservés au matériel de guerre, aux céréales et à quelques autres objets de première nécessité ; le second que, jusqu'à nouvel ordre, le service des voyageurs était en partie supprimé, des wagons de première et de deuxième classes devant seuls rester affectés à cette destination. Ce furent là, avec la fermeture des portes, les premières incommodités que la population eut à subir.

Pendant ce temps se continuaient avec une fiévreuse ardeur les travaux d'armement de la forteresse. Comme la veille, ils étaient exécutés par des hommes de bonne volonté de Montmédy et des environs, qu'animaient les plus vifs sentiments de patriotisme. Il n'était en effet nullement question de rémunération. Ces travaux se faisaient sous la direction des chefs trop clairsemés du génie et de l'artillerie de la place, secondés par quelques hommes qui avaient servi dans l'un ou l'autre de ces corps. A eux s'étaient adjoints les employés des deux administrations des ponts-et-chaussées et de la voirie vicinale, accompagnés d'escouades de cantonniers. Tous ceux à qui leur profession ou leurs habitudes ne permettaient pas de manier les lourds instruments du travail tenaient à honneur de payer aussi leur dette à la patrie en assistant et en encourageant les travailleurs, et en leur distribuant d'abondants rafraîchissements.

En même temps des bûcherons furent requis dans les villages voisins à l'effet d'abattre les arbres qui faisaient à la petite citadelle une si riante ceinture de feuillage et de verdure. Mais il fut sursis pour cette fois à cette mesure extrême. On se contenta d'en couper et d'en élaguer quelques-uns qui auraient pu gêner les manœuvres de l'artillerie.

Ce fut ce jour que, conformément à une décision du ministre de la guerre, partirent les soldats appartenant aux diverses classes de la réserve. Ces jeunes gens, arrivés par centaines de tous les points de l'arrondissement, escortés de leurs parents et de leurs amis, entretenaient dans la ville et à la gare une animation inusitée. Des militaires de toutes armes se coudoyaient. C'était une mêlée, une bigarrure d'uniformes indescriptible. Bien des poignées de main, bien des adieux s'échangèrent alors, bien des larmes furtives furent répandues. C'était un beau et attendrissant spectacle. Combien en effet partaient qui ne devaient pas revenir!!! Combien ne devaient revoir leurs foyers que mutilés!!!

On se laissait aller à de si patriotiques élans, on se berçait de si flatteuses espérances qu'on faisait taire les sentiments de tendresse pour n'écouter que la voix sévère du devoir. Les sanglots étaient courageusement refoulés. Mères et épouses contenaient l'expression de leur affliction et conservaient une énergique fermeté. Pas de forfanterie, mais pas de faiblesse. Il fallait voler à la frontière, chacun le sentait et l'on espérait voir bientôt rentrer les chers absents triomphants et couverts de lauriers !

C'est aux cris de *Vive la France!* que les trains emportèrent cette vaillante jeunesse qui allait rejoindre les divers régiments auxquels elle appartenait et qui courait à des destinées inconnues.

« Varus, Varus, rends-moi mes légions! » s'écriait l'empereur romain dans ses longues insomnies... Rendez-moi mes enfants, mes trésors, mes lauriers, mon honneur, s'écrie aujourd'hui la France s'adressant à ces hommes qui l'ont sciemment et de propos délibéré précipitée toute pantelante dans un tel abîme de misères?

Ce jour encore l'attente des nouvellistes fut déçue. Des habitants de Montmédy, partis pour Thionville et Metz, en revinrent au train du soir sans rapporter aucune information. De leur côté, les feuilles politiques du jour, arrivées avec un retard considérable ne contenaient aucun fait saillant, si ce n'est la baisse de plus en plus accentuée des diverses valeurs cotées à la Bourse.

L'entrée en campagne.

Le lendemain, 18, plusieurs trains renfermant des batteries d'artillerie passèrent en gare le matin. La première de ces batteries, à son passage à Carignan, avait dû abreuver ses chevaux. Mus par des sentiments de solidarité patriotique, les habitants de cette ville, pensant avec raison que les hommes, entassés dans les wagons, devaient souffrir considérablement des ardeurs caniculaires de l'époque, firent une collecte destinée à procurer des rafraîchissements à ces soldats. Il va de soi que ces largesses, qui devaient être bientôt partout imitées, furent chaleureusement accueillies par ceux qui s'en allaient gaîment et vaillamment affronter les périls de la guerre.

Ce jour-là, les journaux nous apportèrent la nouvelle tout à fait imprévue que les gouvernements de la Bavière, du Wurtemberg et du Grand-duché de Bade aux yeux desquels le rusé chancelier de l'Allemagne du Nord avait sans doute fait miroiter d'imaginaires dangers d'annexion du côté de la France, avaient signé depuis quelque temps déjà un traité d'alliance offensive et défensive avec la Prusse; qu'en conséquence ils considéraient la déclaration de guerre de la France à la Prusse comme *casus fœderis* et *casus belli* et qu'ils mettaient leurs armées à la disposition du roi Guillaume. Insensés qui lâchaient la proie pour l'ombre! Ils ne comprenaient pas qu'ils allaient forger de leurs propres mains les fers destinés à leur servir d'entraves! Ils s'en aperçoivent aujourd'hui, que devenus simples vassaux du roi de

Prusse, élevé au rang d'Empereur d'Allemagne, les souverains de ces Etats passent à l'état de préfets couronnés, tandis que leurs peuples se voient réduits à servir de marche pieds à l'insatiable ambition prussienne. Ils ont déjà pu se convaincre des douceurs que leur tient en réserve pour l'avenir la domination bismarkienne qui, avant de les asservir tout à fait, a réussi à leur limer griffes et dents, en apportant un soin jaloux à placer toujours leurs troupes en première ligne de bataille, et les lauriers conquis sur la tête de l'Empereur d'Allemagne, manière vraiment commode de se débarrasser des ennemis de l'intérieur en les livrant à la baïonnette et aux balles de l'étranger!

Mais laissons à leurs regrets tardifs et justement mérités ces serviles alliés de la Prusse, pour nous en tenir à constater ce fait, le seul qui nous intéresse directement: cet appoint des forces vives d'Etats comptant ensemble dix millions d'habitants, dont toute la partie valide était militarisée à la prussienne, constituait pour la France un danger de plus que notre diplomatie n'avait nullement cherché à conjurer, faute d'avoir médité ces deux vers du bonhomme Lafontaine:

> Deux sûretés valent mieux qu'une
> Et le trop en cela ne fut jamais perdu.

En attendant on endormait la nation par de fallacieuses illusions. Le Danemark, disait-on, nous tendait les bras; l'Autriche, jalouse de prendre sa revanche de 1866 levait une armée destinée à faire une puissante diversion; la Suède et l'Italie étaient frémissantes et ne dissimulaient pas leurs sympathies en notre faveur; nous avions pour nous l'opinion de l'Europe. Et le contraire seul était vrai. Tout avait été mis en œuvre pour nous aliéner l'Europe entière, qui ne nous le prouva que trop en écoutant indifférente, nos cris d'agonie, et nos appels désespérés.

Ces faits, qui nous montraient la Prusse disposant de forces bien plus considérables que l'on ne s'y attendait ne découragèrent pourtant pas. On espérait fermement en l'étoile de la France et en l'invincibilité de ses phalanges. A Montmédy comme partout, l'enthousiasme continuait d'être à l'ordre du jour. On redoublait d'activité pour compléter les travaux de défense de la place.

La petite forteresse, si fièrement campée sur son mamelon verdoyant, achevait sa toilette des grands jours et se disposait à faire aux prussiens un rude accueil. Ses canons, ses mortiers reluisaient au soleil, entourés de respectables piles de boulets, d'obus, de bombes, le tout formant un armement dans lequel on avait encore alors pleine confiance, ignorant que l'on était des perfectionnements apportés par l'ennemi à son artillerie; les revêtements et les parois des batteries se garnissaient de gabions, fascines, sacs à terre et d'épaulements gazonnés. Les approvisionnements de vivres et d'eau se faisaient en même temps. En raison de la sécheresse persistante qui avait épuisé les provisions d'eau, on en amena d'énormes quantités de la petite rivière de Thonne, et on en emplit les citernes.

La population, qu'animait un excellent esprit, se préparait à faire dignement son devoir au cas où, ce qui semblait bien improbable alors, les prussiens, après avoir culbuté nos troupes à la frontière, se répandraient dans l'intérieur du pays.

Le 19 juillet, par le train du soir, arriva M. de Metz, préfet de la Meuse, qui venait se rendre compte *de visu* de la situation de la place. Il repartit le lendemain matin par le train de sept heures, après avoir examiné les travaux des fortifications et exprimé à tous sa satisfaction et son approbation.

C'est en cette journée du 19 juillet que commencèrent d'une manière régulière les passages de troupes qui, pendant une huitaine, devaient se succéder sans relâche. A cette nouvelle, des habitants de la ville se portèrent en grand nombre à la gare pour y distribuer des rafraîchissements. Cet exemple fut le point de départ d'un entrain général. Par les soins de quelques citoyens dévoués, une souscription s'organisa à cet effet et se couvrit rapidement de signatures. En quelques jours, 2,000 francs environ étaient recueillis dans les deux villes et consacrés à l'acquisition de boissons destinées à désaltérer tous les militaires de passage. Inutile de dire avec quelle reconnaissance étaient accueillies ces offrandes par ces hommes qu'accablait une chaleur suffocante. Ils y répondaient par des acclamations sans fin de : *Vive la France! Vive Montmédy! A bas la Prusse! A bas Bismark!* A ces cris qui jaillissaient de milliers de poitrines répondaient ceux de: *Vive la France! Vive l'armée!* proférés par la foule. Quelques vivats de plus en plus rares en l'honneur de l'Empereur se mêlaient timidement à cette explosion d'enthousiasme. Toutes les fois que ces trains étaient accompagnés de musiques militaires, celles-ci exprimaient gracieusement leur tribut de reconnaissance par l'interprétation des airs les plus brillants de leurs répertoires. La *Marseillaise,* sans cesse redemandée, était exécutée chaque fois au milieu de bravos frénétiques.

Rien ne peut donner une idée de ces scènes patriotiques qui se prolongèrent pendant plusieurs jours. Ceux qui les ont vues n'en perdront jamais la mémoire, malgré les ombres lugubres que sont venus par la suite jeter sur ces souvenirs les terribles revers de notre vaillante armée. C'était dans les derniers moments surtout, à la gare et à ses approches un va-et-vient inexprimable. Chaque soir, une fois le travail de la journée terminé, toute la population s'y portait et, malgré tout le zèle et la surveillance des agents de la Compagnie de l'Est, qu'un service continuel de jour et de nuit mettait sur les dents, ni portes ni barrières n'opposaient plus de frein à l'enthousiasme des assistants, jaloux d'aller serrer la main à nos soldats, de leur distribuer douceurs et rafraîchissements et de leur donner des paroles d'encouragement. Aux acclamations s'entremêlaient les spirituels lazzis de la part des loustics de chambrée, provoquant les éclats de rire de la foule et des soldats, confondus dans une fraternelle mêlée.

Aux arrivées, aux départs, tous les fronts se découvraient devant ces braves qui allaient verser leur sang pour la patrie; les tambours, les clairons sonnaient la charge et formaient un martial accompagnement aux vivats sans nombre.

Quelques distributions de tabac ayant été reçues avec une faveur marquée, une nouvelle souscription s'ouvrit pour cette œuvre et dépassa bientôt le chiffre de 100 francs recueillis sou à sou. En dehors de ces largesses publiques, ce n'est que les mains et les poches pleines d'offrandes particulières : vins fins, comestibles, cigares, etc., que les habitants se présentaient à chaque passage de train. De vrais patriotes, appartenant à toutes les classes de la société, se relayaient jour et nuit pour que le service des distributions ne fût jamais interrompu.

Le Sous-Préfet et les principales autorités civiles de Montmédy se faisaient un devoir d'être présents à presque tous ces passages et exprimaient hautement les sentiments d'admiration que leur inspirait la conduite si patriotique de la population.

Et ces scènes se renouvelaient de gare en gare jusqu'au moment où nos soldats descendaient de wagon pour marcher à l'ennemi.

Bien que ces faits ne paraissent aujourd'hui offrir qu'un intérêt secondaire, nous avons cru néanmoins devoir consacrer quelques lignes à ces souvenirs, en l'honneur de la population de Montmédy qui, dans ces circonstances se multiplia et se dévoua avec une ardeur et un zèle dignes d'un sort meilleur que celui que lui réservait l'impénétrable avenir. Qui donc se fût douté alors, en voyant défiler ces troupes pleines de feu patriotique qu'au lieu des lauriers promis elles ne récolteraient que de noirs cyprès ?

De faux bruits s'étant encore répandus dans le public, M. le Sous-Préfet Roucher d'Aubanel, fit publier le 22 juillet un avis par lequel il engageait la population à se tenir en garde contre toutes les vaines rumeurs que colportaient les nouvellistes.

C'est à cette époque que prit naissance à Montmédy et dans les communes environnantes cet élan de souscriptions en faveur de l'armée qui, en peu de jours atteignirent des chiffres fort respectables.

Parallèlement à ces listes, les journaux en publiaient d'autres qui se couvraient de noms. Dans notre arrondissement, des milliers de francs se centralisaient au chef-lieu dans ce but louable.

Le 22 juillet, partirent pour aller rejoindre leur corps à la frontière, les deux compagnies du 57me de ligne qui tenaient garnison à Montmédy. Ces soldats qui, pendant la huitaine qui venait de s'écouler, s'étaient trouvés confondus avec les bourgeois à l'occasion des travaux de mise en état de défense de la place, arrivaient à la gare accompagnés de nombreux jeunes gens de la ville dont ils s'étaient acquis les franches sympathies et qui s'étaient fait un devoir de leur donner avant leur départ ce témoignage d'affection et d'estime. Ce petit détachement partit en exprimant d'une manière aussi cordiale qu'énergique les excellents souvenirs qu'il emportait de Montmédy. Au moment où le train se mit en marche vers Thionville, les cris mille fois répétés de: *Vive Montmédy!* se firent entendre comme un dernier adieu.

Cette faible garnison fut remplacée par une portion du dépôt du même régiment. Ce nouveau détachement était numériquement de la même force.

C'est surtout le dimanche 24 juillet que l'enthousiasme populaire fut poussé au paroxysme. Ce jour-là, une foule d'habitants des environs, informés du passage continuel des troupes et des ovations dont elles étaient l'objet avaient profité des loisirs du repos dominical pour se rendre à Montmédy de cinq et six lieues à la ronde et y prendre leur part de ces émouvants spectacles. Aussi toute l'après-midi y eut-il à la gare un encombrement inexprimable. C'est par milliers que se comptaient les assistants. Pour ajouter encore à l'aspect grandiose de ces manifestations, la société instrumentale la *Montmédienne*, renforcée de quelques amateurs du 57me de ligne, qui se trouvant être enfants des Ardennes, où les sociétés musicales sont en grand honneur, faisaient presque tous partie d'une association philharmonique quelconque, parcourut les rues des deux sections de la ville aux sons de la *Marseillaise*, drapeau français en tête. De là, elle se rendit à la gare, où elle exécuta aux divers passages des trains les airs nationaux en vogue, auxquels répondaient des trains en partance et de l'affluence immense des curieux, des applaudissements frénétiques et de patriotiques acclamations.

Sur la demande des habitants, à sa rentrée en ville, la *Montmédienne* dut de nouveau et à plusieurs reprises traduire l'hymne immortel de Rouget de l'Isle, cette magnifique page lyrique et musicale qui tant de fois déjà avait guidé les fils de la France à la victoire. En cette journée de fébrile exaltation, on entendit jusque fort avant dans la nuit les échos lointains répéter les strophes et le refrain de ce chant héroïque que redisaient les promeneurs attardés. C'en était fait désormais des *Pompiers de Nanterre,* du *Pied qui r'mue,* et autres trivialités semblables, qui avaient cours précédemment, indices indéniables de la décrépitude dans laquelle tombait la France. Il semblait qu'un salutaire réveil se fît dans l'esprit public, aux mâles accents de cette *Marseillaise,* si longtemps proscrite. Mais il était trop tard. Il fallait les dures leçons de l'adversité pour rappeler la France au sentiment de sa dignité et au respect des saines traditions.

Ce même dimanche avait eu lieu, dans l'après-midi, à la chapelle d'Iré-les-Prés, que la population de Montmédy honore d'un culte particulier, une procession partie de l'église de la ville basse, à l'effet d'appeler les bénédictions de Dieu sur nos armes et la protection de la vierge Marie, patronne de ce sanctuaire révéré, sur la France. Une affluence imposante et recueillie accompagnait cette manifestation religieuse et envahissait l'humble oratoire d'Iré, infiniment trop petit pour contenir la foule qui en assiégeait les abords.

Entretemps les témoignages de sympathie pour l'armée se produisaient jusque dans les plus humbles bourgades de l'arrondissement. Le mouvement national se traduisait sous toutes les formes. Partout des dames se formaient en comités chargés de provoquer les offrandes, de recevoir des dons en nature en faveur de l'armée, de réunir les secours, de confectionner bandes, compresses, charpie. Les élèves des pensionnats et des écoles faisaient l'abandon spontané des livres de prix qui devaient couronner leurs efforts et en attribuaient la valeur à la caisse des dons pour l'armée. Jamais encore il ne s'était vu une telle expansion du patriotisme dans toutes les classes de la société.

Néanmoins on commençait à se plaindre de la lenteur des opérations. Il y avait déjà dix jours que la campagne était ouverte et rien n'annonçait qu'une action fût prochaine. Ces retards semblaient préjudiciables à l'élan de nos soldats que leur tempérament bien connu prédispose à l'offensive et aux coups rapidement portés. On murmurait tout bas de ces inconcevables attermoiements qu'essayaient de justifier force notes officielles et qui devaient avoir pour nous un effet si terrible, en permettant aux Prussiens, surpris par la rapidité des événements, de compléter leur armement d'une manière formidable.

C'est donc avec une vive et légitime anxiété que l'on attendait les nouvelles et que chaque jour on se portait avec une espérance sans cesse déçue et toujours renaissante au-devant des facteurs de la poste et à l'arrivée des trains du soir venant de Thionville, où l'on supposait qu'auraient lieu les premières rencontres.

Le 27 juillet, fut notifié un avis de la place, annonçant que la fermeture des portes serait avancée d'une heure et aurait lieu dorénavant à neuf heures du soir.

Ce même jour, sur la réception d'une dépêche télégraphique portant que le rétablissement de la garde nationale était autorisé dans le département de la Meuse, pour les deux villes de Montmédy et de Verdun, le conseil municipal, convoqué extraordinairement, fut appelé à délibérer sur la manière d'appliquer cette mesure. Cette garde nationale, composée de tous les citoyens valides de 25 à 50 ans, devait être instruite simultanément dans la manœuvre des pièces d'artillerie et dans l'exercice du fusil.

Dans cette même séance, la municipalité se conformant aux vœux du gouvernement, qui demandait l'établissement d'ambulances le long des lignes de chemins de fer, sollicita du ministère de la guerre l'abandon provisoire des anciens bâtiments de l'hôpital militaire, déchu depuis sept ans seulement de cette destination, pour pouvoir y disposer, grâce au concours dévoué des médecins de la ville et de personnes de bonne volonté, une ambulance pour les blessés de l'armée du Rhin.

Le 31 juillet, parut au *Journal officiel* un décret impérial, daté du 27, qui déclarait en état de guerre toutes les villes fortes des 5e et 6e divisions militaires territoriales (Metz et Strasbourg). De ce nombre était naturellement Montmédy, qui dépendait de la division de Metz. Cette place était en même temps, du côté du nord-ouest, la dernière qui fût soumise à cette mesure, à laquelle échappaient ses voisines Sedan, Mézières, etc., appartenant au département des Ardennes, qui relevait de la division de Châlons. Un autre décret mettait en état de siége les départements de la Moselle, du Bas-Rhin et du Haut-Rhin.

Le même numéro de l'*Officiel* renfermait un autre décret portant que les brigades armées de douaniers des Directions de Metz et de Strasbourg seraient chargées de la garde de la frontière contre les incursions de l'ennemi et mises à la disposition du département de la guerre. La Direction de Metz comprenait l'Inspection de Montmédy, dont le ressort embrassait toute la douane du département de la Meuse et celle du département de la Moselle jusqu'au-delà de Longwy. Il résultait donc de ce décret que les brigades de Thonnelle, Breux, Thonne-la-Long, Ecouviez, Velosnes et Montmédy, bien qu'appartenant à un département qui échappait encore à la mise en état de siége, étaient enrégimentées et assimilées à la troupe ordinaire. L'Inspection de Montmédy était partagée en deux commandements. Le premier placé sous les ordres directs de M. Masquart, inspecteur à Montmédy, avec rang de chef de bataillon, comprenait toute la douane de la Meuse et partie de celle du canton de Longuyon (Moselle). Le surplus du personnel dépendant de l'Inspection passait sous l'autorité du sous-inspecteur de Longwy.

La garde nationale mobile, que l'on songeait enfin à tirer de ses foyers, avait reçu l'ordre de se tenir prête à partir pour Verdun. Mais le 30 juillet, par suite d'un contre-ordre, le troisième bataillon de la Meuse, comprenant tous les jeunes gens des arrondissements de Verdun et de Montmédy, fut appelé à se réunir dans cette dernière ville le lundi 1ᵉʳ août, pour y être caserné et instruit militairement. Il en fut de même de la batterie d'artillerie mobile, exclusivement composée de jeunes gens du canton de Montmédy.

Le 30 juillet, se fit à l'hôtel de ville l'inscription des citoyens désignés par leur âge pour faire partie de la garde nationale sédentaire de Montmédy. Cette petite ville déjà accablée, comme l'était d'ailleurs toute la France par le départ des classes de réserve et la formation de la garde mobile, se trouvait ainsi, en sa qualité de forteresse, destinée à voir toute sa population virile appelée à l'honneur de contribuer à la défense de la patrie.

En dehors de cette compagnie de garde nationale dont l'effectif était de 200 hommes, il fut encore question de l'organisation d'une compagnie de francs-tireurs, composée de chasseurs de Montmédy et des environs. Mais il ne fut pas donné suite à ce projet.

Le 1er août arrivèrent les contingents des jeunes gens destinés à faire partie de la garde mobile. Ils venaient de tous les points des deux arrondissements de Montmédy et de Verdun. Presque tous étaient accompagnés de leurs parents, de leurs épouses, de leurs frères et sœurs, de leurs amis. C'était une mêlée curieuse, une véritable cohue au milieu de laquelle se heurtaient tous les idiomes usités dans nos campagnes. Les jeunes gens du canton de Varennes étaient arrivés de nuit, tambours et drapeau en tête. Ceux de Stenay, également précédés de l'étendart national, avaient à leur tête une nombreuse délégation de la Société musicale de cette ville, qui entra à Montmédy, en jouant successivement la *Marseillaise,* le *Chant du Départ* et le *Chœur des Girondins.*

Ces soldats improvisés furent rassemblés sur la place de la ville-basse, à peine suffisante, malgré sa vaste étendue pour les contenir tous, ainsi que les spectateurs qu'attiraient ces circonstances insolites.

On leur présenta leurs officiers, dont les noms furent proclamés par les autorités civiles et militaires. Ils étaient sous les ordres de M. Lamorlette, de Mouzay, ancien commandant de bataillon, nommé depuis un an déjà chef du 3me bataillon de mobiles de la Meuse, et répartis en huit compagnies comprenant les contingents de : 1° Damvillers, 2° Dun-Montfaucon, 3° Stenay-Montmédy, 4° Spincourt, 5° Etain-Charny, 6° Clermont-Varennes, 7° Fresnes-en-Woëvre, 8° Verdun-Souilly. L'effectif de ce bataillon était de 1659 hommes, sous-officiers, caporaux et gardes.

Cette division par cantons devait bientôt à peu près disparaître par suite des promotions et par l'adjonction des jeunes gens de la classe de 1869, qui furent répartis au hasard dans les compagnies les moins nombreuses, en sorte d'égaliser autant que possible les effectifs des huit compagnies.

Quelques jours plus tard, le commandant LAMORLETTE qui longtemps avant l'ouverture des hostilités, avait sollicité sa retraite, par raison de santé, résigna ses fonctions entre les mains de M. BERTIN, chef d'escadron d'artillerie, en retraite à Verdun, qui lui succéda dans ce commandement.

Quant à la batterie d'artillerie mobile, elle fut placée sous les ordres de M. LOARER, ancien officier de marine breton, qui ne vint occuper son poste que quelques jours plus tard.

Après la reconnaissance des chefs, les huit compagnies et la batterie d'artillerie furent dirigées sur la ville-haute, où elles firent leur entrée au chant de refrains patriotiques et aux sons des instruments de la Société le *Réveil,* de Stenay.

En raison de la négligence coupable du gouvernement à l'endroit de la ville, négligence tant de fois incriminée publiquement par l'un des auteurs de ces lignes et qui semblait tenir du parti pris, il se trouvait que les bâtiments militaires étaient dans l'impossibilité de recevoir ces jeunes gens. Les casernes, qui, en des temps meilleurs, avaient contenu jusqu'à un régiment d'infanterie au complet, semblaient devenues insuffisantes pour abriter 15 à 1600 hommes. En effet certaines d'entre elles étaient dans un déplorable état de délabrement, et aucune mesure n'avait été prise pour y porter remède; de plus, les autres n'avaient nullement été préparées à recevoir tant d'hôtes. Lits, ustensiles, tables, tout faisait défaut, et tout prouvait que lorsqu'à la tribune, le ministre de la guerre s'écriait que l'on pouvait entreprendre une guerre d'un an sans avoir besoin d'un bouton de guêtre (textuel), il n'avait dit qu'un solennel mensonge auquel les événements devaient donner un solennel démenti.

Les habitants de la ville eurent donc à loger et à entretenir en partie, pendant une quinzaine de jours, toutes ces recrues à qui tout manquait, jusqu'aux vivres mêmes; ils le firent volontiers, par esprit de patriotisme.

Dans l'après-midi, eut lieu l'appel général dans chaque compagnie, après quoi les gardes mobiles reçurent leurs billets de logement et se cantonnèrent dans les divers logis qui leur avaient été assignés. Le soir venu, la jeune Société musicale de la ville ne voulant pas demeurer en arrière de politesse avec celle de Stenay et désireuse de souhaiter la bienvenue aux hôtes nouveaux qui venaient d'arriver, parcourut les rues des deux villes en jouant divers airs nationaux.

Dès le lendemain de leur enrôlement, les jeunes mobiles furent exercés deux fois par jour aux manœuvres préparatoires; quelques jours plus tard, ils furent armés et instruits dans l'exercice du fusil.

Mais il était trop tard pour en faire de véritables soldats. Cette institution décrétée depuis deux ans déjà, n'avait encore existé que sur le papier. Frappée d'impopularité dès le principe, par suite des graves perturbations qu'elle apportait dans les habitudes des populations, elle avait été vivement combattue par l'opposition, qui accusait le gouvernement, non sans raison, de s'être mis dans la nécessité d'imposer ce nouveau fardeau au pays par sa conduite imprévoyante lors de la guerre de 1866, entre la Prusse et l'Autriche. Aussi semblait-il que l'on eût toujours redouté de faire exécuter la loi sur la réorganisation de l'armée et de convoquer la garde mobile. Il en résulta fatalement que ces jeunes gens, jetés sans transition aucune dans la carrière militaire, dont ils ne connaissaient ni les principes ni la discipline, et arrachés violemment à leurs travaux, à leurs familles, ne furent jamais pour la plupart, soldats que de nom.

La garnison s'augmenta donc de fantassins qui n'avaient jamais tenu un fusil, et d'artilleurs qui n'avaient de leur vie touché un canon.

Chacun vint, mais rien n'était prêt; point d'armes, point d'habits. On parvint à se procurer des armes; quant à l'habillement, on chercha en vain à le compléter, sans jamais y parvenir. On fit ce que l'on put, et le mieux que l'on put.

Pour qui aimait à rire, ce fut chose fort plaisante de voir les transformations successives que subit l'équipement. A l'origine, tous les habits civils étaient représentés. Les costumes les plus disparates figuraient à l'exercice, et chacun était libre d'opter entre la blouse ou l'habit, la casquette ou le chapeau, ou même d'adopter pour coiffure le bonnet d'apparence peu belliqueuse du paysan lorrain. Quelques conscrits en sabots complétaient le tableau.

Cet état de choses dura longtemps. Plus tard ce fut le tour des habits militaires, et s'il est vrai que « l'ennui naquit un jour de l'uniformité, » il eût dû être inconnu dans la forteresse, car oncques ne se vit plus grande diversité. On mit tout à profit, et il n'était pas rare de voir se promener dans les rues un guerrier invraisemblable, coiffé d'un képi d'infanterie de ligne, vêtu d'une capote d'infirmier, d'un pantalon de zouave, et chaussé, quand il était chaussé, de souliers de campagnard. Plus tard, on vit figurer aux revues quelques paires de bottes conquises sur l'ennemi. Conquête précieuse autant que rare !

Les officiers se trouvaient dans la même situation que les soldats, et on en rencontrait qui appartenaient, à n'en croire que les boutons de leur tunique, à sept ou huit régiments.

Tout cela prêtait à rire, et on ne s'en fit pas faute. Dans la suite, hélas ! le manque de vêtements devait être la source de bien des souffrances et conduire plus d'un malheureux, après une nuit passée sur la terre glacée, du poste à l'hôpital et de l'hôpital au cimetière !

Le froid et les privations firent plus de victimes que le feu de l'ennemi... A qui incombe la responsabilité d'un pareil état de choses ? Ce n'est à coup sûr ni au commandant de la place M. le capitaine REBOUL, ni aux chefs des malheureux mobiles. Ces officiers firent absolument tout ce qu'ils purent, et parmi eux quelques-uns n'hésitèrent pas à faire des sacrifices personnels pour leurs soldats. Le commandant du bataillon, M. BERTIN, se fit remarquer entre tous par son infatigable dévoûment. Unissant l'affabilité à la bravoure, la douceur au commandement, il sut se concilier dès le premier jour l'estime et l'affection de tous. C'est pour nous, historiens, un devoir de traduire en un hommage public le sentiment unanime de nos compagnons d'armes.

On vit, quand les froids de l'hiver se firent sentir, des officiers, le cœur serré, distribuer un gilet de laine pour trois, un caleçon pour cinq, deux ou trois couvertures pour toute une chambrée. Le sort décidait quel en serait l'heureux propriétaire. On s'efforçait de vêtir ceux à qui leur position ne permettait pas de se procurer eux-mêmes ces indispensables vêtements. Les habits civils, que beaucoup avaient conservés, leur furent utiles comme vêtement de dessous, et plus tard, quand l'ennemi se fut emparé de la ville, facilitèrent leur évasion.

Ces malheureux si mal vêtus étaient encore plus mal couchés. Dès le premier jour, le plus grand nombre coucha sur la paille. Un matelas était chose presque introuvable, et même, à la veille du deuxième bombardement, alors que tout avait été organisé pour le mieux, on se trouvait fort heureux dans certaines compagnies d'avoir sept matelas pour vingt-cinq hommes. Enfin, chose triste à dire, un jour la paille elle-même manqua, et pendant l'investissement il fallut, sous les balles de l'ennemi, en aller chercher dans les villages voisins. Dès lors on dut se montrer avare de cette paille, couchage partout si économique. On la renouvela moins fréquemment, et à la fin, pour reposer leurs membres brisés de fatigue, les mobiles, épuisés, n'eurent plus qu'une litière sans nom : un peu de paille à moitié pourrie et remplie de vermine. Partager la litière des chevaux devint alors chose désirable pour ces jeunes gens habitués pour la plupart, sinon aux coussins moelleux du riche, du moins au lit confortable de l'ouvrier.

Il fallut un véritable courage à ces soldats improvisés, pour supporter sans défaillance ni découragement, au milieu des nouvelles plus qu'affligeantes que chaque jour apportait, des privations que des troupes aguerries eussent elles-mêmes trouvées bien dures.

Ajoutons que la garnison, emprisonnée dans l'étroite enceinte de la forteresse, n'ayant pour toute promenade que les quatre ou cinq rues qui composent Montmédy haut, voyant au loin, sans pouvoir s'y opposer, l'ennemi occuper les villages où chacun avait des êtres chers, se trouvait dans des conditions morales aussi bien que matérielles détestables.

Notons encore que dans les premiers moments les mobiles, en vue desquels l'intendance, si coupable partout, n'avait fait aucun préparatif de réception, restèrent des semaines entières avec une solde insuffisante pour se nourrir. Mécontents à bon droit, ils se vengeaient de ces mécomptes en s'en prenant parfois à la population de Montmédy qui n'en pouvait mais.

Combien les choses se passent différemment en Prusse, où les divers services publics sont confiés à des fonctionnaires peu rémunérés, mais animés de ce sentiment du devoir que l'enseignement public s'attache à développer chez eux de toutes les manières possibles, tandis qu'il semble étouffé chez nous sous les étreintes de la mollesse et de l'amour du confortable. Les dures leçons de l'adversité nous apprendront-elles à revendiquer moins bruyamment nos droits pour nous préoccuper un peu plus de nos devoirs? Espérons-le.

Pendant quelques jours toutes les compagnies se réunirent à heures fixes sur la grande place de la ville basse, où se faisaient les divers appels, les distributions de vivres, le prêt, les différents exercices. C'était un va-et-vient perpétuel, qui donnait une grande animation à la ville.

De son côté la batterie d'artillerie mobile s'exerçait sur les remparts à la manœuvre et au chargement des pièces.

Le mardi 2 août, pendant la soirée, une dépêche télégraphique transmettait la nouvelle du premier engagement qui avait été heureux pour nos armes. Une colonne française s'était emparée de Sarrebrück, après en avoir délogé l'ennemi. Ce fait, qui n'avait qu'une importance secondaire était signalé comme une victoire éclatante. On crut sur parole aux communications du gouvernement, de l'optimisme duquel on n'était pas encore en droit de se défier. Aussi cette dépêche fut-elle accueillie par des transports de joie. Les cafés et les rues présentaient un entrain extraordinaire. Les vivats alternaient avec le chant de la *Marseillaise* et autres hymnes nationaux.

Ces manifestations patriotiques se renouvelèrent le lendemain à la réception d'une seconde dépêche renfermant des détails sur l'occupation de Sarrebrück. Les affiches qui renfermaient ces dépêches étaient entourées de curieux avides d'apprendre les détails de ce premier succès.

Ce fut le 6 août que l'on apprit l'échec éprouvé à Wissembourg par la division Abel Douay, du corps d'armée du maréchal Mac-Mahon. Cette nouvelle attrista la population, si chatouilleuse sur le chapitre de l'amour-propre national. Néanmoins les dépêches reçues postérieurement dissipèrent un peu cette fâcheuse impression. Il résultait en effet des dernières informations reçues que cette division s'était battue héroïquement contre une armée onze fois plus nombreuse qu'elle.

Depuis deux jours on était privé de communications télégraphiques. Dans un orage survenu la veille, la foudre avait renversé plusieurs poteaux et brisé les fils aux environs de Dun. Ce ne fut que dans la journée du 6 que les relations avec Bar purent être reprises.

Ce même jour fut publiée à son de caisse la première conséquence de la mise en état de guerre. Elle consistait dans l'invitation faite aux habitants, sur les ordres du général commandant la division, d'avoir à se munir de vivres en suffisance pour assurer d'une manière permanente leur subsistance pendant six semaines au moins. Dans son arrêté, le général faisait observer que c'était lorsque le danger était éloigné qu'il fallait prendre des dispositions pour le conjurer, s'il arrivait jamais. Cette injonction, dont la clarté n'était pas la qualité dominante, ne fut accompagnée d'aucune explication. Des demandes de renseignements exprimées à cet égard demeurèrent sans réponse. Toujours le même sans-gêne administratif !

Notons comme souvenir en passant que le dimanche 7 août eurent lieu les élections municipales dans toute la France. Elles se firent à Montmédy avec le calme et le bon ordre habituels.

Mais cette journée nous réservait de tristes nouvelles d'un caractère bien autrement grave que notre échec de Wissembourg. Ce fut en effet à midi qu'arrivèrent presque simultanément les dépêches annonçant la défaite du corps de Frossard à Forbach et celle de l'armée de Mac-Mahon à Reichshoffen, Wœrth ou Frœschwiller, selon le nom que l'on veut bien donner à cette sanglante affaire. Toute l'après-midi, arrivèrent de nouveaux télégrammes confirmant les premiers. Les nouvelles étaient attendues avec une fiévreuse impatience. Des groupes stationnaient sur les places publiques, commentant les dépêches, en torturant le texte et se plaignant de leur laconisme. L'attroupement des curieux s'étant formé plus considérable à la réception d'une de ces dépêches qui contenait des détails sur le mouvement de retraite de Mac-Mahon, une des personnes présentes prit la dépêche en mains et la lut à haute voix. Cette lecture, écoutée attentivement, se termina aux cris énergiques de *Vive la France!* poussés par la foule.

La population de Montmédy, froide d'habitude, mais essentiellement patriotique, comprenait en effet que ce cri devait être désormais plus encore qu'autrefois le signal du ralliement dans la crise pénible que l'on traversait. Elle n'avait pas encore perdu sa confiance dans la puissance et les immenses ressources de la France. Mais elle ressentait vivement l'affront infligé à nos armes.

Aussi de ce moment son attitude se modifia-t-elle considérablement. A l'agitation, au tumulte des derniers jours succédèrent dans ses allures des habitudes de réserve et de silence qui étaient du reste conformes au sentiment du deuil national.

Cette fois encore pourtant on devait payer un fatal tribut à l'esprit de crédulité et d'engouement propres au caractère français. Sur une nouvelle apportée le soir par les voyageurs du dernier train, qu'une éclatante revanche avait été prise par la garde impériale sous le commandement du général Bourbaki, qui avait, disait-on, tué 18,000 hommes à l'ennemi, la ville reprit pour quelques heures une animation et une gaîté factices. Habitants, soldats, mobiles, croyant les premiers échecs de la France brillamment vengés, s'unissaient dans des manifestations enthousiastes. Dans toutes les rues, dans tous les établissements publics, on n'entendait que chants nationaux et vivats. En un mot on renaissait à l'espérance et à la confiance.

Le réveil devait être terrible. Le lendemain matin, au lieu des communications télégraphiques confirmatives de ce fait d'armes que l'on attendait, on apprit tout simplement qu'on avait été le jouet d'une odieuse mystification qui s'était étendue de Longuyon à Charleville, par Carignan et Sedan et avait déterminé dans ces villes les mêmes manifestations frénétiques qu'à Montmédy. Les auteurs de cette fausse nouvelle furent activement recherchés, mais ne purent être découverts.

Deux jours auparavant, Paris tout entier avait été dupe de faux bruits de même nature. Depuis lors, la France vit ces ténébreuses mystifications se renouveler à chaque instant. A qui les attribuer? Aux Prussiens eux-mêmes, selon nous. Connaissant notre caractère impressionnable et inflammable à l'excès, nul doute qu'ils n'aient cherché d'avance à user toute notre énergie morale, en nous faisant passer par des alternatives de nature si opposée. Du reste, par leurs procédés ordinaires, ne nous ont-ils pas suffisamment édifiés sur leur moralité, en nous démontrant qu'aucune ruse, aucune fourberie ne leur est étrangère?

Le lendemain, le Procureur impérial fit publier par affiches et par la voie du *Journal de Montmédy* une note rappelant les pénalités qu'encouraient les artisans et les propagateurs de bruits erronés et portant que les châtiments édictés par la loi contre le délit de fabrication et de reproduction de fausses nouvelles seraient rigoureusement appliqués à ceux qui s'en rendraient coupables.

Le 10 août, parut au *Journal officiel* un décret mettant en état de siége tous les départements de l'Est et du Nord-est de la France. Tout naturellement cette mesure atteignait Montmédy, qui passa ainsi de l'état de guerre à l'état de siége. Les conséquences de cette nouvelle situation étaient, comme l'on sait, la subordination de tous les pouvoirs civils et judiciaires à l'autorité militaire. C'était une mesure nécessaire dans les déplorables circonstances où l'on se trouvait, mais qui ouvrait la porte à une foule d'abus de pouvoir et de vexations envers les habitants.

Un abus d'un autre genre qui s'introduisit également à Montmédy à cette époque, fut celui des arrestations arbitraires. Il n'est que trop vrai que la France était infestée d'espions prussiens. La

Prusse a en effet élevé l'espionnage à la hauteur d'une institution, en organisant ostensiblement ce service et en le plaçant dans les attributions d'un de ses plus hauts officiers généraux. Aussi ses agents s'étaient-ils répandus comme une nuée sur notre malheureux pays, se déguisant sous toutes les formes pour en arriver à leurs fins. Leur mission était de précéder l'armée, d'éclairer sa marche, et de lui fournir toutes sortes de renseignements sur les ressources de la contrée. En présence de ce système, si opposé à nos habitudes françaises, les habitants furent invités à mettre en état d'arrestation tout individu inconnu, non muni de papiers établissant son identité. Il va de soi que les excès de zèle qu'engendra cette mesure eurent pour effet d'amener de fréquents et regrettables quiproquos. Si les intentions étaient bonnes et louables, le tact et le discernement ne firent que trop souvent défaut en ces conjonctures.

A partir du 10 août, la garde mobile fut munie de sa tenue d'uniforme. La discipline et l'ordre public, dont le besoin se faisait généralement sentir, y gagnèrent quelque peu. En effet, cette mesure facilitait la surveillance de la part des chefs, qui n'étant en contact avec leurs hommes que depuis quelques jours, ne les connaissaient pas et ne pouvaient les distinguer de la population civile.

A la même époque, on s'occupait activement de l'organisation de l'ambulance dans l'ancien hôpital militaire. Sur une décision de la commission d'administration, composée du conseil municipal, du clergé, des médecins et des notabilités de la ville, un pressant appel fut fait aux habitants qui y répondirent avec un louable empressement. En une seule après-midi, plus de cent lits complets étaient offerts par eux et presqu'immédiatement installés dans le local affecté à cette destination. En outre, les dons en linge de corps, bandes, compresses, charpie, continuaient à affluer.

Le 11 août se fit la nomination des chefs de la garde nationale sédentaire. Le soir eut lieu, sur l'Esplanade, en présence du Sous-Préfet et de l'Adjoint faisant fonctions de Maire de Montmédy, la proclamation des noms des officiers, sous-officiers et caporaux de ce corps et leur reconnaissance par les hommes qui en faisaient partie.

Rien de particulier ne se produisit jusqu'au 15 août, fête de l'Empereur. Ce jour-là, dès le matin, on reçut à Montmédy la nouvelle de la bataille de Borny, qui était annoncée par le télégraphe comme un succès. C'en était un en effet, puisque les Français infligèrent en cette occasion des pertes considérables à l'ennemi; mais ce fut un triomphe stérile, ainsi que le démontra la suite des événements.

Bien que les habitants de la ville eussent été invités à s'abstenir de toute démonstration patriotique, en raison du deuil qui planait sur la France, un grand nombre de maisons se pavoisèrent de drapeaux à la réception de cette nouvelle. Il semblait que l'on renaissait à l'espérance et que l'astre de la France, un instant terni, allait briller d'un nouvel éclat. On ne pouvait se faire encore à l'idée que nos vaillantes armées ne pussent venir à bout de rejeter hors du sol national les envahisseurs, quelque nombreux qu'ils fussent.

A sept heures du matin, la garde mobile fut passée en revue sur l'Esplanade, par M. BERTIN, son nouveau commandant, et exécuta avec succès quelques manœuvres d'ensemble qui se terminèrent par un défilé. Ce fut la seule manifestation publique qui signala la solennité du jour, célébrée les années précédentes avec tant d'éclat.

Les courriers de Paris, si impatiemment attendus n'arrivèrent pas de cette journée. Tout ce que l'on apprit du dehors fut la nouvelle d'engagements aux approches de Thionville et d'essais de bombardement et de surprise de cette place. Ces nouvelles furent apportées par les conducteurs des trains, qui avaient passé sous le feu des canons en quittant la gare de Thionville.

Déjà les événements se rapprochaient et des inquiétudes sérieuses commençaient à se faire jour parmi nous.

Dans l'après-midi de cette journée du 15 août passa en ville la 3me ambulance de la Société internationale des secours aux blessés, dirigée par M. LEDENTU, médecin en chef. Elle se composait d'une trentaine de docteurs et d'élèves en médecine, d'une centaine d'infirmiers, tous porteurs d'un uniforme spécial et le bras gauche ceint de l'emblème de l'association (croix rouge sur fond blanc), de voitures destinées à ce service et ornées de drapeaux français et d'autres aux insignes de la Société. Trois aumôniers accompagnaient ce long et intéressant cortége, dont le passage produisit à Montmédy une profonde sensation. A leur arrivée, tous ses membres sans exception furent l'objet de prévenantes attentions de la part des habitants qui s'étaient tous portés à leur rencontre. On les entourait, on les interrogeait, on repaissait ses yeux de ce spectacle nouveau, on exprimait hautement son admiration pour le dévoûment de ces hommes qui quittaient leur clientèle ou interrompaient leurs études pour aller sous le feu de l'ennemi et au péril de leur vie, distribuer aux blessés les soins de l'âme et ceux du corps. Vivres et rafraîchissements leur furent offerts; en outre, des voitures requises furent mises à leur disposition pour continuer leur route. Aussi, en quittant la ville, après un séjour de quelques heures, les chefs de l'expédition exprimaient-ils chaleureusement toute leur reconnaissance pour l'accueil plein d'affabilité qui leur avait été fait, tandis que tous les infirmiers, dans la traversée de la ville, ne cessaient d'agiter leurs drapeaux aux cris de *Vive Montmédy!*

Partis de Paris dans le but de se rendre directement à Metz, les chefs de cette ambulance avaient modifié leur itinéraire, en apprenant à Sedan qu'il y avait eu une affaire autour de Metz et que le parcours par la voie ferrée n'était plus possible au-delà de Thionville. Pour ces raisons, ils s'étaient décidés à mettre pied à terre à la gare de Montmédy, pour de là se diriger à la rencontre de l'armée par les voies ordinaires. Sur l'avis qu'ils reçurent à Montmédy des simples *on dit* qui circulaient sur la marche des événements, depuis l'affaire de la veille, ils abandonnèrent leur projet de se rendre à Verdun pour se porter vers Étain. C'était de ce côté, en effet, que semblaient devoir avoir lieu les prochains chocs des deux armées.

Un mois plus tard, on revit à Montmédy quelques membres de cette ambulance. *Sed quantum mutati ab illis !* Arrivée dans les champs de Rezonville le jour même de la bataille qui s'y livra, elle fut tout entière capturée par l'ennemi, au mépris des stipulations de la convention de Genève et fut de sa part l'objet de toutes sortes de mauvais traitements.

Et voilà quelle fut, pendant toute cette guerre, la conduite de ces Prussiens, qui s'attribuant sans vergogne le monopole de la loyauté et de l'honneur, ne cessèrent de nous accuser de violations du droit des gens, comme s'ils n'avaient discontinué, eux, les soi-disant philanthropes, d'outrager toutes les lois divines et humaines ! Tous les journaux de l'Europe n'ont-ils pas retenti de leurs jérémiades et de leurs protestations à cet égard ? Il est vrai qu'en criant plus fort que sa victime, le bourreau parvient à étouffer ses plaintes.

A partir du 15 août, les portes de la forteresse se fermèrent vers les neuf heures du soir pour ne plus s'ouvrir qu'au soleil levant.

Le 16, un ordre de la place invitait les habitants du pays, détenteurs de denrées alimentaires, à les diriger sur le quartier-général de l'armée, où elles devaient être payées selon les cours.

Le lendemain, de longs convois de voitures réquisitionnées, chargées de pain et autres provisions, venant des Ardennes, étaient réunies sur la place et dans les rues de la ville basse qu'elles couvraient littéralement. C'est par centaines qu'elles se comptaient. Il en fut ainsi pendant plusieurs jours de suite. Ces vivres se dirigeaient sur Verdun et Metz, où tous ne purent arriver en temps utile. Les campagnards, arrachés par ces réquisitions à leurs travaux agricoles, si urgents pourtant en cette partie de l'année, se soumettaient sans murmurer aux sacrifices que le salut de la patrie exigeait d'eux. Leur patriotisme dominait à cette heure toute autre considération. Si encore ils n'eussent été que requis ! Mais, chose triste à dire, ils ne furent que trop souvent en butte aux insolences et aux bourrades d'un certain sous-intendant en résidence temporaire à Montmédy. Paraissant peu se soucier de tous les justes griefs que l'on était en droit de reprocher à lui et à un trop grand nombre de ses congénères, dont les agissements entrèrent pour une si large part dans les malheurs du pays, ce peu aimable fonctionnaire, dont nous serions tenté d'imprimer ici le nom tout au vif, ne cessa d'abuser de sa position pour malmener et molester tous ceux qui eurent affaire à lui, menaçant quiconque osait se récrier sur de telles façons d'agir, de le faire incarcérer, en vertu des pouvoirs que lui conférait l'état de siége. Qu'étaient donc en effet nos malheureux paysans pour ces arrogants personnages, sinon des gens taillables et corvéables à merci, créés et mis au monde tout exprès pour servir de plastron à leurs brutalités ?

Ah ! qu'on nous le laisse dire, elle était facile la tâche d'Hercule, entreprenant de nettoyer les écuries d'Augias, à côté des labeurs de ceux qui auront à examiner les comptes de cette administration, à additionner les abus qu'elle a engendrés, à faire la récapitulation des épouvantables malheurs qu'elle a causés, pour enfin tailler dans le vif, réformer et refondre radicalement ce service, sans la bonne organisation duquel on mène les armées à la boucherie et le pays à l'abîme.

Le 17, un fil télégraphique fut coupé dans le voisinage de Montmédy, ce qui fit croire à la présence d'agents prussiens dans les environs. On redoubla de vigilance et l'on fit quelques arrestations sans pouvoir mettre la main sur le coupable.

Le même jour passaient à Montmédy huit reporters de journaux français et étrangers. Parmi eux se trouvaient trois correspondants du *Gaulois*, un du *Moniteur universel*, un de l'*Etoile belge*, et un du *Standart* de Londres. Après avoir suivi les opérations de l'armée depuis l'ouverture de la campagne et avoir assisté à l'affaire de Borny, du 14, ces publicistes, privés de moyens de communication directe avec Paris, se repliaient sur l'intérieur du pays. Ils avaient été inquiétés entre Conflans et Etain par des uhlans lancés en reconnaissance qu'étaient venus ensuite refouler des chasseurs d'Afrique.

L'un d'eux, M. CARDON, du *Gaulois*, était passé par une série de mésaventures dont il nous fit l'émouvant récit. Il avait d'abord été arrêté à Bâle (Suisse) où il avait été pris pour un espion prussien et où l'on faillit l'interner. Après s'être tiré non sans peine de ce mauvais pas, il devait courir des périls plus sérieux. Capturé avec M. CHABRIAT, du *Figaro*, à la bataille de Reichshoffen, dont ils suivaient les péripéties du haut de la vieille tour de Wœrth, ils avaient été sur le point d'être fusillés sans forme de procès par des soldats prussiens, ivres de carnage, qui prétendaient les avoir vus tirer sur des blessés. Après avoir subi toutes sortes de mauvais traitements, ils furent enfin délivrés, grâce à l'arrivée fortuite du duc de Cobourg, qui les présenta à l'état-major prussien.

Les bons procédés du Prince royal de Prusse, qui leur fit l'honneur de les admettre à sa table et d'exalter en leur présence la bravoure des soldats français, les consolèrent un peu des outrages qu'ils avaient subis. Le *Figaro* et le *Gaulois* publièrent des récits très-émouvants des infortunes de leurs correspondants respectifs.

Ces journalistes firent un court séjour à Montmédy, où ils rencontrèrent des procédés et des égards auxquels ils se montrèrent très-sensibles.

Le même jour, dans l'après-midi, on parlait en ville d'une grande victoire remportée dans la Woëvre par notre armée. Des habitants du canton de Fresnes, venus à Montmédy pour y voir leurs fils, qui faisaient partie de la mobile, furent les premiers à parler de cette affaire et à dire qu'ils en avaient entendu le canon. On disait que l'action s'était passée à Woël, puis à Manheulles (Meuse), et enfin à Mars-la-Tour et à Gravelotte (Moselle). Cette dernière version était la vraie. Il s'agissait en effet de la bataille de Gravelotte, Rezonville ou Vionville, comme on voudra l'appeler, qui était bien un triomphe pour nos armes, mais un triomphe sans résultats, puisque à la suite de cette bataille les Prussiens, grâce à leur grand nombre, et grâce aussi au défaut d'activité du général en chef français, qui ne sut ou ne voulut pas tirer parti de ses succès, purent continuer leur mouvement en avant. Le bruit de la canonnade s'était fait entendre jusque dans le canton de Spincourt. On apprenait en même temps l'entrée des éclaireurs prussiens dans la Meuse par les cantons de Vigneulles et de Fresnes-en-Woëvre.

Le 18, on reçut la dépêche officielle par laquelle

Bazaine mandait au ministre de la guerre la victoire qu'il venait de remporter. L'allégresse était générale. On se communiquait de très-favorables détails colportés par la rumeur publique. On parlait d'une énorme quantité de Prussiens mis hors de combat, tandis que nos pertes étaient relativement minimes. Enfin on saluait cette bonne nouvelle comme l'aurore de la délivrance et du triomphe final.

On apprenait en même temps que l'Empereur Napoléon était arrivé la veille à Etain, où il était descendu à l'hôtel de la Sirène et qu'en ce moment il se trouvait à Verdun.

Ce jour-là passèrent en gare deux nouveaux convois de blessés que l'on évacuait sur le Nord. On les disait presque tous Prussiens, ce qui semblait de bon augure. A la station de Montmédy, ils furent l'objet des plus délicates attentions de la part des employés du chemin de fer et des habitants de la ville qui s'y trouvaient par hasard. De loin, ces longs convois, avec les cent drapeaux qui les pavoisaient, eussent fait croire, en temps de paix, à de brillantes fêtes. Hélas! on était en temps de guerre, et l'émotion étreignait tous les cœurs, quand de loin on apercevait le drapeau blanc avec la croix rouge, quand s'approchaient ces hôpitaux roulants, quand s'arrêtaient enfin ces cent wagons desquels il ne descendait personne, car les malheureux qu'ils contenaient étaient pour la plupart affreusement mutilés. Tristes, pâles, la figure contractée, l'œil éteint, ils repassaient devant nous, ces soldats, que quelque temps auparavant nous avions vus si alertes, si fiers d'aller verser leur sang pour la mère-patrie. La guerre est une affreuse, une épouvantable chose ! Aucun de ceux qui ont vu ces tristes spectacles ne nous contredira.

Ce fut alors que l'on établit des postes aux trois portes de la ville basse qui, de ce moment, se fermèrent tous les soirs, comme celles de la ville haute.

Le 18 août, la commission des secours aux blessés se réunit à l'hôpital militaire et inaugura le service de l'ambulance. M. l'abbé LOUPOT, curé de Grand-Verneuil, qui avait offert spontanément son concours dévoué, fut nommé directeur de l'établissement. Il reçut pour adjoints deux élèves de l'Ecole normale de la Meuse, originaires des environs de Montmédy, qui le secondèrent d'autant plus activement que leurs services étaient purement gratuits. Un généreux citoyen de Bruxelles s'unit à eux dans cette œuvre philanthropique. Les docteurs SPIRAL et HACHERELLE consentirent à se charger de la partie médicale. Tous ces hommes s'acquittèrent avec zèle et patriotisme de la tâche ardue qu'ils s'étaient imposée. Aussi ont-ils droit à une expression publique de gratitude.

Plus tard, l'autorité militaire détacha trois élèves en médecine et en pharmacie, qui faisaient partie de la mobile, et les adjoignit aux deux praticiens en exercice, jusqu'à ce qu'enfin tout le service fût remis entre les mains de l'autorité militaire.

Le jour même où il était ainsi procédé à l'installation de l'ambulance, cinq blessés de la bataille du 16, que le voyage fatiguait trop, furent descendus de wagon à Montmédy, et y furent transférés. Ils y reçurent les soins les plus assidus, tant du personnel de l'établissement que de la part de quelques dames de la ville qui, sans se laisser rebuter par la nature répugnante de tels offices, s'étaient offertes avec le plus louable empressement à aller soigner les malades et blessés.

Le lendemain, passa en gare, sans s'arrêter, la 4me ambulance française. Mais elle ne put se rendre à Metz, la ligne venant d'être interceptée par un parti de uhlans, entre cette ville et Thionville, auprès du village de Maizières.

C'est le 18 août qu'avait eu lieu la sanglante et terrible bataille de Jaumont ou Saint-Privat-la-Montagne, qualifiée par les Prussiens de bataille de Gravelotte. Cette affaire dans laquelle nos soldats soutinrent vaillamment l'honneur du nom français et firent de larges trouées dans les rangs des Prussiens, tourna tout à l'avantage de ceux-ci, en permettant à leurs armées d'achever leurs mouvements tournants, pour isoler Metz du reste de la France. Grâce à l'incurie de Bazaine, qui n'assistait même pas à la bataille, préférant aux périls de l'action les délices de sa villa du Ban-Saint-Martin, les Prussiens parvinrent sans peine à couper son armée et à l'acculer sous les murs de Metz. Ses communications ainsi brisées ne devaient plus se renouer.

Le 19, plusieurs notabilités militaires furent envoyées de Paris pour aller conférer avec le maréchal Bazaine, mais ne purent le rejoindre, la circulation par chemin de fer n'existant plus audelà de Thionville. Depuis quelques jours, la ligne de Strasbourg, dont on avait négligé de détruire les grands tunnels, entre Sarrebourg et Saverne, était également entre les mains de l'ennemi jusqu'aux approches de Frouard.

Au nombre de ces hauts personnages, étaient

l'intendant-général Wolff, le général Dejean, tout récemment encore ministre de la guerre par intérim, le baron Larrey, chirurgien en chef de l'armée, l'abbé Métairie, chapelain de l'Empereur, aumônier de la marine, et autres. N'ayant pu franchir les lignes prussiennes autour de Metz, ils durent rebrousser chemin et se replier sur Montmédy où ils séjournèrent pendant une douzaine de jours. Ils y furent rejoints quelques jours plus tard par le commandant Magnan, fils du maréchal de ce nom, aide-de-camp de Mac-Mahon, et par plusieurs autres officiers d'état-major, chargés d'aller porter à Bazaine les plans d'opérations de Mac-Mahon.

De Montmédy, le commandant de place expédia successivement de nombreux messagers à Bazaine pour lui transmettre les dépêches du ministère Palikao. La publication des papiers secrets de l'Empire nous a révélé que l'ordre d'envoyer de semblables émissaires avait été transmis au maire de Longuyon et aux commandants de Thionville et Longwy. De tous ces exprès, la plupart échouèrent dans leurs tentatives de traverser les lignes ennemies, malgré les déguisements qu'ils avaient pris. Quelques-uns néanmoins y parvinrent. Les dernières instructions seules, si nous ne nous trompons, ne purent être transmises à temps (1).

C'est alors que s'élaborait dans les conseils du gouvernement ce fameux plan qui consistait à rassembler toutes les forces dont on pouvait en-

(1) Le procès Bazaine, en instruction au moment où nous livrons ces pages à la publicité, révèlera d'une manière claire et formelle ce que nous n'avions fait que soupçonner, à propos de ses conférences avec les émissaires qui lui furent expédiés de Montmédy et d'autres villes voisines.

core disposer, à concentrer au camp de Châlons toutes ces troupes éparses sous le commandement du maréchal Mac-Mahon, et à les diriger sur Metz par Montmédy, pour aller tendre la main à Bazaine et dégager son armée. Mais bientôt ce plan, que l'on entourait de tant de mystère et que l'on cherchait à dissimuler en donnant le change aux journaux et en essayant de faire croire que cette armée avait Saint-Dizier pour objectif, devenait le secret de la comédie. Révélé par des indiscrétions venues on ne sait d'où, il servait deux jours plus tard de thème à tous les commentaires de la presse ; c'est par un article de l'*Indépendance belge*, paraît-il, que le Prince royal de Prusse apprit la marche de nos troupes vers le Nord-Est, alors qu'il se portait de confiance sur Paris.

Ce plan cependant, qui devait nous être si fatal, eût pu être couronné de succès, s'il eût été conduit avec vigueur et activité. Mais dans cette funeste campagne, on semblait avoir pris à cœur de ne montrer qu'indécision, lenteur et fluctuations continuelles ! (1).

Le 19 août, les gardes nationaux de Montmédy furent armés de fusils transformés, dits à tabatière. De cette époque, ils menèrent de front, à diverses heures de la journée, l'apprentissage des

(1) Sur les grandes opérations militaires qui se sont accomplies autour de nous, de nombreux ouvrages ont été publiés. Nous en tenant à ceux qui ont pour auteurs des habitants de nos parages, nous nous contenterons de mentionner les suivants : *La bataille de Beaumont et l'armée de Mac-Mahon*, par M. l'abbé DEFOURNY, curé de Beaumont, témoin oculaire de cette triste page de nos annales ; un autre récit des évènements d'août-septembre 1870, par M. G. LAMACQ, de Dun, qui, s'étant rendu à l'armée de Mac-Mahon, put lui fournir d'intéressants renseignements sur la marche de l'armée prussienne le long de la vallée de la Meuse ; un autre ouvrage, *Sedan en* 1870, par F. F...., imprimé à Charleville, en 1871.

mouvements militaires, l'exercice du fusil et la manœuvre des pièces de canon. C'était beaucoup à la fois pour des novices. Ils s'acquittaient néanmoins de cette triple et fatigante corvée avec un zèle de bon augure. Pour mettre leur dévoûment à l'épreuve, il fut décidé qu'en raison de leur connaissance du pays, ils feraient toutes les nuits des patrouilles d'exploration dans le rayon de la forteresse.

Le même jour, on signalait à la Sous-Préfecture de Montmédy la présence des avant-coureurs ennemis au Midi de l'arrondissement, à Amel et Senon. De ce jour également cessèrent de parvenir les journaux de Bar-le-Duc, Verdun, Saint-Mihiel. Depuis une huitaine de jours déjà, on était privé de ceux de la Moselle et de la Meurthe. Quant aux feuilles parisiennes, elles n'arrivaient plus qu'irrégulièrement, grâce à l'encombrement des voies ferrées, qu'occupaient les transports militaires.

Le danger paraissant ainsi se rapprocher sans cesse, le commandant de la place prit un arrêté en vertu duquel les portes des deux villes devaient se fermer dorénavant dès les huit heures du soir.

Pendant la nuit du 20 au 21 se répandit dans la ville basse une alerte qui ne reposait sur aucun fondement et, qu'informations prises, on crut, non sans quelque raison, devoir encore attribuer à des émissaires prussiens. Le bruit courut vers minuit que les Prussiens étaient venus occuper Longuyon et qu'une escouade de gardes nationaux et de douaniers, partis en reconnaissance vers Velosnes et Vezin, avaient été surpris et faits prisonniers par des cavaliers ennemis. Cette rumeur causa une émotion facile à comprendre dans toute la ville et surtout dans les familles des absents. Le retour seul du détachement, vers six heures du matin, mit fin à ces injustifiables inquiétudes.

Pendant la nuit précédente, une patrouille, la première qu'ait fournie la garde nationale, avait déjà exploré tout le pays jusqu'à Vezin sans avoir rien remarqué de suspect. Durant quelques jours, de semblables expéditions se renouvelèrent jusqu'à ce que la présence formellement constatée de l'ennemi dans nos environs immédiats eût fait juger prudent d'y renoncer. Dès lors la garde nationale se contenta de veiller sur les remparts, seul service du reste auquel l'appelaient les règlements sur la matière.

Le 21 août, 500 cavaliers ennemis étaient venus couper la voie du chemin de fer à Audun-le-Roman, et y avaient saccagé tout le matériel de la gare. Des coureurs prussiens avaient poussé jusqu'entre les stations de Joppécourt et de Pierrepont et y avaient enlevé quelques rails. Sur la nouvelle que des forces assez importantes s'avançaient de ce côté, la Compagnie de l'Est transmit l'ordre à ses agents de se replier et de faire refluer tout le matériel jusque sur Carignan, qui devait être désormais la tête de ligne du côté de Paris. Toutes les gares situées entre cette ville et Thionville devaient être immédiatement évacuées. Cette décision qui allait nous couper toute correspondance directe avec Paris, ne fut pas néanmoins mise encore à exécution. Durant quelque temps le service put se continuer jusqu'à Longuyon d'abord, puis seulement jusqu'à Montmédy ensuite.

Pendant plusieurs jours de suite on arrêta des personnes que l'on prit pour des agents prussiens.

Ces arrestations semblèrent présenter un caractère plus sérieux que toutes celles qui avaient eu lieu jusqu'alors. Cependant elles n'aboutirent à aucune mise en jugement. Des détentions préventives en furent la seule conséquence.

En même temps les faux bruits continuaient à avoir beau jeu, d'autant plus que l'interruption du service des postes, en nous privant de journaux, laissait libre cours à l'imagination des nouvellistes.

Ce même jour, la ville fut de nouveau encombrée de voitures mises en réquisition, pour y centraliser, de tous les environs, des vivres et denrées de toute nature.

Ce fut également le 22 que l'on porta la cognée dévastatrice parmi tous les beaux arbres de l'Esplanade et des Rampes, qui faisaient l'orgueil de la ville. Cet acte de vandalisme, plus ou moins commandé par les nécessités du moment, attrista profondément les habitants qui aimaient tant le tutélaire ombrage de ces belles promenades. Après Metz, Thionville et Verdun, où s'étaient déjà accomplies tant d'inutiles dévastations, devait venir le tour de Montmédy. C'était dans l'ordre. Ormes, frênes, tilleuls, sapins et mélèzes des glacis, tout fut impitoyablement sacrifié à l'implacable Bellone. Il était navrant de voir tomber les uns après les autres tous ces beaux arbres si soigneusement entretenus jusqu'alors. Enfin, il fallut bien se résigner à tous les sacrifices jugés nécessaires pour le salut de la patrie.

Le 23, arriva un train-poste de Paris, apportant les journaux dont on était sevré depuis quelques jours. On les attendait avec une fébrile anxiété qui fut quelque peu déçue. En effet, ils ne signalaient rien de saillant qui ne fût déjà connu.

Les Prussiens dans la Meuse.

Les 23 et 24 août, les Prussiens qui arrivaient en masses profondes du côté d'Etain, préludaient à leur mouvement de marche à la rencontre de Mac-Mahon, en se répandant dans la partie méridionale de l'arrondissement (cantons de Spincourt, de Damvillers, de Montfaucon et de Dun d'abord, de Stenay quelques jours plus tard). Le courrier de Montmédy à Verdun fut arrêté ces deux jours-là et dépouillé de toute sa correspondance. Il dut dès lors renoncer à son service quotidien.

Les 24, 25 et 26 août, les dépêches venant de Paris parvinrent assez exactement. Mais à partir du 27, on ne reçut plus rien de la capitale. Le service des trains continua cependant à se faire très-irrégulièrement, il est vrai, jusqu'au 31 août. Toutefois il n'avait lieu qu'en vue du ravitaillement de l'armée de Mac-Mahon, que l'on attendait à Montmédy. La plupart des organes de publicité, qui, en ces conjonctures, ont manqué absolument de prudence, s'évertuaient à qui mieux à donner des détails fantaisistes sur la marche de cette armée à travers notre arrondissement. Pendant ce temps, nos rusés adversaires, mis au courant de nos desseins par tant d'indiscrétions, massaient rapidement et silencieusement leurs troupes sur les principaux passages de la Meuse et des Argonnes.

C'est aussi vers ce moment que se prononça le mouvement d'émigration vers la Belgique. Femmes et enfants, redoutant l'envahisseur, abandonnaient leurs foyers et se réfugiaient sur ce territoire neutre. A Montmédy, que son titre de forteresse exposait à de plus affreuses calamités encore que les campagnes avoisinantes, ce douloureux exode s'effectua sur une vaste échelle. Dès le 20 août, la route de cette ville à Virton était couverte de voitures emportant des familles entières avec leurs mobiliers. Ce courant ne devait que trop longtemps durer !

Nous devons à la vérité de déclarer qu'à quelques exceptions près, d'autant plus blâmables qu'elles étaient plus rares, nos chers exilés furent l'objet de sympathiques sentiments de commisération et d'hospitalité de la part des populations de la Belgique. Les Belges, désintéressés dans le conflit, se souvinrent, surtout dans l'intérieur du pays, qu'ils avaient avec nous communauté d'origine, de mœurs et de langage. En général, ils firent preuve à notre égard d'excellents procédés que nous n'oublierons pas et que nous nous ferons un devoir de leur rendre, si, ce qu'à Dieu ne plaise, des calamités semblables à celles qui sont venues accabler la France venaient à fondre sur eux. Dans ce petit pays la charité et la philanthropie s'ingénièrent de mille façons à nous venir en aide, cela quelquefois au grand mécontentement de la Prusse dont les sujets étaient loin de recevoir le même accueil que les Français. A ce sujet, l'ogre de Berlin grinça plus d'une fois des dents, et volontiers n'eût fait qu'une bouchée de ce pays si petit par son territoire et qui, pendant toute cette guerre se montra si grand par son inépuisable charité.

Sous les titres de *Société internationale de secours aux blessés*, de *Comité du pain*, de *Société pour l'assainissement des champs de bataille*, se constituèrent des associations de bienfaisance dont le concours fut d'un prix inestimable pendant toute cette campagne désastreuse. C'est surtout dans la province de Liége et parmi la population bruxelloise, que leur qualité de races wallonnes rend presque nos compatriotes, que ces généreuses sympathies se firent jour.

Il faut du reste reconnaître et proclamer, quoi qu'il nous en coûte de l'avouer, que les services d'ambulance organisés dans le but de nous être secourables, par les Belges, les Suisses, les Anglais et les Hollandais, tous de nationalités étrangères à cette guerre, se signalèrent partout par un zèle et une activité qui trop souvent firent malheureusement défaut parmi les associations françaises similaires. Il semblait que notre malheureuse patrie, courbée sous le poids d'une terrible fatalité, fût comme énervée et eût perdu sa virilité. Toute comparaison ne cessa de lui être défavorable. Du moins, bénissons l'adversité qui vient de nous flageller à coups redoublés si cet épouvantable cataclysme a pour effet de faire surgir parmi nous des caractères et de retremper à l'école de l'infortune les jeunes générations qui, depuis plusieurs années, ont fourni tant de petits-crevés et d'inutilités de toute nature.

Le même jour, 25 août, on apprit par les journaux de Reims et des Ardennes que l'Empereur et le Prince impérial, partis de Reims s'avançaient dans la direction de Montmédy avec l'armée de Mac-Mahon. Le jeune prince s'était arrêté à

Rethel, tandis que l'Empereur suivait l'armée en marche.

En même temps toutes sortes de bruits contradictoires se répandaient au sujet des opérations militaires. On parlait de nouvelles rencontres et de succès remportés par nos armes, ce qui relevait la confiance déjà fort ébranlée. On avait reçu l'ordre de donner à l'ambulance établie à Montmédy toute l'extension possible et la commission chargée de ce service avait de nouveau fait appel à l'inépuisable charité des habitants qui y avaient répondu comme s'ils n'avaient encore rien donné ni rien souffert jusque là.

Il était évident que l'on était à la veille de grands évènements, vraisemblablement décisifs, qui pourraient fort bien se passer tout auprès de nous.

En attendant on se communiquait, non sans une vive irritation, les récits qui arrivaient de la conduite des Prussiens dans les villages envahis. Faits réels et faits imaginaires rencontraient la même créance. Il ressortait de tous ces bruits un fait certain et incontestable. C'est que nos ennemis se livraient à des exactions et à des violences auxquelles on ne semblait plus devoir s'attendre en ce siècle de progrès et de lumières. Comme devait bientôt le déclarer solennellement un diplomate français, Jules Favre, ils se rendaient dignes chaque jour de se voir mis au ban des nations civilisées.

Le 25 août, vers le soir, on crut apercevoir de Montmédy des hommes armés sur les hauteurs de Saint-Montan, vers Marville. Un peloton de gendarmes envoyés en reconnaissance se convainquit bientôt que l'on s'était trompé.

Pendant la nuit qui suivit, une nouvelle alerte se propagea en ville. Les Prussiens, que l'on croyait disparus depuis deux jours, étaient signalés du côté de Stenay. Le bruit courut qu'ils arrivaient sur Chauvency et Montmédy avec de l'artillerie. Toute la garnison et les bourgeois éveillés en sursaut vers minuit par le signal d'alarme, restèrent l'arme au pied pendant une partie de la nuit, prêts à faire à l'ennemi une chaude réception, s'il tentait de surprendre la place.

Le 26 au matin, on ne savait pas au juste quelle était l'origine de cette alerte. Elle ne semblait reposer, comme tant d'autres précédentes, que sur de vaines rumeurs. Néanmoins, ainsi qu'on va le voir, il y avait quelque chose de fondé cette fois dans ces rumeurs. On apprit, en effet, que les quatre uhlans traditionnels, précédant un corps de troupes ennemies, s'étaient montrés à Stenay et étaient venus prendre possession de cette ville au nom des forces qui les suivaient. Malgré cela, le télégraphe qui reliait Montmédy à Stenay continuait à fonctionner librement et à peu près régulièrement.

D'un autre côté, pendant cette même nuit, un coup de main avait été tenté sur la gare de Lamouilly, à quatorze kilomètres de Montmédy, entre cette dernière ville et Carignan. Une soixantaine de cavaliers détachés des avant-postes ennemis, établis alors aux environs de Dun, s'étaient portés sur cette station, passant par Mouzay, Baâlon et Brouennes, et se faisant indiquer les chemins d'un village à l'autre, la menace à la bouche et le pistolet au poing. Arrivés à Nepvant, à un kilomètre environ de Lamouilly, il s'emparèrent chez un maréchal-ferrant de masses en fer, puis, mettant pied à terre, firent irruption à trois heures du matin dans la gare de Lamouilly, s'assurèrent de la personne du chef de gare et de ses employés, firent sauter quelques rails, qu'ils lancèrent dans la Chiers, située tout près de là et brisèrent fils et poteaux télégraphiques. Ils avisèrent ensuite une voiture de fagots qui se trouvait à l'entrée du village, la conduisirent sous le pont du chemin de fer qui traverse la principale rue et y mirent le feu, pour incendier le tablier de ce pont, construit en fer et en bois. Après cet exploit, ils se retirèrent par où ils étaient venus, tandis que les agents de la voie s'empressaient d'étouffer le feu et de réparer les dégâts, dont toute trace avait disparu dès les huit heures du matin. Ce fut probablement le passage de ces hommes à Brouennes et Baâlon qui donna naissance aux fausses alarmes qui eurent cours cette nuit-là à Montmédy. Tel fut le premier acte d'agression commis dans nos parages.

Au même moment, une scène semblable de dévastation s'accomplissait, de l'autre côté de Montmédy, dans la gare de Longuyon, où un parti ennemi évalué à 400 hommes saccageait et brisait tout, proférant les plus terribles menaces contre ceux qui tenteraient de rétablir chemin de fer et télégraphe.

Ces actes de destruction avaient évidemment pour but de couper la ligne en plusieurs points et d'opposer ainsi tous les obstacles possibles à la marche de l'armée de Mac-Mahon et à sa jonction avec Bazaine.

Veut-on maintenant avoir des échantillons de la vérité et de l'exactitude des informations du gouvernement français? Voici ce qu'on lisait au sujet de ce qui précède au *Journal officiel de l'Empire,* en date du 27 août 1870 :

« Les populations des environs de Stenay se défendent héroïquement contre les Prussiens et leur font beaucoup de mal. »

(Avec quoi l'eussent-elles pu? Est-ce avec les quelques fusils à percussion que possédaient les communes?)

« Des éclaireurs prussiens occupaient la voie à Lamouilly, entre Montmédy et Mézières. (Comme c'est précis! Lamouilly, qui n'est qu'à 13 kilomètres de Montmédy, est distant de Mézières de plus de 50 kilomètres!) Ils ont été repoussés par des francs-tireurs et la voie a été rétablie quelque temps après.

« Les troupes prussiennes campées à Stenay (où il n'y en avait pas encore!) se replient sur Dun. »

Et ainsi de suite.

Le 26, on reçut quelques détails sur les passages de troupes ennemies qui se succédaient dans nos parages. Tous les différents corps d'armée semblaient débusquer par Etain et contourner Verdun, d'où on les canonnait vigoureusement en leur infligeant des pertes sérieuses. De là, ils se répandaient tout le long de la Meuse, qu'ils franchissaient au moyen des ponts et gués compris entre cette ville et Dun. Ils faisaient sauter le pont de Sassey, non encore terminé et exécutaient dans la vallée de la Meuse des marches et contre-marches dont le but, purement stratégique, échappait aux populations.

Pendant ce temps, notre armée, encombrée de

bagages, indécise sur la route qu'elle voulait suivre et sur ses projets définitifs, n'avançait qu'avec une lenteur désespérante, donnant tout le temps à l'ennemi de se rendre maître sans combat de toutes les positions importantes, telles que Dun et Stenay, clefs du passage de la Meuse, et des principaux défilés de l'Argonne.

Les chasseurs d'Afrique, dont les journaux répétaient à l'envi les exploits dans les plaines de Mouzay, n'existaient qu'à l'état de mythe. Tous les récits fantaisistes publiés par les mêmes feuilles à propos de la marche et de la rencontre des armées de Bazaine et de Mac-Mahon dans l'arrondissement de Montmédy, auprès de cette ville, reposaient sur des données tout aussi fausses. On ne devait, en effet, cesser d'être trompé pendant toute cette campagne, tant par le gouvernement d'alors que par la presse périodique.

De son côté, Bazaine se trouvait bien à l'abri des forts de Metz et y restait, malgré les ordres contraires qu'il avait reçus, malgré l'indignation de ses officiers, et au grand étonnement des officiers prussiens eux-mêmes; le général Von Zastrow, entre autres, a déclaré publiquement depuis, qu'il n'avait rien compris à l'inaction de l'armée de Metz.

Les dégradations faites à la gare de Lamouilly furent promptement réparées. Les trains purent reprendre leur service un instant interrompu et continuer à amener sur Montmédy et Chauvency des provisions de toute nature en prévision de la marche en avant de Mac-Mahon et de cette fameuse jonction de Bazaine, tant de fois annoncée et tant de fois démentie. Presque tous ces vivres expédiés sur Montmédy, s'empilaient en amas énormes dans les magasins de l'Etat, dans la vaste église de la ville-haute et dans les locaux de particuliers, requis à cet effet. Tout ce qui ne put y trouver place fut laissé dans les wagons qui, quelques jours plus tard, emplissaient toute la gare. En effet, une fois tous les arrivages terminés, la voie principale et presque toutes celles de garage s'en trouvaient couvertes sans interruption depuis le viaduc de Thonne-les-Prés, en passant par-dessous le tunnel, jusqu'au-delà du pont situé sur la Chiers, en face de Fresnois, soit sur une longueur totale de plus de quatre kilomètres.

La ville continuait en outre à être encombrée de voitures de réquisitions qui amenaient pain, farine, grains. D'un autre côté, arrivaient des troupeaux entiers de bestiaux, qui paissaient chaque jour aux abords de la forteresse, sous la garde des mobiles, à quelques-uns desquels cette occupation rappelait le souvenir du village absent.

La nouvelle de la surprise de la station de Lamouilly ayant été notifiée à Mézières, on envoya de cette ville des détachements du 6me de ligne chargés de défendre les points menacés. Une demi-compagnie fut établie le 26 à la gare de Lamouilly, une seconde demi-compagnie à celle de Chauvency et enfin une troisième demi-compagnie à la queue des trains garés à Montmédy, du côté de Longuyon. On craignait que les Prussiens, qui avaient pris quartier à Longuyon depuis un ou deux jours, au nombre de plusieurs centaines d'hommes, ne vinssent tenter un coup de main sur les provisions emmagasinées dans les wagons de la Compagnie de l'Est.

Le 26, sur la nouvelle que des uhlans parcouraient en éclaireurs les localités de Dun, Murvaux, Brandeville, etc., on envoya pour essayer de les surprendre et faire la guerre de partisans un lieutenant et 20 hommes de la 4me compagnie des mobiles.

La petite troupe partit de Montmédy à trois heures après-midi et vint coucher dans une grange à Louppy.

Le 27, à deux heures du matin, elle quitta ce village, et, conduite par un garde-chasse gagna la forêt Saint-Dagobert, vint s'établir dans une maisonnette appartenant à la famille d'Imécourt. Une difficulté se présenta tout d'abord, celle de se procurer des vivres. Comme on ne connaissait que très-imparfaitement l'importance des détachements signalés, il fallut user de ruse. Deux mobiles se déguisèrent en bûcherons (chose facile, puisqu'il suffisait d'arracher la croix rouge fixée sur les blouses dont ils étaient vêtus) et, portant un fagot sur leurs épaules, s'en vinrent à Brandeville, d'où ils rapportèrent du pain et de la viande. Un champ de pommes de terre fournit les légumes, une source la boisson, et l'on déjeûna gaîment.

Vers une heure de l'après-midi, une sentinelle signala le passage sur la route de Murvaux à Brandeville d'une vingtaine de uhlans. On s'informa et l'on apprit qu'ils devaient revenir. On courut donc se poster sur la route en un endroit où elle traverse la forêt et l'on attendit. Ce fut en vain, l'ennemi ne reparut plus, et la petite troupe après avoir attendu, cachée dans les buissons pendant plusieurs heures et par une pluie battante, vint passer la nuit dans la cabane d'un garde-forestier, située dans le bois du Deffoy.

Comme le matin, deux soldats se déguisèrent et allèrent au village de Murvaux chercher à la fois des vivres et des renseignements.

Ils revinrent, annonçant que quelques éclaireurs ennemis s'y trouvaient dans un état complet d'ivresse. Une expédition fut aussitôt projetée pour le lendemain.

Le lendemain, on envoya un mobile, pour reconnaître les lieux; il rencontra en chemin quelques personnes du village qui accouraient dire que l'on apercevait de nombreuses troupes dans le lointain et que dans une heure toute l'armée de Mac-Mahon serait dans les prairies de la Meuse. Une heure plus tard, les soldats de Guillaume envahissaient Murvaux et les villages environnants, volant l'avoine dans les champs, dévastant les vignes, mangeant les raisins à moitié mûrs, brûlant les ceps, et la population terrifiée abandonnait ses maisons à l'envahisseur et gagnait les bois, chassant devant elle ses bestiaux, auxquels la cavalerie prussienne se mit à faire la chasse.

Il y avait là de l'infanterie, de l'artillerie et de la cavalerie: 12,000 hommes environ.

L'éclaireur envoyé ayant dû monter sur la côte Saint-Germain, pour se convaincre par ses propres yeux de la réalité des faits annoncés, resta absent un certain temps, et, quand enfin il retourna dans les bois, il rencontra ses dix-neuf compagnons qui, armés jusqu'aux dents et pleins de confiance, venaient tenter de surprendre et d'enlever 12,000 Prussiens!

Grande fut l'émotion quand on apprit la vérité. On regagna à la hâte la maisonnette du garde, on passa la nuit à écouter les bruits du camp prussien, et le lendemain on décampa sans tambour ni trompette pour s'enfoncer au plus profond des bois.

Vers quatre heures du matin, un coup de canon retentit dans le camp ennemi. C'était sans doute un signal, car il ne fut suivi d'aucun autre.

Il était d'un intérêt majeur d'informer la place de Montmédy et, par son intermédiaire, Mac-Mahon, de ce qui se passait. Aussi, le même jour, le chef du détachement et l'un des auteurs de cette narration vinrent-ils à l'entrée du village de Murvaux pour remettre les dépêches à l'adresse du commandant de Montmédy, à une personne de bonne volonté qui se chargeait de les porter elle-même à la place. Ils étaient à peine arrivés, que les Prussiens, soupçonnant quelque chose de la vérité, pénétraient dans la maison par la porte. Au même moment, les deux mobiles en sortaient par la fenêtre. Ils furent assez heureux pour atteindre enfin les bois où ils rejoignirent leur troupe.

Cependant, comme l'on se proposait de suivre de loin l'armée prussienne, afin de se procurer des renseignements exacts sur sa marche, et comme il était presque impossible que parmi vingt hommes quelqu'un d'entre eux ne se fît apercevoir de l'ennemi, le chef du détachement en renvoya quinze à Montmédy, en leur recommandant de passer par les bois et de n'en pas sortir.

Ils partirent donc. Arrivés vis-à-vis de Louppy, ils se hasardèrent dans la plaine et ils avaient à peine fait une centaine de pas qu'ils aperçurent des cavaliers prussiens. Effrayés de rencontrer partout l'ennemi, ne connaissant pas les chemins, qui, à travers les bois, conduisent à Montmédy, ils rejoignirent en toute hâte leurs compagnons et comme ils annoncèrent que les Prussiens les avaient aperçus et poursuivis, on se hâta de gagner sans quitter la forêt un pays plus hospitalier.

A neuf heures du soir, par une pluie battante, on arriva près de Jametz. Un vieillard que l'on rencontra informa quelques habitants de l'arrivée du détachement, et aussitôt les vivres abondèrent. Jametz était occupé, mais l'ennemi avait annoncé son départ pour la nuit. La petite troupe se porta de chaque côté de la route qui passe dans le bois de Jametz, se préparant à lui faire un rude accueil à son passage. L'obscurité devait favoriser ce coup de main. Mais la colonne prussienne prit le chemin opposé et les mobiles avertis se glissèrent aussitôt dans le village. Le lendemain, dès le matin, le garde-champêtre venait de la part du maire inviter le chef du détachement à quitter Jametz dans la crainte d'attirer sur ce village de cruelles représailles. C'était chose impossible, car le village avait été de nouveau occupé et on ne pouvait en sortir sans être aperçu de l'ennemi. On se procura des vêtements civils et on cacha dans une cave armes et vêtements militaires. Découragés, dix-huit soldats revinrent à Montmédy, abandonnant leur chef et leurs armes. Heureusement un honnête homme, un bon citoyen se trouva qui prêta une voiture pour ramener armes et habits. Grâce à ce concours, le lieutenant Simon, qui commandait l'expédition, put avec l'aide de son ordonnance et d'un autre soldat qui était resté avec lui, ramener à Montmédy, en traversant tout le long de la route des colonnes prussiennes, les fusils et les vêtements de ses hommes.

Le 27, M. BILLARD, chef de section du chemin de fer en résidence à Montmédy, accompagné de son piqueur et d'hommes d'équipe, escorté d'une centaine de mobiles et de soldats du 57me de ligne, était parti par un train spécial pour aller en reconnaissance du côté de Longuyon. Parvenus au-delà de Colmey, après avoir mis pied à terre et laissé la locomotive qui les conduisait dissimulée derrière un tournant de la voie, ils constatèrent la présence d'un bivouac de uhlans, qui surveillait à l'autre extrémité l'entrée du tunnel dit de Vachémont. On leur signala, en outre, à tort ou à raison, la présence d'un détachement ennemi au hameau de Noërs.

Quelques heures après leur retour à Montmédy, une compagnie de pionniers prussiens détruisait par la mine l'entrée de ce tunnel du côté de Colmey, et faisait ensuite sauter le pont qui franchit la Chiers à 500 mètres environ en deçà de ce souterrain. L'ennemi avait évidemment connaissance des projets de l'armée française et s'évertuait ainsi, par tous moyens, d'entraver sa marche sur Metz.

Le même jour, arriva à Montmédy la 7me ambulance de la Société internationale, comptant une centaine de médecins, étudiants, infirmiers et aumôniers, parmi lesquels un père capucin. Tous furent logés chez les habitants et y demeurèrent jusqu'au premier septembre dans l'attente des grands événements qui se préparaient.

Ce jour encore, par une pluie battante, arrivèrent 800 infirmiers militaires, également envoyés en vue des opérations militaires qui semblaient devoir s'accomplir dans nos environs immédiats. Ces hommes étaient les précurseurs de l'armée de Mac-Mahon dont l'arrivée était signalée comme imminente : ils avaient même été pris d'abord pour son avant-garde, leur uniforme différant peu de celui des troupes de ligne.

Toutes les casernes et les bâtiments militaires de la place étant occupés par les mobiles, ces infirmiers durent camper en divers endroits. Ils dressèrent leurs tentes tout le long de la Rampe dite du Moulin, qui monte à la ville haute, dans la cour de la caserne de la ville basse et enfin dans les fossés de la forteresse.

Tandis que se passaient ces faits, on continuait à pousser activement, à Montmédy, tous les travaux de défense de la place, simplement ébauchés jusqu'alors. La marche rapide des événements pouvait amener de jour en jour des éventualités auxquelles on essayait de se mettre en mesure de parer.

La cognée des bûcherons avait dépouillé tous les alentours de la place des obstacles qui pouvaient entraver le tir. Après les arbres des remparts, des rampes, des glacis, était venu le tour des jardins situés dans les zones de servitude de la forteresse. Haies, portes, arbres couverts de fruits à la veille de leur maturité, tout avait été impitoyablement sacrifié. L'œuvre de destruction se complétait chaque jour ; les circonstances semblaient en faire une loi rigoureuse. Aussi les habitants se soumettaient-ils sans murmures ni récriminations à ces mesures cruelles qui les atteignaient dans leurs intérêts les plus directs. Le salut de la ville n'était-il pas à ce prix ? Cette seule considération suffisait pour faire taire tous les regrets.

La petite forteresse, dépouillée subitement des arbres qui l'entouraient presque de la base au sommet, offrait un étrange aspect. Elle n'en paraissait que plus fière. Si le coup-d'œil présentait une apparence moins riante et moins agreste, en revanche, il revêtait un air de sévérité qui commandait le respect. Les angles et les aspérités menaçantes du corps de place se profilaient énergiquement sur le ciel; ses hautes murailles, ses épais bastions semblaient de nature à défier l'ennemi et à lui inspirer une crainte salutaire.

Le 27, les Prussiens occupaient définitivement Stenay, d'où ils ne devaient pas tarder à nous envoyer de leurs nouvelles; quelques vedettes apparurent au loin sur les hauteurs du Haut-de-Cer, que l'on aperçoit de Montmédy, à mi-chemin entre ces deux villes.

Le dimanche 28 vit les premières hostilités qui se livrèrent en vue de Montmédy. Il ne s'agissait point encore, il est vrai, de préluder à l'attaque de cette place, mais bien toujours de concourir au plan général de l'état-major prussien, qui consistait à semer d'obstacles la route de l'armée de Mac-Mahon et à couper ses communications.

Dans cette escarmouche, nous allons voir, comme toujours, l'insouciance française aux prises avec la vigilance allemande, l'intrépidité bouillante avec la prudence réfléchie et le sang-froid.

A peine installés à Stenay, nos ennemis, dont la tenacité est connue, s'occupèrent immédiatement d'isoler Montmédy par la destruction de la voie ferrée à ses abords. La tentative faite à Lamouilly pendant la nuit du 25 au 26, n'ayant pas abouti, puisque les dégâts avaient été réparés presque aussitôt et la ligne rendue à la circulation, ils résolurent de renouveler ces dégradations, cette fois, sur une plus grande échelle.

Afin de donner le change, ils choisirent pour théâtre de ce nouveau coup de main, la gare de Chauvency-le-Château. Mais fidèles à leur principe de ne jamais rien livrer au hasard, ils avaient eu soin auparavant, soit par voie d'espionnage, soit au moyen de leurs éclaireurs, de se rendre un compte exact de la topographie des lieux et des forces qu'ils pouvaient avoir à combattre. Ayant ainsi appris que cette gare était gardée militairement, ils ne voulurent l'attaquer qu'en nombre suffisant. A cet effet, le dimanche 28, vers huit heures du matin, une colonne composée de 4 à 500 saxons, infanterie et cavalerie, venant de Stenay, débusquait par les hauteurs du Haut-de-Cer. Le gros de la colonne se massa comme réserve dans un coude formé par la route à 1500 mètres environ de la gare de Chauvency, tandis que le détachement chargé de l'attaque se jetait à gauche à travers champs, de manière à abréger le trajet et à se tenir le plus longtemps possible à l'abri derrière les accidents du terrain. Parvenus à environ 400 mètres du poste français, qui avait eu l'inqualifiable négligence, si fréquente en toute cette guerre, de ne point se couvrir par des sentinelles avancées, ils ouvrirent un feu bien nourri sur les nôtres, qui étaient loin de s'attendre à cette agression. Ainsi surpris, nos soldats se rallièrent néanmoins rapidement et ripostèrent énergiquement à la fusillade ennemie, en se déployant en tirailleurs, en se garantissant à l'aide des bâtiments de la gare ou bien en se blottissant le long du talus que forme en cet endroit la voie ferrée. L'affaire se prolongea ainsi pendant plus d'une heure et plusieurs fois les ennemis durent revenir à la charge après s'être renforcés d'hommes fournis par le corps de réserve. Ce n'est qu'après avoir brûlé toutes leurs cartouches que les Français se retirèrent, laissant sur le terrain 7 morts et 8 ou 10 blessés. Une quinzaine d'hommes, y compris le capitaine commandant le détachement restèrent prisonniers entre les mains de leurs adversaires. Le reste parvint à s'échapper soit à la nage, soit par la voie du chemin de fer, soit enfin par le moulin de Chauvency-Saint-Hubert. Un seul cadavre ennemi resta sur le théâtre de l'action, tout auprès de la rivière, en-dessous de la gare. Il est pourtant à peu près certain que les Allemands éprouvèrent des pertes plus considérables. Des témoins oculaires dignes de foi nous ont affirmé en avoir vu tomber plusieurs. Mais il est probable que suivant leur tactique habituelle, ils avaient eu soin d'enlever leurs morts et leurs blessés à l'aide de voitures qu'ils avaient amenées avec eux.

Pendant cet engagement, les balles pleuvaient dru comme grêle dans le village de Chauvency-le-Château. Effrayés de cette fusillade avec laquelle ils n'étaient nullement familiarisés, les habitants de ce village s'enfuyaient en toute hâte vers Montmédy, sans avoir pris le temps de se reconnaître. De cette ville, où l'on avait entendu la fusillade, on suivait avec une vive anxiété, tant de la forteresse que de l'Esplanade, les diverses péripéties de ce combat; autant du moins que le permettait la pluie fine et persistante qui ne cessait de tomber.

S'étant rendu compte de la supériorité écrasante des forces ennemies, l'autorité militaire qui, la veille, avait été sur le point de canonner les militaires français campés à Chauvency, militaires dont elle ignorait l'arrivée, se décida enfin, après de longues hésitations, à envoyer de trop tardifs renforts.

Cinquante hommes environ de la mobile, accompagnés du docteur DESPREZ, de plusieurs de ses collègues de la 7me ambulance internationale, qui était en ce moment à Montmédy, et du docteur HACHERELLE de cette ville, furent dirigés par train spécial sur Chauvency.

Le détachement de secours mit pied à terre à 1500 mètres environ du théâtre de la lutte, auprès du pont dit de Neuville, afin d'aller occuper une position qui commandait la vallée. Le train continua sa marche et débarqua les médecins à une faible distance de la gare. Ces praticiens, secondés de quelques courageux citoyens, se portèrent immédiatement au secours des blessés et leur prodiguèrent les soins que comportait leur état. La colonne ennemie s'était retirée après avoir détruit quelques rails et coupé le télégraphe. Néanmoins, quelques cavaliers, dans un retour offensif, firent mine, paraît-il, de charger les médecins, au mépris du droit des gens. Ceux-ci, en présence de cette agression, se rejetèrent sur le moulin de Chauvency-Saint-Hubert, à 1200 mètres en aval de la gare. Ce ne fut qu'en cet endroit qu'ils purent se mettre en sûreté, en franchissant, au péril de leur vie, l'écluse servant de déversoir à cette usine ; les dernières pluies avaient considérablement enflé le volume des eaux de la Chiers, ce qui en rendait le passage plus dangereux encore. La même attitude hostile avait été tenue envers M. le Curé de Chauvency-le-Château, qui, aux premiers coups de feu, s'était rendu sur les lieux pour prêter les secours de son ministère aux mourants.

Quand les renforts français arrivèrent, les ennemis avaient disparu. Ils avaient pu tout à leur aise profiter des lenteurs de la place pour exécuter leur dessein, qui consistait à couper la voie. On les vit quelque temps arrêtés, après avoir rejoint la colonne de réserve, délibérant sans doute sur ce qu'il convenait de faire, puis tous ensemble reprirent la route de Stenay.

Une heure après, le train regagna Montmédy, emportant les morts et les blessés qui furent transportés à l'ambulance de l'ancien hôpital militaire. Ces derniers y furent parfaitement traités tant par les membres du service médical que par des dames de la ville, qui avaient brigué l'honneur de les soigner. A l'exception d'un seul qui mourut une heure après son arrivée, tous se rétablirent, mais très-lentement et au bout de plusieurs mois seulement. Les blessures qu'ils avaient reçues présentaient toutes un caractère exceptionnel de gravité.

Pendant la nuit qui suivit cette malheureuse

escarmouche, et pendant plusieurs autres successives, la garnison veilla sur les remparts, en prévision d'une attaquepossible.

De ce jour, l'ennemi se rapprocha sensiblement de Montmédy. Il vint occuper le château de Louppy, où s'installa un quartier général. Il poussa de là des reconnaissances jusqu'aux approches d'Iré-le-Sec.

Le 29, eut lieu l'enterrement des victimes de la rencontre de la veille. Cette triste cérémonie se fit avec une grande solennité. Toutes les autorités civiles et militaires de la ville, la municipalité, la commission de l'ambulance, la garde nationale sédentaire, la plupart des aumôniers, médecins et infirmiers de la 7me ambulance, les officiers généraux et supérieurs en résidence temporaire à Montmédy et une grande partie de la population s'étaient fait un devoir d'accompagner à l'église et au cimetière les restes de ces braves tombés au champ d'honneur. Après la cérémonie religieuse, les sept cercueils revêtus chacun d'un drap blanc et d'une couronne d'immortelles, furent déposés les uns à côté des autres dans une fosse commune, ainsi qu'il convient à des frères d'armes morts ensemble et qui ensemble allaient dormir du dernier sommeil. Des sanglots seuls troublaient le silence et le recueillement de l'assistance émue sur laquelle ce spectacle produisait une profonde et légitime émotion.

Ceux des soldats de la demi-compagnie du 6me de ligne, qui avaient échappé aux balles prussiennes, se tenaient au premier rang et prenaient part à ce suprême adieu fait par la population entière à ces victimes du devoir et du patriotisme.

Leur consolation, disaient-ils, résidait dans la conviction inébranlable où ils étaient d'avoir infligé des pertes sensibles à l'ennemi, dans ce combat d'un contre dix, et d'avoir chèrement vengé la mort de leurs camarades.

Dès ce jour, les communications furent interrompues avec Dun et Stenay. Des vedettes prussiennes exerçaient tout autour de leurs armées en marche une surveillance très-attentive, empêchant la circulation des voyageurs, qui eussent pu rendre compte de leurs mouvements, et masquant les opérations des différents corps.

Tout ce que l'on savait, c'est que des masses considérables de troupes se portaient sur la Meuse par Dun et Stenay. Le grand courant de l'invasion semblait se faire d'Etain à Damvillers et Stenay, par la route départementale n° 9. On se perdait en conjectures au sujet de la marche des troupes ennemies et des troupes françaises, que l'on savait n'être pas très-distantes les unes des autres. Ces dernières étaient plus que jamais attendues à Montmédy.

Le 29, lendemain de l'engagement de Chauvency, la voie avait pu être rétablie sur ce point; des ordres revêtus du sceau de l'Empereur et datés de Vaux, près Carignan, prescrivaient de tout tenir prêt pour recevoir les troupes, de préparer des estacades ou quais en planches à la gare, pour faciliter le débarquement des chevaux et de l'artillerie et de réparer sans retard la voie entre Montmédy et Longuyon. Des ouvriers charpentiers et menuisiers requis à Montmédy et dans tous ses environs, furent employés nuit et jour à la construction de ces travaux. Quant aux ordres concernant la reconstruction du chemin de fer au-delà de Montmédy, ils étaient tout bonnement inexécutables, par suite du manque de troupes suffisantes pour protéger de semblables travaux dans des gorges accidentées et boisées qu'occupait l'ennemi et aussi à cause des dégradations considérables qui y avaient été commises. Ces raisons furent exposées télégraphiquement au quartier-général français.

D'heure en heure, on s'attendait à voir apparaître cette armée de Mac-Mahon, désirée comme un gage de victoire et de délivrance. Vaines illusions ! La lugubre série de combats malheureux et de fautes sans nom qui devaient aboutir au désastre irréparable de Sedan était déjà commencée. La ruine de la France allait se consommer fatalement.

Ce jour déjà, on entendit distinctement des coups de canon dans la direction de Stenay. Une rencontre inaugurée au village de Beaufort entre une reconnaissance française et un officier allemand, qui avait été tué dans le village même, avait bientôt pris de larges dimensions et s'était étendue sur les territoires de Beaufort et Beauclair (Meuse), puis surtout sur ceux de Nouart, Tailly et Belval-Bois-des-Dames (Ardennes).

Le soir même, on annonçait que l'issue de cette lutte avait été favorable à nos troupes, que le général Margueritte (un meusien qui devait périr si malheureusement à Sedan) avait fait des prodiges de valeur et avait refoulé, avec sa cavalerie, jusqu'à Laneuville et Wiseppe, un corps d'armée allemand venu par Stenay. On sait ce qu'avaient de fondé ces bruits optimistes. La vérité est que, dans cette affaire, qui avait été un combat d'artillerie entre les Prussiens, venus par Dun et Montigny, et l'aile droite du corps du général de Failly, les Prussiens avaient éprouvé des pertes relativement considérables, comparées aux nôtres. Douze cents des leurs avaient été tués ou blessés, tandis que de notre côté il n'était resté que 300 hommes sur le champ de bataille. Ils en recueillirent néanmoins tout le profit, le général de Failly ayant cru devoir abandonner les positions que ses troupes avaient pu conserver pendant le combat, pour se dérober à l'ennemi par une marche de nuit et se rapprocher du gros de l'armée, qui venait de franchir la Meuse à Mouzon. Après avoir exécuté sous l'œil sans cesse vigilant des coureurs ennemis cette retraite qu'il croyait secrète et mystérieuse, il alla camper avec son corps d'armée dans les fonds de Beaumont-en-Argonne.

Rappelons pour mémoire que cette journée du 29 août avait été précédée, le 27, par un engagement livré aux environs de Buzancy, dans lequel l'avantage était demeuré à nos ennemis.

Contrairement aux prévisions générales, d'après lesquelles les grands chocs devaient avoir lieu autour de Montmédy, les événements semblaient plutôt s'éloigner, et l'ennemi, occupé à concentrer ses forces éparses, parut pour un moment avoir abandonné le pays. Le 29, bien des voies interceptées depuis quelques jours, se retrouvèrent libres tout à coup. On s'expliquait difficilement la stratégie des armées allemandes, qui allait se révéler par des coups de maître, comme on ne devait que trop tôt l'apprendre. Il est vrai que l'impéritie de nos chefs leur préparait admirablement les voies.

Beaumont. — Sedan.

Le 30, nouvelle canonnade entendue toute la journée vers l'Ouest. C'était la funeste bataille de Beaumont qui, commencée par la surprise du corps de Failly, devait avoir une issue si déplorable. Ce général, après avoir mis deux lieues de forêt entre lui et l'ennemi, se croyait hors d'atteinte et avait établi son campement dans un pli de terrain que bordait un épais massif de bois. Comme toujours, il n'y avait ni vedettes ni grand'-gardes. Les hommes préparaient leur repas, nettoyaient et fourbissaient leurs armes démontées, ou étaient dispersés dans les villages voisins, en quête de vivres et de rafraîchissements qui leur faisaient défaut, les pièces de canon étaient dételées et entassées pêle-mêle, quand tout à coup des forces considérables débusquèrent des fourrés et se précipitèrent à l'improviste sur les nôtres, les foudroyant de leur redoutable artillerie. Tout pouvait encore se rétablir, grâce à l'héroïsme de nos soldats qui se battaient comme des lions, si l'on n'eût semblé prendre à tâche, de notre côté, en cette fatale journée, d'entasser faute sur faute, d'abandonner d'excellentes positions, de laisser les prussiens se masser presque sans résistance, en un mot de se faire surprendre comme dans un traquenard. Nous ne tracerons pas le récit, même succinct de cette malheureuse affaire, si magistralement traitée par M. l'abbé Defourny, témoin oculaire de ce désastre.

Nous venons de relater que la canonnade de la bataille de Beaumont avait été parfaitement entendue de Montmédy. A cela nous ajouterons qu'au moment du coucher du soleil, on apercevait parfaitement de cette ville les sillons de feu des obus se dessinant au loin sur le ciel.

Les diverses péripéties de cet engagement s'étaient étendues jusqu'aux territoires de Pouilly, Moulins et Autreville, villages de la Meuse. Des chasseurs d'Afrique, avant-gardes de l'armée de Mac-Mahon, s'étaient même avancés en éclaireurs jusque dans ceux d'Inor, Martincourt et Olizy-sur-Chiers. Ce furent dans nos parages, avec Beaufort et Margut, les points extrêmes où apparurent des reconnaissances françaises. En effet, dès le 30, l'armée française se repliait sur Sedan, avouant ainsi implicitement sa défaite. Néanmoins ici encore, les pertes de l'ennemi avaient été beaucoup plus considérables que les nôtres. Il avait, paraît-il, laissé sur le champ de bataille huit à neuf mille hommes hors de combat, tandis que le corps de Failly n'avait perdu que de douze à quinze cents hommes. La division du général Goze s'était immortalisée par son héroïsme et sa brillante valeur.

Pendant l'affaire, l'Empereur Napoléon, qui avait son quartier-général à la ferme de Baybelle, située entre Carignan et Mouzon, s'était montré sur les hauteurs qui commandent la vallée de la Meuse, au-dessus d'Inor. De ce point d'où l'on domine un pittoresque panorama, d'ordinaire si paisible, il avait longuement promené sa lorgnette sur les divers points du théâtre de l'action et s'était retiré en se contentant de dire: « Tout va bien. »

Comme pendant à ce tableau, sur le versant

opposé de la Meuse, le vieux Guillaume, arrivé la veille de Buzancy, où il avait signalé sa présence par des turpitudes dignes de lui, trônait sur un autre monticule, auprès du village de Sommauthe, confortablement assis dans un fauteuil emprunté au notaire de cette localité, qui n'en revit jamais de trace ; (apparemment que ce siége suivit la même direction que tant de pendules *empruntées* à leurs légitimes propriétaires par les honnêtes soldats de ce bon souverain). De ce point, le soudard couronné repaissait ses regards de la sanglante boucherie qui se faisait sous ses yeux. L'orchestre des régiments prussiens avait soin, par ses aubades, d'empêcher que les oreilles royales ne fussent désagréablement affectées par le râle des mourants et les plaintes des blessés qui se tordaient, non loin de là, dans les angoisses de la souffrance! *Quidquid delirant reges plectantur Achivi!*

Mentionnons en passant cette particularité que de Montmédy on aperçoit très-bien l'éminence sur laquelle se prélassait Guillaume le sanguinaire (que d'autres disent le victorieux), et qu'un observateur armé d'une longue-vue eût pu de cette ville contempler sa peu auguste personne assise entre ses deux dignes acolytes, de Moltke et Bismarck. Honnête trio, en vérité!

Ce jour, l'Empereur Napoléon mangea à la ferme de Baybelle, non loin du village de Vaux, quartier-général de l'armée de Mac-Mahon. Ses officiers de bouche y laissèrent pour souvenir l'âpreté avec laquelle ils avaient débattu le prix des œufs qui avaient servi à préparer l'omelette impériale. Il était bien temps, vraiment, de commencer à faire parade d'économie au moment où les prodigalités de dix-huit ans de pouvoir mettaient nos soldats affamés et manquant de tout à la merci de l'ennemi.

La ferme de Blanchampagne, écart de Sailly, reçut aussi la visite de Napoléon III, paraît-il. De là, il se transporta à Carignan, où il passa la nuit du 30 au 31, pour regagner ensuite Sedan. Comme on le voit, il tournait le dos à Montmédy, son premier objectif.

La retraite de l'armée française ayant ouvert les voies toutes grandes aux Prussiens, le lendemain, 31, une de leurs armées, forte de plus de 100,000 hommes, venant de Buzancy et de Beaumont, franchit la Meuse au village de Pouilly dont on avait négligé de faire sauter le pont (l'état-major français en ignorait même l'existence, nous a-t-on dit). De ce point, cette armée se dirigea vers le village d'Inor, auprès duquel elle se divisa en deux colonnes qui, par des routes différentes, se répandirent dans la vallée de la Chiers, qu'elles traversèrent à Linay et Blagny, et se portèrent vers Sedan, s'étendant jusqu'à la frontière, en sorte de couper à l'armée française tout passage vers Montmédy.

Guillaume, Bismarck et de Moltke, ces hommes voués à tout jamais à notre exécration, et dont le sinistre souvenir restera éternellement gravé en caractères de sang et de feu dans tout cœur français, tenaient, paraît-il, le milieu du défilé, qui dura toute la journée et souillèrent ainsi ce coin de notre arrondissement de leur odieux passage.

Une nouvelle affaire, moins importante que celle de la veille, se livra encore ce jour-là, sur les bords de la Meuse, entre Raucourt, Remilly et Bazeilles. Pendant toute la matinée, le bruit de la canonnade avait été clairement perçu de Montmédy.

Jusqu'ici, les trains du chemin de fer avaient pu encore circuler sur la ligne des Ardennes et arriver à Montmédy. Mais ce service cessa entièrement le 31 août. Le dernier convoi, parti de cette gare pour aller en information vers Sedan rentra bientôt ramenant de nombreux employés de la ligne qui étaient allés se convaincre *de visu* de l'état des choses. La vallée de la Chiers devait rester pendant de longs mois veuve de l'animation que lui communiquaient le passage des trains et les bruyants appels du sifflet des locomotives!!!

Au moment où ce train quittait la gare de Lamouilly, où il avait fait une halte assez longue, on signalait d'Olizy la descente des corps ennemis dont nous venons de parler par Malandry et Villy, localités situées à quelques kilomètres de là. Une heure après, Carignan était occupé et les Prussiens faisaient éteindre dans la gare de cette ville l'incendie qui y avait été allumé par ordre du quartier-général français, dans des amas importants de denrées que l'on n'avait pu ni enlever, ni mettre en lieu sûr.

Les personnes qui montaient ce train rapportèrent ces attristantes nouvelles à Montmédy où, sur la foi d'informations prématurées, on tenait les journées des 29 et 30 août pour de brillants succès.

Et qui eût pu douter du succès alors que les Prussiens eux-mêmes hésitaient et tremblaient devant le glorieux vaincu de Reichshoffen? Nous les avons vus, ces vainqueurs aujourd'hui si fiers, pâlir au nom de Mac-Mahon, interroger en frémissant les populations étonnées sur la marche de son armée, s'adresser même, pour obtenir plus aisément ces renseignements à la naïveté de l'enfance. Nous les avons entendus, à la veille de Sedan, exprimer hautement leurs terreurs et se dire vaincus avant d'avoir combattu. Nous étions fiers alors d'entendre de la bouche même de nos ennemis cet éloge rendu à la bravoure de nos soldats. Nous sommes fiers encore et nous ne savons point rougir de nos défaites, car pour nous vaincre ils n'étaient pas seuls; ils avaient pour alliés la faim, la désorganisation, l'incurie, l'imprévoyance, l'ignorance aussi qui rendaient pour nous la victoire impossible et pour eux les lauriers faciles à cueillir.

Nous étions dès lors coupés de tous côtés, Montmédy avec la plus grande partie de son canton et quelques communes voisines de la Moselle et des Ardennes, formait ainsi, au milieu des pays occupés sur une grande étendue, une espèce d'îlot isolé le long de la frontière belge.

Le 1er septembre 1870, date à jamais néfaste dans notre histoire, dès quatre heures du matin, on entendit le canon. Les coups, rares d'abord, se multipliaient rapidement. On les percevait plus distincts, plus nombreux que les jours précédents. On en inférait avec espoir que le théâtre des événements s'était rapproché, ce qui impliquait un mouvement de recul de la part des Prussiens. Il n'en était rien, hélas! Cette sonorité des décharges d'artillerie n'avait d'autre cause qu'une direction plus favorable du vent.

Dès sept heures du matin, la canonnade se fit entendre avec une épouvantable violence. Elle ressemblait à des roulements de tonnerre qui dureraient plusieurs minutes. Puis elle cessait à peine quelques instants pour reprendre plus furieuse et plus terrible. On entendait aussi le cri strident des mitrailleuses faisant leur sanglante besogne. Chacun était debout sur les remparts, l'anxiété au cœur, regardant au loin pour apercevoir le champ de bataille, que l'on croyait plus rapproché qu'il n'était; on ne parlait point, on écoutait, et les mêmes sentiments remplissaient tous les cœurs.

On se disait que le canon ne grondait pas en vain, et que des milliers de victimes expiaient dans les tortures de l'agonie les folies de deux rois. On se disait que là-bas la mort planait sur le champ de bataille et allait changer de riants coteaux en un vaste cimetière. On songeait aux pleurs des mères dont on tuait les enfants, et on maudissait l'ambition des grands. On maudissait cette rage infernale qui pousse les peuples à s'entre-tuer, sans que jamais les cruelles leçons du sort puissent les dégoûter de ce sanglant plaisir. On désirait ardemment la victoire, mais on ne pouvait s'empêcher de dire que c'était la payer trop cher au prix de tant de sang.

Le bruit du canon permettait de suivre jusqu'à un certain point les phases de la lutte. Jusqu'à midi on l'entendit se rapprocher; on ne pouvait contenir son impatience, on croyait déjà voir les Prussiens refoulés sous les murs de la place, et on s'apprêtait à leur faire bon accueil. On sortait de la forteresse, on montait sur les collines environnantes pour voir ce qui allait arriver. Hélas ! rien n'arriva ; le canon, qui se rapprochait le matin, s'éloigna le soir ; puis, les coups furent moins nombreux, et à mesure que les ombres de la nuit couvrirent la terre, les bruits de la bataille s'éteignirent un à un dans le lointain.

Une notable partie des habitants de Montmédy se portèrent sur les hauteurs voisines, surtout sur la montagne de Saint-Walfroid, dans l'espoir de pouvoir suivre de ces points les péripéties de la bataille. Une foule d'habitants des environs, mus par la même pensée s'y étaient déjà rendus. Toute la journée des centaines de curieux y stationnèrent, consultant l'horizon à l'aide de leurs longues-vues. Mais les détails de l'action restaient invisibles. On voyait s'élever vers le ciel, par-dessus les hauteurs et les bois, des colonnes de fumée provenant des batteries et des incendies. La lutte, qui paraissait comprendre une grande étendue de terrain, semblait se passer presque continuellement sur les mêmes points, ce qui dénotait un acharnement extraordinaire de part et d'autre et laissait les assistants en proie aux terribles perplexités de l'indécision. Une seule conséquence ressortait clairement : c'est qu'il s'agissait d'une action générale qui allait sans doute décider du sort de la campagne.

Pendant ce temps, on voyait défiler au pied de la montagne, à quatre ou cinq kilomètres seulement, les convois de munitions des Prussiens, qui arrivaient sans interruption du côté de Stenay, et l'on gémissait de l'impuissance où l'on se trouvait de ne pouvoir entraver leur marche.

Le soir venu, monta tout à coup dans la direction de Sedan, un nuage de fumée bien plus intense et plus épais que les traces d'embrasement qui s'étaient vues jusque là. C'était l'incendie de Bazeilles ! C'était l'exécution de l'inique et odieuse sentence prononcée contre ce malheureux village par des forcenés ivres de sang, de carnage et probablement aussi de liqueurs fortes. C'était cet immense auto-da-fé par lequel nos féroces vainqueurs, Prussiens et Bavarois, célébraient leur triomphe, ajoutant aux horreurs d'un tel spectacle le massacre de sang-froid de tant d'innocentes victimes et des cruautés sans nom, dignes des Peaux-Rouges. C'était enfin la sombre tragédie, le drame lugubre semé d'ignobles scènes de cannibalisme par lesquelles le général Von der Thann vouait son nom à l'exécration des âges futurs et par lesquelles ses soldats gagnaient ce sobriquet injurieux de *Pompiers de Bazeilles,* que l'histoire vengeresse leur infligera à perpétuité.

............Tout était fini, la victoire nous avait encore été infidèle ; et le lendemain de ce jour à jamais maudit, le monde étonné apprit un fait inouï, et vit un spectacle qu'il n'avait jamais vu : le souverain d'un grand peuple s'était rendu à l'ennemi avec son armée, et les soldats de cette armée, des soldats français, avaient livré leurs armes, et pris en longues files, le front baissé, la rage au cœur, le chemin de ce pays où une victoire marquait chaque étape de leurs pères, et où tant d'autres Français devaient encore les rejoindre ! ! !

En même temps que le Génie de la France se voilait la face, le règne de la dynastie napoléonienne finissait dans le sang et la honte. L'Empereur Napoléon avait dû remettre son épée entre les mains de ses plus implacables ennemis, et s'il avait perdu une bataille de plus, du moins il avait gagné un nom qui lui restera, celui de Napoléon le *Sedantaire*. Le chevaleresque général en chef, le loyal Mac-Mahon, dont le nom est sorti pur et honoré de tant de calamités, était grièvement blessé d'un éclat d'obus dès le commencement de la bataille, entre Sedan et Bazeilles; un grand nombre d'officiers supérieurs et de généraux avaient trouvé la mort dans cette sanglante mêlée, plus heureux en cela que ceux de leurs collègues qui devaient survivre à cette catastrophe et aller manger le pain amer de la captivité; des milliers de nos soldats gisaient morts et blessés sur le champ de bataille, frappés par des coups partis de batteries invisibles et n'ayant même pas eu la consolation d'avoir pu rendre coup pour coup. Notre artillerie, nos munitions, nos provisions, nos drapeaux étaient tombés entre les mains d'un ennemi sans cœur et sans entrailles qui, sans pitié pour de telles infortunes, ne sut qu'insulter à nos douleurs par une allégresse de mauvais goût, par des barbaries injustifiables et des manifestations indécentes dignes de ces parvenus de la victoire!!!

Pendant que la France venait d'essuyer une défaite auprès de laquelle pâlissaient les souvenirs de Crécy, de Poitiers et de Waterloo, les Prussiens pouvaient inscrire à leur actif une victoire gagnée sur des soldats sans pain et sans chefs, à leur passif une infamie sans pareille dans l'histoire du monde!!!

CHAPITRE II

PREMIER BOMBARDEMENT DE MONTMÉDY & ÉPISODES QUI L'ONT PRÉCÉDÉ

Du 1er au 5 Septembre 1870

Maintenant que nous avons exposé sous le titre de *Préliminaires* les événements antérieurs à l'attaque directe de Montmédy, passons au récit des malheurs qui nous touchent de plus près.

Jusqu'ici, nous avons été surtout guidés dans notre revue rétrospective par une série d'articles écrits au jour le jour et consignés au *Journal de Montmédy* au fur et à mesure que les événements se produisaient. Tout ce qui précède n'en est que le résumé. Mais cette feuille ayant dû interrompre sa publication au 1er septembre 1870, en raison de l'occupation du pays par les Prussiens et de l'interruption des voies postales, tout fil conducteur va désormais nous faire défaut. Nos souvenirs et des notes recueillies chaque jour, voilà les seuls éléments qui vont éclairer notre marche. Aussi, pour rendre cette partie de notre travail aussi fidèle que possible, avons-nous eu soin de la soumettre au contrôle de plusieurs personnes, témoins comme nous des épreuves par lesquelles est passée la petite ville de Montmédy, qui nous est chère à tant de titres.

Au 1er septembre 1870, l'effectif de la garnison se décomposait comme suit :

1° Une compagnie de réserve du 57ᵐᵉ de ligne, forte d'environ 100 hommes ;

2° Ce qui restait de la compagnie du 6ᵐᵉ de ligne envoyée à Montmédy et à Chauvency pour garder la voie ferrée, soit 60 hommes environ ;

3° La batterie d'artillerie mobile, composée de jeunes gens du canton de Montmédy, forte de 150 hommes environ ;

4° Le 3ᵐᵉ bataillon des mobiles de la Meuse, comprenant les jeunes gens des arrondissements de Verdun et de Montmédy, s'élevant à 1600 hommes environ ;

5° Les douaniers de la capitainerie de Montmédy, soit 85 hommes ;

6° Les diverses brigades de gendarmerie de l'arrondissement de Montmédy, les gendarmes de la brigade de Bras, que les Prussiens avaient isolés de Verdun et qui s'étaient repliés sur Montmédy et quelques uns de celle de Mouzon (Ardennes), soit 50 hommes environ de cette arme ;

7° La compagnie des gardes nationaux sédentaires, comptant 180 hommes ;

8° Sept à 800 infirmiers militaires envoyés en avant de l'armée de Mac-Mahon, à l'effet de préparer le service des ambulances là où il en serait besoin.

On obtenait ainsi un effectif de 2,800 à 3,000 hommes, ce qui représentait un chiffre relativement élevé. Mais toutes ces forces redoutables en apparence, l'étaient beaucoup moins en réalité, ainsi qu'il est facile de s'en convaincre par l'analyse des éléments qui les composaient. En effet, à part les deux petits détachements du 57ᵐᵉ et du 6ᵐᵉ de ligne, composés de soldats de la réserve, à part les douaniers et les gendarmes, militaires peu faits pour le service auquel ils allaient être employés, mais qui du moins connaissaient le maniement des armes et conservaient encore quelques notions d'ordre et de discipline; à part ces 300 hommes environ, le surplus du personnel de la défense ne présentait guère que des forces incohérentes et hétérogènes. Il n'y avait point d'autre troupe d'artillerie que la batterie de la garde mobile, appelée au service depuis un mois seulement et instruite depuis quelques semaines à peine par des chefs pour la plupart aussi novices qu'elle-même dans les exercices si longs et si sérieux de la manœuvre des pièces, du pointage, etc. Le bataillon d'infanterie mobile était dans d'aussi défectueuses conditions, n'ayant été non plus exercé militairement que depuis moins d'un mois. Les infirmiers, eux, étaient à peu près restés jusque-là tout-à-fait étrangers au maniement du fusil; 100 ou 150 seulement d'entre eux en possédaient; encore n'était-ce que d'anciennes armes à percussion. On arma tout ce monde comme l'on put, à l'aide des fusils que contenait l'arsenal et on dut les faire passer par tous les principes de l'école du soldat et de la charge en douze temps.

Quant à la garde nationale sédentaire, constituée depuis quinze jours seulement, elle avait eu peut-être une trentaine d'heures d'exercices dont, par suite de son patriotisme et de sa bonne volonté elle avait bien profité, il est juste de le reconnaître. La garde mobile et la garde nationale étaient armées de fusils transformés dits à tabatière. Il en était de même de la gendarmerie et de la douane. Seuls les hommes du 57me et du 6me

portaient le fusil chassepot, cette excellente arme supérieure de tous points au fusil prussien. Or, suivant les rapports sonores et ronflants de nos chefs militaires, tous les arsenaux de France regorgeaient d'armes de cette nature! Encore un impudent mensonge ajouté à tant d'autres, n'ayant pour but que de masquer la dilapidation des deniers publics.

En disant que rien n'avait été fait pour Montmédy, nous nous tromperions. En 1867, lors de la question de Luxembourg, qui avait déjà failli mettre le feu aux poudres, on avait commencé d'entourer la place de travaux de défense, en prévision d'un conflit avec la Prusse. Une demi-batterie d'artilleurs, envoyée à cet effet, avait garni de palissades tous les ouvrages de défense extérieure. Des emplacements pour les pièces avaient été disposés sur les remparts; des travaux en terre y avaient été ébauchés. Puis, croyant avoir fait assez pour le salut de la France, après que le danger d'une conflagration eût perdu de son imminence, on en était revenu bientôt à cette sécurité trompeuse qui, malheureusement, est un des côtés saillants du tempérament français. Tous les travaux en cours d'exécution avaient été subitement délaissés et abandonnés.

Ce fut alors (en 1867), que nous vîmes ces fameux transbordements de matériel horriblement coûteux qui se firent entre Montmédy, Verdun, Sedan et Longwy. Pendant des mois entiers on n'avait cessé d'échanger entre ces places tous les canons et projectiles qu'elles contenaient. Il paraît, en effet, qu'il avait été constaté tout à coup que les projectiles empilés à Montmédy n'étaient pas du même calibre que les pièces auxquelles ils étaient destinés, et que si l'ennemi était apparu par hasard sous ses murs, la place eût été dans l'impossibilité absolue de tirer un seul coup de canon. Ces détails, d'une invraisemblance stupéfiante, sont pourtant de la plus rigoureuse exactitude. Et chaque année il passait des inspecteurs du génie, de l'artillerie, des généraux, des intendants, tous grassement payés pour faire la visite en règle de nos forteresses. Il est vrai que la plupart du temps cette inspection était le moindre de leurs soucis et la dernière des choses dont ils s'occupassent.

L'exemple seul des faits que nous avons vus à Montmédy nous donne, sur une échelle restreinte, une triste idée de ce qui s'est passé partout. Pauvre France que ces hommes avaient trouvée si grande et qu'ils ont laissée si amoindrie et si humiliée, est-il étonnant qu'en de telles conditions tu aies éprouvé des revers tels que n'en enregistra jamais l'histoire? que tu aies été livrée toute pantelante et toute saignante aux souillures brutales des hordes germaniques? Ceux-là même qui avaient la glorieuse mission de te protéger et de te défendre n'ont semblé prendre à tâche que de te paralyser par la dissolution et la désorganisation systématiques.

Montmédy, comme nous l'avons dit plus haut, était armé de 65 bouches à feu, presque toutes lisses, et conséquemment de faible portée. Deux pièces rayées de 24 et six de 12 et de 16 y représentaient seules l'artillerie perfectionnée. Encore n'étaient-elles que faiblement approvisionnées.

En cette même époque, il avait été construit des

abris casematés dans un terrain ayant servi jusque là de jardin aux commandants de place. Depuis lors, il n'avait été rien fait pour Montmédy, non plus d'ailleurs que pour la plupart des forteresses voisines, Metz excepté.

La place était, comme nous l'avons vu, commandée par M. Reboul, ancien capitaine de cavalerie; M. Perrot était capitaine du génie; quant au matériel de l'artillerie qui, de tout temps, avait été placé sous la direction d'un capitaine de cette arme, il était alors sous celle d'un simple garde.

Le bataillon de la garde mobile était commandé par M. le chef de bataillon Bertin; l'artillerie mobile par M. le capitaine Loarer, ancien officier de marine. La douane avait pour chef son inspecteur, M. Masquart, avec rang de chef de bataillon. La gendarmerie était sous les ordres du lieutenant Lebon. La garde nationale sédentaire avait pour capitaine en premier M. d'Egremont.

Nous venons de voir quelles étaient les forces plus nombreuses que réelles, qu'avait à opposer la place à une attaque de vive force, à laquelle on pouvait s'attendre d'un jour à l'autre. Tout le monde était prêt à faire son devoir, sans toutefois se dissimuler combien ces moyens d'action étaient insuffisants, en présence des progrès qu'avaient accomplis les Prussiens. Mais on était loin encore de connaître les procédés barbares et peu chevaleresques de ceux-ci. On ignorait que ces gens-là eussent bouleversé toutes les règles de la stratégie et que, confiants dans l'excellence de leur artillerie, ils se contentassent, dans l'attaque des villes fortes, de les canonner de loin, parfaitement abrités, dans l'unique but de détruire et d'incendier.

On ne supposait pas alors que ces soi-disant apôtres du progrès et de la civilisation, que ces prétendus héros, peu soucieux de faire connaissance avec les balles et la bayonnette de nos soldats, s'en tinssent à faire la guerre aux habitations et aux propriétés, aux femmes et aux enfants, dans l'intention hautement et cyniquement avouée d'exercer ainsi une pression sur les populations civiles et d'amener la reddition des forteresses par la terreur.

On ne devait avoir que trop tôt l'occasion de se convaincre de l'impuissance absolue où l'on était de tenter, dans de telles conditions, une résistance efficace contre un semblable ennemi, avec des troupes qu'il n'eût été possible d'aguerrir qu'en les fondant dans des corps organisés de vieille date ou d'utiliser que dans d'énergiques sorties. En effet, le sang-froid, l'intrépidité, la sûreté du coup-d'œil, constituent tout autant de qualités qui, sauf d'honorables exceptions, manquaient complètement à des soldats improvisés, tels que l'étaient les défenseurs de Montmédy. Les événements qui allaient se passer devaient démontrer d'une manière péremptoire l'inégalité écrasante des moyens mis en action de part et d'autre.

Dès le soir même de la bataille du 1er septembre, des cavaliers prussiens, profitant des ombres du crépuscule, arrivaient par Chauvency et se présentaient à la porte de Sedan (ville basse), après avoir déchargé deux ou trois coups de feu sur les sentinelles qui en gardaient les approches, sans les avoir atteintes. Ils repartirent à franc étrier. Il fut riposté à cette insolente bravade, mais sans aucun succès. Les éclaireurs ennemis s'étaient, en effet, bientôt mis hors de portée.

Pendant la nuit suivante, un coup de fusil parti par hasard des rangs des mobiles qui, en prévision d'une attaque nocturne, gardaient les fossés de la place, provoqua une vive alerte parmi ces jeunes recrues. On crut à une tentative de surprise et immédiatement une fusillade bien nourrie fut dirigée contre un ennemi imaginaire. Le plaisir de faire usage pour la première fois de leurs armes, que beaucoup déchargeaient simplement sur les étoiles, y était bien aussi pour quelque chose. Malheureusement, ces jeunes soldats ne se contentèrent pas de cette première expérience et la renouvelèrent plusieurs fois, ce qui causa bien des alarmes inutiles. Enfin on s'aperçut qu'on ne tirait que sur des douaniers et des soldats du 57me de ligne envoyés pour surveiller les glacis. Des lumières de pipes ou de cigares, des vers luisants aperçus dans l'ombre avaient été pris pour des signaux ennemis. Par un hasard providentiel, aucun homme de ces postes avancés ne fut atteint. La maladresse a parfois du bon!

La même nuit, autre alerte. La sentinelle, de faction à la porte de la ville basse, qui regarde la gare, entend au loin le galop d'un cheval. Le bruit s'approche, puis tout à coup plus rien : l'ennemi s'était arrêté à quelques pas. « Halte là, qui vive! crie la sentinelle en apprêtant son arme... Point de réponse... Nouvelle interrogation, nouveau silence. A une troisième sommation, le personnage interpellé ne répond pas davantage. La sentinelle fait feu, se replie, et aussitôt coups de fusil de partir de tous les points du rempart. On se lance à la poursuite de cet ennemi audacieux et l'on ramène prisonnier... un cheval de labour échappé à son maître.

Le lendemain, 2 septembre, dans l'après-midi, un officier prussien, accompagné du trompette et du drapeau blanc traditionnels, se présentait en parlementaire du côté de la porte de Metz, à la ville basse; il venait du château de Louppy, où ces messieurs faisaient ripaille et bombance, paraît-il. Introduit dans l'enceinte des murs après les formalités d'usage, il fut conduit les yeux bandés à la ville haute et traversa sur son passage une foule qui assistait, avec une anxiété facile à comprendre, à ce spectacle nouveau pour elle. Reçu à l'hôtel de ville, il y exposa sa mission avec beaucoup de convenance. Ainsi qu'on l'avait supposé dès son arrivée, il était chargé de demander la reddition de la ville, sous peine d'hostilités imminentes. A l'appui de sa démarche, il annonça que l'armée française avait subi la veille une défaite complète.

La réponse du commandant fut ce qu'elle devait être, un refus péremptoire et formel.

Le même jour, quelques mobiles qui gardaient aux environs de Thonne-les-Prés le troupeau de bestiaux destiné à l'alimentation de la garnison virent arriver des cavaliers prussiens. S'étant embusqués derrière les murs du château de cette localité, ils accueillirent ces cavaliers par une fusillade qui les mit en fuite et leur donnèrent la chasse jusqu'aux approches de Chauvency-le-Château. Il fut impossible de savoir au juste s'il y eut des Prussiens d'atteints. Ce fut là le baptême du feu pour le 3me bataillon des mobiles de la Meuse.

Ce jour encore, la 7me ambulance de la Société internationale qui avait quitté Montmédy le mercredi 31 août pour se rapprocher du théâtre des événements dut rétrograder, par suite de l'envahissement de la vallée de la Chiers par les Prussiens et de l'interruption de la route de Sedan aux alentours de Carignan. Le lendemain, cette ambulance regagna l'intérieur de la France par la Belgique.

Le 3 septembre, se présenta un nouveau parlementaire, venant cette fois du côté de Sedan, par la route de Thonnelle, suivi à courte distance d'un piquet de uhlans.

Il se produisit en cette circonstance un incident bien regrettable. A la première apparition de cavaliers ennemis dans le lointain, les soldats du 57me de ligne avaient reçu l'ordre d'aller occuper les jardins dits de la Folie, sur la route de Thonnelle. Ils en avaient crénelé les murs à la hâte, afin de s'y défendre avec plus de sécurité en cas d'attaque. Au moment où le parlementaire, reconnu par un piquet de troupes, s'arrêtait sur l'injonction qui lui en était faite, un des hommes du 57me eut la malheureuse idée de tirer sur le trompette qui précédait l'officier prussien et le tua raide d'une balle au front.

Ce fait se passa en face des jardins qui longent la route, à quelques centaines de mètres au-delà de Tivoli. Le parlementaire, irrité à bon droit de cet acte blâmable, exigeait du poste français la remise immédiate du coupable pour le faire fusiller sur place. On lui fit observer que le trompette ne s'en était pas tenu à son droit strict et absolu et avait continué à marcher en avant, même après le commandement de halte donné par le chef du peloton.

L'officier prussien fut conduit à la place avec

les mêmes formalités que son devancier. Comme celui-ci, il venait sommer la ville de se rendre, appuyant ces prétentions de détails lamentables sur la bataille de Sedan, après laquelle, disait-il, 80,000 Français avaient dû mettre bas les armes et l'Empereur Napoléon se constituer prisonnier du roi Guillaume. On accueillit cette partie du message avec la plus parfaite incrédulité, tellement ce qui était vrai, hélas ! paraissait invraisemblable. Cette incrédulité était d'autant mieux fondée que le parlementaire refusa d'obtempérer à la demande qui lui était faite d'un sauf-conduit pour un officier français de son grade, qui aurait été chargé d'aller vers l'armée allemande vérifier l'exactitude de ses affirmations. Dès lors ses paroles furent regardées comme mensongères et on ne vit là qu'une ruse de guerre de la part de nos ennemis, que l'on savait assez peu scrupuleux sur le choix des moyens. Il fut donc éconduit avec une réponse tout aussi catégorique que le parlementaire de la veille, dont il paraissait ignorer la démarche. Tout en exposant sa mission, il avait renouvelé, en présence du commandant de place et des principaux officiers de la garnison, réunis à l'hôtel de ville pour le recevoir, ses plaintes au sujet de la violation du droit des gens dont son trompette avait été la victime ; on lui fit valoir la raison précédemment exposée, tout en lui témoignant le regret que l'on éprouvait de ce malentendu et en lui promettant de punir d'une manière exemplaire l'auteur de ce fâcheux accident. Le parlementaire se déclara satisfait, il est vrai, mais cependant le bruit courut que ce fait fut, dans une certaine mesure, cause de la sauvage violence avec laquelle l'ennemi traita la ville le surlendemain. C'est du moins ce qu'avaient dit quelques officiers prussiens logés au village de Breux. Mais, selon nous, la véritable cause de la violente démonstration qui se préparait contre Montmédy fut que l'ennemi, encore indécis sur sa marche vers Paris et ne voulant pas laisser sur ses derrières une place gênante, crut la prendre par surprise et intimidation.

Quelque absurdes que parussent les nouvelles transmises par ces deux émissaires successifs, elles n'en jetaient pas moins de vives inquiétudes parmi la population. On les rapprochait de l'absence absolue de nouvelles de l'armée française. De plus, le soir même, des rumeurs venues de la Belgique, corroborées par les *on dit* de quelques personnes du pays, commencèrent à faire comprendre que la lutte gigantesque engagée sous les murs de Sedan, avait été pour nos armes un désastre irréparable. Pour ajouter à ces motifs d'anxiété, on pressentait les horreurs d'une attaque contre Montmédy, et une sombre tristesse envahissait les habitants, touchés à la fois des malheurs de la patrie et de ceux qui les attendaient eux-mêmes.

Dans la prévision d'une tentative sur Montmédy, le génie militaire s'était déterminé à détruire le bois du Mont-Cé, dont la situation rapprochée de la place eût permis, semblait-il, aux Prussiens d'y établir des batteries formidables et invisibles. C'était en effet au pied du Mont-Cé que les Français, lors du siége de 1657, quand Montmédy était au pouvoir des Espagnols, et les Prussiens, en 1815, avaient placé leurs canons.

Le temps paraissant devoir manquer pour pouvoir couper taillis et futaie, on essaya de les détruire par le feu. Les 3 et 4 septembre on incendia à cet effet des amas de bois sec disposés au pied des arbres. Mais les flammes ne se propagèrent pas, et ce moyen échoua complètement. On dut se résoudre à abattre ce massif, quelque lent que fût ce procédé. Aussi peu de jours après, tous les bûcherons du pays furent-ils requis; quinze jours plus tard, ils avaient rasé toute la partie de ce bois qui fait face à Montmédy.

Le dimanche 4 septembre, on apprenait de diverses sources et d'une manière à peu près positive toute l'étendue de la catastrophe de Sedan.

A ce sujet, qu'il nous soit permis d'ouvrir une parenthèse pour rappeler le rôle fatal qu'a joué le dimanche dans tout le cours de cette guerre à jamais funeste. C'est un dimanche déjà que nous avions reçu la nouvelle des échecs de Forbach et de Reichshoffen. C'est, comme nous venons de le dire, un dimanche que l'on recevait des détails positifs et navrants sur l'affaire de Sedan. C'est encore le dimanche, pour rappeler seulement les faits saillants, que l'on apprit plus tard la chute de Metz, puis celle de Paris, puis encore la presque rupture des négociations relatives à la conclusion de la paix. En ce qui nous concerne plus spécialement, c'est encore un dimanche que devait être notifié le second bombardement de Montmédy. En un mot, par une amère dérision de la destinée, depuis l'ouverture des hostilités, pas un de ces jours, consacrés de tout temps au repos et au délassement, ne se passa sans apporter son large tribut de peines et d'afflictions nouvelles.

Le même jour, des vedettes ennemies apparaissaient sur le Haut-des-Forêts et sur les versants de Fresnois. Dans l'après-midi, ces vedettes parurent s'être retirées. Elles avaient sans doute accompli leur mission d'exploration. Seulement, on continuait à apercevoir de la ville haute un campement établi au-dessous de la route de Sedan, entre les villages de Thonnelle et Thonne-le-Thil. Le village de Grand-Verneuil, occupé la veille par un détachement venant d'Avioth et Petit-Verneuil, était évacué. Celui de Thonnelle était encore occupé, ainsi que ceux de Thonne-la-Long, Breux, Avioth et Thonne-le-Thil.

Quelques nouveaux éclaireurs s'étant avancés le lendemain matin du côté de la ferme de Vaux, l'un d'eux fut tué par des mobiles embusqués dans les haies qui entourent les dépendances de cette ferme.

Le 5 septembre, dès le matin, on aperçut du haut des remparts de nombreux mouvements de troupes vers Thonne-le-Thil, Thonnelle, et dans les bois qui s'étendent de ces villages à Chauvency-le-Château. Les cavaliers traversaient au galop les clairières qui les laissaient apercevoir de la ville. Un piquet de cuirassiers blancs s'avança même sur la route de Thonnelle jusqu'à deux kilomètres environ de la place et y stationna quelques minutes sans être inquiété. Comme on ne voyait nulle part d'artillerie et que l'on savait qu'aucun ouvrage d'attaque n'avait pu être fait encore par l'ennemi, la population était dans une sécurité relative, surtout à la ville basse, où l'on ne se doutait de rien.

Tout à coup vers huit heures du matin, un coup de canon, le premier qui fût tiré à Montmédy, partit d'un bastion et vint inquiéter les habitants. Des mouvements suspects venaient d'être signalés sur le Haut-des-Forêts, vers l'emplacement du Champ-de-Mars. Ce coup, parfaitement pointé, porta le désordre au milieu d'un groupe de 7 à 8 cavaliers, composé, semblait-il, d'officiers supérieurs, qui paraissaient examiner les positions. On vit plusieurs cavaliers démontés et leurs chevaux dispersés. Ceux-ci, après avoir battu la plaine en tous sens, se présentèrent pendant la journée à l'une des portes de la ville basse, où ils furent capturés par quelques citoyens et conduits à la place.

Une demi-heure plus tard un second coup de canon était tiré des remparts, et bientôt suivi d'un troisième. L'ordre avait été donné antérieurement à la compagnie de garde mobile qui habitait la caserne de la ville basse et aux gardes nationaux de se rendre avec armes et bagages à la ville haute au troisième coup de canon de la place qu'ils entendraient tonner. En exécution de ces instructions, les mobiles, réunis par leurs chefs, montèrent en toute hâte à la forteresse, abandonnant tous les postes, même ceux des portes. Les gardes nationaux se mirent également en devoir de quitter leurs domiciles et de se porter à la ville haute. Mais tout se faisait sans ordre. Cette compagnie ne possédait encore en effet, vu la rapidité de sa constitution, ni tambours, ni trompettes qui pussent la convoquer. Les chefs étaient disséminés, chacun des hommes qui la composaient obéissait à son impulsion personnelle.

Quelques-uns seulement des premiers partis purent pénétrer dans la forteresse, dont les portes furent fermées au nez de ceux qui les suivaient. Ceux-ci redescendirent à la hâte et firent rétrograder ceux de leurs compagnons qu'ils rencontraient chemin faisant, exprimant en termes fort vifs la fâcheuse impression que leur causait cette façon d'agir de la part des autorités militaires. Ils avaient d'autant plus lieu de se plaindre qu'ils durent effectuer ce double trajet sous une pluie de fer et de feu.

En effet, le troisième coup de canon de la place avait été immédiatement suivi de la réplique de l'ennemi. Celui-ci avait profité des ombres de la nuit pour amener par Thonne-le-Thil et Thonnelle de nombreux canons dont il couronnait le sommet et les revers du Haut-des-Forêts, à 2,500 mètres environ des remparts, à la hauteur des buttes servant au tir à la cible de la garnison (connues sous le nom de Nouvelle Cible). Il s'y était établi sans faire aucun ouvrage ni simulacre d'épaulement, plaçant purement et simplement son artillerie en arrière du point culminant, de manière à ne distinguer qu'à peine les murs de la place sans être aperçu lui-même. D'autres pièces aussi nombreuses, arrivées par Thonne-le-Thil et la ferme du Véru avaient été disposées également sans travail préparatoire, c'est-à-dire à l'état de simples batteries volantes, sur les hauteurs d'entre Chauvency-le-Château et Thonne-les-Prés. Ce furent celles-ci qui ouvrirent le feu sur Montmédy, paraissant prendre pour points de mire les deux tours de l'Eglise et le campanille de l'hôtel de ville. Il était alors neuf heures du matin et il faisait un temps magnifique qui contrastait douloureusement avec les scènes cruelles auxquelles on allait assister.

Les bouches à feu du Haut-des-Forêts vinrent bientôt mêler leurs voix à ce concert infernal. De ce moment, détonations et projectiles se suivirent sans relâche.

L'Eglise, nous l'avons dit, servait de point de mire aux batteries prussiennes, et leurs obus venaient sans cesse frapper les larges pierres de taille qui forment sa façade sans parvenir à en ébranler une seule. Ils s'abattaient avec un sifflement strident sur ce monument qui semblait défier la rage de l'ennemi, et leurs éclats rebondissaient et tombaient comme une pluie de fer dans la rue. Grand fut l'étonnement des défenseurs, quand la fumée fut dissipée, de voir encore debout la vieille église qu'ils croyaient sur le point de s'écrouler. Les maisons voisines ne présentaient point la même solidité, et ce furent les plus maltraitées.

A Montmédy, on était loin de s'attendre à une attaque aussi brutale et aussi subite ; aussi aucune mesure de précaution n'avait pu être prise. Les femmes et les enfants, ainsi que les habitants de la campagne, qui se trouvaient surpris et enfermés par la clôture des portes, qui eut lieu immédiatement, se confondaient en lamentations. Les obus criblaient la ville haute d'éclats. Les habitants se garantissaient tant bien que mal. Des défenseurs de la place, les uns s'entassaient dans les casemates, insuffisantes pour loger tant de monde et rétrécies encore par les provisions qui y avaient été entassées, tandis que d'autres, conformément aux ordres reçus, se rangeaient dans les fausses braies, sous la porte d'entrée, dans la poterne et dans les rues les mieux abritées, prêts à repousser toute tentative d'assaut. L'artillerie mobile restait sur les remparts pour faire le service des deux seules pièces que l'on pût utilement employer. Encore de ces deux pièces, l'une, un canon obusier de 24, qui pouvait rendre d'immenses services, fut-elle bientôt renversée de son affût, par un projectile ennemi qui vint la frapper obliquement et renverser ses servants, dont plusieurs furent contusionnés. Cette pièce se trouva ainsi mise dans l'impossibilité de tirer, au bout de deux ou trois coups. L'autre put seule réussir à le faire sans interruption jusqu'à la fin. On conçoit facilement l'infériorité de la défense dans de telles conditions.

Le capitaine LOARER, vieux loup de mer, brutal et énergique, gourmandait ses hommes, qui assistaient pour la première fois à pareille fête, accompagnant au besoin ses remontrances de coups de sabre et ramenant au feu, le revolver au poing, ceux qui cherchaient la sécurité dans une retraite prudente, pointait lui-même les pièces, en un mot donnait toutes les preuves possibles d'une incontestable bravoure et justifiait la mise à l'ordre du jour qui fut la récompense de sa conduite en cette circonstance.

La canonnade ennemie continuait à faire rage. Son intensité était telle qu'en certains instants il fut compté 35 détonations à la minute. Un des premiers projectiles traversa la toiture de la maison de M. JACQUEMAIRE, avoué, tuant à quelques pas de ce dernier Nicolas FLEURANT, son domestique, et blessant au visage d'un de ses éclats, dans la maison voisine Mme BLANCHARD, limonadière. Un autre obus atteignit au bas ventre, non loin de là, un garde mobile nommé LORIANT, originaire de Bantheville (canton de Montfaucon) placé en faction derrière la prison et le blessa mortellement. A l'entrée d'une des casemates en pierre nouvellement construites devant la grande caserne, un cultivateur de Remoiville, nommé LOREAUX, qui était venu en réquisition avec son attelage, fut coupé en deux par un éclat d'obus. Un autre cultivateur des environs de Clermont fut également frappé à mort dans une rue, au milieu de ses chevaux. En dehors de ces victimes, toutes atteintes dès le début, il y eut une vingtaine de blessés, dont quelques-uns mortellement, tant sur les remparts que dans le poste de l'hôtel de ville et en divers endroits. Sous la voûte de la porte d'entrée, le lieutenant d'ARMAGNAC, évadé de Sedan, fut blessé au visage. Un cheval avait été tué sur le rempart, auprès de la caserne d'artillerie. Terrifiés par ces accidents, tous les habitants cherchaient un abri au plus profond de leurs caves. Par un hasard extraordinaire, à part quelques égratignures sans gravité, aucun des artilleurs qui faisaient le service des pièces sur les remparts ne fut atteint.

Morts et blessés furent dirigés vers l'ancien magasin à poudre situé derrière la prison. Ce bâtiment, qui avait été converti en ambulance, était surmonté du drapeau de la convention de Genève, qui le recommandait de loin au respect de la mitraille, si tant est que quelque considération puisse protéger contre les barbaries de pareils ennemis.

Le but qu'ils semblaient poursuivre était surtout, comme il est presque toujours arrivé en cette guerre, l'incendie et la destruction. A cet effet, ils procédaient par des moyens que réprouve l'humanité; ils se servirent, comme partout, de projectiles incendiaires pour promener plus sûrement l'embrâsement. Aussi bientôt le feu prit-il dans les greniers de la Sous-Préfecture et se communiqua à l'hôtel de ville. Les obus, éclatant au milieu de l'incendie, perçant les murs, écrasant les planchers, donnaient partout issue aux flammes et activaient l'œuvre de destruction. Dans de telles conditions, toute tentative de secours était impossible; il fallut donc renoncer à arrêter les progrès des flammes qui, ne rencontrant aucun obstacle, se propagèrent avec une rapidité extraordinaire. En quelques heures il ne restait de ces deux édifices publics, dont l'un, l'hôtel de ville, n'était pas sans quelque valeur architecturale, que des amas de décombres et des pans de murailles rougis ou noircis et menaçant ruine.

Toutes les archives de la ville et presque toutes celles de l'arrondissement furent détruites du même coup. Quelques-unes avaient pu être enlevées dès les premières atteintes du feu et portées dans la cave d'une maison voisine, qui, à son tour prit feu et fut entièrement consumée. Rien donc de ces précieux documents ne devait échapper à l'élément destructeur.

L'hôtel de ville ne datait que de 1835, époque où il avait été relevé sur l'emplacement d'un autre édifice de même nature, détruit accidentellement par un incendie l'année précédente.

Tout à coup, à onze heures du matin, le feu de

l'ennemi cessa, et le canon de la place se tut aussi. On profita de ce répit pour ouvrir toutes larges les portes de la ville basse à la foule anxieuse des habitants de la campagne et à tous ceux qui voulurent sortir. Tous ceux qui le purent profitèrent avec empressement de ce moment pour se mettre en sûreté. A la ville haute, on tâchait d'éteindre le feu, mais sans y parvenir ; on se préparait à répondre de nouveau à l'ennemi ; on considérait les effrayants ravages causés par le feu et les obus ; on se demandait avec anxiété pourquoi cet arrêt dans l'œuvre de destruction.

A cette question, ce fut M. Parmentier, maire de Thonnelle qui apporta malgré lui la réponse. Les Prussiens, gens prudents avant tout, craignirent que, dans l'état de surexcitation où se trouvaient les esprits, on ne leur fît un accueil en rapport avec le traitement barbare qu'ils venaient d'infliger à la ville. Le maire de Thonnelle fut donc par eux choisi pour aller de nouveau demander au commandant de la place les clefs de la ville.

Voici à peu près en quels termes était conçue la dépêche adressée au commandant Reboul :

Monsieur le Commandant,

Pour terminer votre honorable résistance, pour arrêter une plus longue effusion de sang et prévenir d'une dévastation plus complète la ville que vous défendez, je vous invite à capituler. Si dans une heure je n'ai pas votre réponse affirmative, le feu recommencera avec plus d'intensité.

Pour toute réponse à la mission qui lui avait été imposée le pistolet sous la gorge, le parlementaire improvisé ne reçut de la place que des invectives accompagnées de la menace de se voir fusillé par des balles françaises. Tombant ainsi de Charybde en Scylla, il jugea prudent de ne point aller affronter de nouveau les fureurs des Prussiens et prit le parti d'attendre en ville l'issue de la lutte.

Quelques habitants de la ville profitèrent de ce répit pour distribuer aux défenseurs de la place des vivres et du vin.

A une heure de l'après-midi le feu de l'ennemi reprenait plus terrible et plus nourri encore que le matin. Les artilleurs de Montmédy avaient profité de l'entr'acte pour relever le canon rayé de 24 démonté et pour tâcher de pouvoir tirer parti de deux ou trois autres pièces rayées de calibre inférieur. Aussi put-on répondre plus énergiquement et plus efficacement que la première fois. Seulement on ne put le faire qu'aux batteries du Haut-des-Forêts. Les pièces dont on avait voulu se servir pour riposter à celles qui accablaient la ville du côté de Chauvency avaient une portée insuffisante. Se sentant hors d'atteinte de ce côté, les Prussiens avaient déplacé leurs batteries et les avaient considérablement rapprochées.

Pendant cette nouvelle phase du bombardement, on n'eut pas à déplorer de nouvelles victimes. Mais l'œuvre de destruction commencée le matin se compléta d'une manière terrible. Les incendies se multiplièrent et se propagèrent. Un bâtiment d'artillerie, situé à l'entrée de la ville, auprès de la Grande porte, fut consumé avec tout le matériel qu'il renfermait, affûts, caissons, etc. Un obus était tombé sur le toit de ce bâtiment dont le grenier renfermait (chose incroyable) de la paille et du foin. Ainsi, à côté de ces caissons et de ces affûts, qui eussent été si utiles en cas d'un long siége, on avait placé un amas de matières inflammables! De plus, ce bâtiment n'était séparé que par la largeur de la rue d'une poudrière dont il fallut longuement arroser les parois pour prévenir une catastrophe. Etait-ce par hasard le foin et la paille destinés aux chevaux de M. le Sous-Intendant qui emplissaient ce local?

Toutes les maisons formant le pâté de constructions qui s'étendent à gauche de la place et appartenant à MM. CHENET, négociant, CABROLLE, boulanger, BOURGAIN, aubergiste, ainsi qu'une autre tenue en location par MM^{lles} FARINET, débitantes de tabac, furent réduites en cendres avec tout le mobilier et les marchandises qu'elles contenaient. Seule de ce massif d'habitations, la demeure de M. Eugène JACQUEMIN, la plus rapprochée de l'église, échappa en partie aux flammes.

Un nouvel incendie s'était déclaré tout à l'opposé des points directement en butte aux projectiles ennemis, dans la maison occupée par la Recette particulière des Finances, rue des Vieilles-Prisons. Là encore, à l'exception de quelques archives, tout fut brûlé. Ce qui échappa aux flammes devint la proie des pillards, oiseaux de proie comme on en voit éclore dans tous les jours de désastres publics. L'école des filles, contiguë à cette habitation, fut considérablement endommagée.

Un grand nombre de maisons, percées à jour par la mitraille, principalement dans le voisinage de la Grande place, dans les rues du Grand-Four et du Grand-Puits, avaient eu tout leur mobilier détruit et étaient devenues complètement inhabitables. Les monuments publics, surtout, comme s'ils eussent été plus particulièrement désignés aux coups de l'ennemi, étaient considérablement endommagés. Le presbytère, l'école des garçons, le tribunal, la prison étaient dans un état pitoyable et présentaient partout de larges plaies béantes. L'église avait sa toiture toute défoncée, ses fenêtres brisées, son jeu d'orgue effondré et sa façade monumentale toute mutilée par les projectiles qui s'étaient abattus sur elle. Les dégâts causés par cette avalanche d'obus pouvaient être évalués à près d'un million.

Les fortifications étaient intactes. Les remparts élevés par les comtes de Chiny, par les Espagnols et par Vauban avaient tenu bon et ne portaient d'autres traces de cette furieuse attaque que de nombreuses et glorieuses cicatrices des côtés de Thonne-les-Prés et de Thonnelle.

A trois heures un quart, l'ennemi cessait subitement son feu, après avoir lancé environ 4,000 projectiles sur la place qui n'y avait répondu que par 180 coups de canon. La forteresse qui avait eu l'honneur du premier coup eut également celui d'avoir tiré le dernier. On croyait en ville qu'il ne s'agissait que d'une nouvelle suspension. Mais les Prussiens, dont les mouvements étaient dissimulés par des plis de terrain, s'étaient retirés, emmenant leur matériel et enlevant leurs morts et blessés. On ne connut jamais le chiffre exact de leurs pertes en raison du soin mystérieux qu'ils apportent à le cacher. Il est certain néanmoins qu'elles furent nombreuses et importantes, malgré la disproportion entre la réplique et l'attaque. En effet, le tir, de notre côté, s'il fut peu intense, fut parfaitement dirigé contre les batteries du Haut-des-Forêts que leur situation,

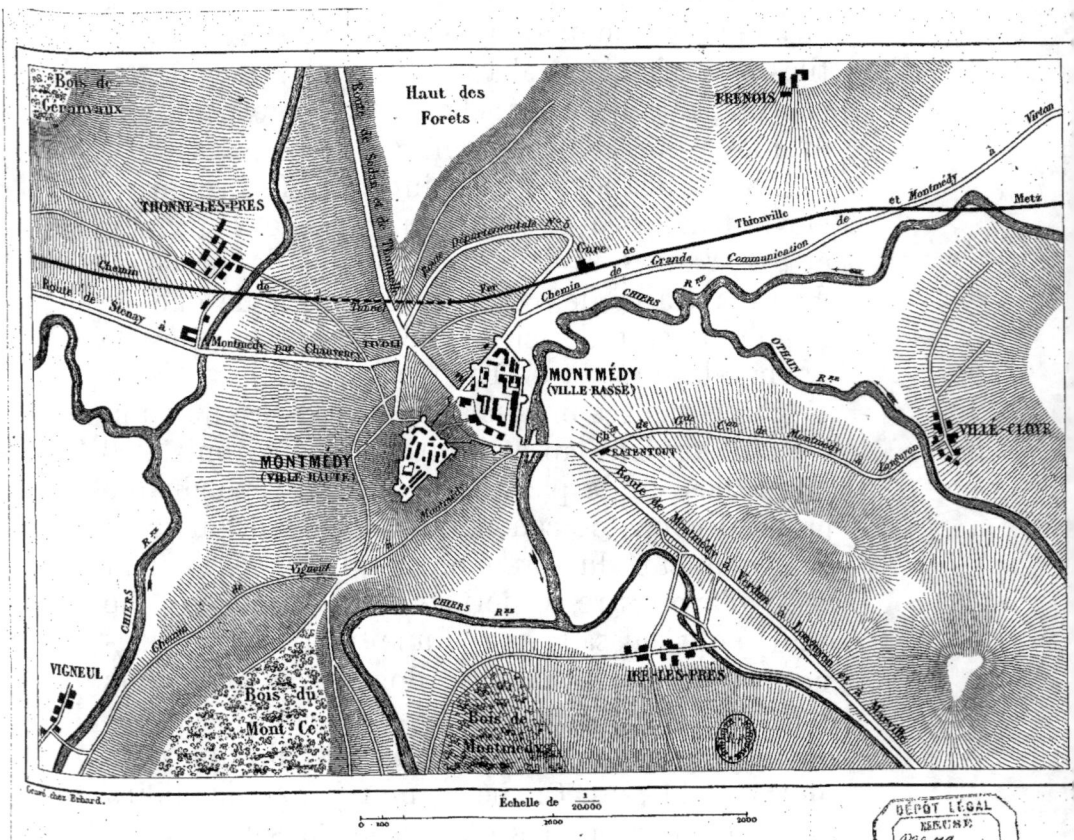

sans aucun abri, sur un terrain presque nu, exposait en plein aux boulets français. De plus, un caisson ennemi avait fait explosion, ce que l'on avait parfaitement distingué de la place. Les hommes cantonnés à Thonne-la-Long entre autres avaient été particulièrement éprouvés. Le fils du prince de Hohenlohe, aurait eu, dit-on, le poignet emporté. On apprit ensuite indirectement, il est vrai, mais de sources dignes de foi, que ces pertes s'élevaient à un chiffre considérable que l'on alla même jusqu'à porter à plusieurs centaines d'hommes mis hors de combat, y compris plusieurs officiers. Les Allemands les auraient, suivant leurs habitudes de dissimulation, entassés dans dix-sept fourgons hermétiquement fermés que l'on vit passer à Thonnelle et à Thonne-le-Thil. Pour donner le change, ils avaient eu soin de laisser sur place un cadavre à peine couvert de quelques pelletées de terre, à un kilomètre environ en arrière de leurs batteries, à peu près à la hauteur de la baraque des cantonniers, située sur la route de Thonnelle. De nombreux linges ensanglantés gisaient encore quelques jours plus tard sur l'emplacement de ces batteries.

Un habitant de Grand-Verneuil, le sieur PETTINGER, d'origine luxembourgeoise et parlant la langue allemande, avait été enlevé dans la matinée par deux uhlans et conduit par Petit-Verneuil et le bois de Fresnois jusqu'aux batteries. Dans une excavation placée en avant des canons, il vit une dizaine d'officiers qui, tout en mangeant et buvant, consultaient une carte déployée au milieu d'eux. Tout auprès, derrière une haie, était couché un soldat mort, ayant le visage caché par sa capote, auquel on avait enlevé ses armes et ses bottes. Un cheval tué gisait non loin de là; en arrière des batteries, à une très-faible distance, se tenaient les uns assis, les autres couchés, vingt à vingt-cinq blessés que deux voitures d'ambulance vinrent prendre à onze heures.

Des deux uhlans qui ramenèrent PETTINGER à Grand-Verneuil, l'un se cacha au moulin de ce village, y passa la nuit, vendit le lendemain son casque à un belge pour trois francs et déserta.

Rendus furieux par les pertes qu'ils avaient éprouvées et par l'insuccès de leur tentative contre Montmédy, qu'ils avaient cru pouvoir enlever ainsi en un coup de main et qu'ils s'étaient flattés, dans les villages voisins, d'amener à composition au bout d'une heure, les Prussiens pillèrent ou dévastèrent en repassant plusieurs maisons de Thonnelle.

Pendant cette attaque, l'artillerie était soutenue à courte distance, sur la route de Sedan, par de fortes colonnes d'infanterie. Il s'en était également répandu jusque dans les bois de Fresnois et Grand-Verneuil, dont elles occupaient la lisière et d'où l'on voyait de loin leurs armes miroiter aux rayons du soleil. Le soir venu, toutes ces troupes disparaissaient en même temps que l'artillerie.

La ville brûlait de tous côtés; tous les secours étaient concentrés sur un point voisin d'une poudrière, et ailleurs le feu achevait, sans que l'on s'y opposât, l'œuvre de destruction. Les flammes éclairaient au loin la campagne, et sans doute de bien douces émotions devaient faire battre le cœur du prince Albrecht, neveu du roi de Prusse, qui, ayant assisté au bombardement, pouvait des hauteurs voisines voir cette ville, tout à l'heure si paisible et si riante, transformée en un vaste volcan. Toute la nuit, la garnison fut sur pied. On contemplait d'un œil triste ces longues flammes qui montaient vers le ciel ; on regardait s'engloutir dans le feu, des fortunes, fruit de toute une vie de pénibles labeurs. On regardait s'écrouler une à une ces maisons qui abritaient d'heureux ménages, et chacun maudissait l'auteur barbare de pareils désastres. Çà et là, des habitants de la ville, pâles, consternés, regardaient s'abîmer dans les flammes les maisons de leurs concitoyens, et se demandaient avec terreur si le lendemain ne les trouverait pas, eux aussi, sans asile, pleurant sur les ruines fumantes de leurs demeures.

On se montrait à la lueur des flammes les trous béants qu'avaient faits les obus, et l'on n'osait même calculer ses pertes, car chacun croyait que le lendemain devait éclairer de nouveaux désastres.

Parmi les faits surprenants on remarqua celui-ci : les obus qui pleuvaient sur la ville avaient complètement respecté une statue de la Vierge, située dans une niche creusée dans le revêtement muré du cavalier 4 et exposée en plein aux boulets de l'ennemi. Cette immunité parut d'autant plus singulière, que tous les pans de murs avoisinants et le pourtour de la niche lui-même avaient été broyés par les obus. Nous croyons devoir rappeler que cette image est en vénération spéciale à la ville haute. La tradition rapporte même que dans les différents siéges qu'a subis Montmédy, il était d'usage de lui confier la garde des clefs de la ville.

Pendant la soirée et une grande partie de la

nuit, des citoyens dévoués et une portion de la garnison essayèrent d'opposer une digue aux progrès des incendies, tandis que des bandes de gardes mobiles et de soldats, à moitié ivres et possédés de cet esprit d'indiscipline qui nous valut tant de revers, s'abandonnaient à d'indicibles scènes de pillage et de dévastation. Ces hommes, indignes du nom de français, ne voyaient dans ces désastres qu'une occasion de satisfaire leurs détestables passions et leurs instincts de rapine. Ils se glissaient dans les caves des maisons incendiées et enlevaient tous les objets précieux, n'ayant garde surtout d'oublier les bouteilles. Tout ce qui ne pouvait être emporté ou consommé sur place était systématiquement détruit ou souillé d'ordures. Un habitant s'étant plaint un peu vivement de ces procédés à l'autorité militaire, fut envoyé réfléchir en prison aux inconvénients du franc-parler en ces époques troublées. Or, ces actes criminels devaient se renouveler pendant toute la durée du siége.

Il en coûte à notre patriotisme de relater ces scènes regrettables. Mais à l'exemple des Spartiates donnant l'ivresse de leurs esclaves en spectacle à leurs enfants pour détourner ceux-ci, par le dégoût, de la passion abrutissante de la boisson, nous croyons utile, nous aussi, de faire défiler dans cette galerie tous ces tableaux navrants, persuadés que les jeunes générations peuvent y puiser plus d'un salutaire enseignement. De tels exemples, exposés avec leur hideux réalisme sont bien de nature à prémunir contre le retour d'actes aussi dégradants.

La ville basse, elle, avait à peu près échappé

au bombardement et à ses fatales conséquences. Une douzaine seulement d'obus égarés, partis des batteries d'au-dessus de Thonne-les-Prés et lancés par-dessus la ville haute, étaient tombés dans la partie inférieure de cette section de Montmédy. Le moulin en avait reçu quelques-uns ainsi que plusieurs maisons voisines, mais sans qu'il s'en suivît de dégâts considérables. L'hôpital militaire qui servait d'ambulance avait été frappé de trois projectiles dont l'un avait renversé une cheminée. En présence des dangers auxquels se trouvaient ainsi exposés les malades et les blessés, la direction de l'établissement les avait fait évacuer en hâte et descendre en majeure partie dans les caves de ce bâtiment. Cette mesure, rendue nécessaire par les circonstances, eut pour effet d'aggraver la position de plusieurs de ces infortunées victimes de la guerre.

Ce serait ici le lieu de faire le procès aux Prussiens au sujet de la violation de la Convention de Genève. En effet, l'ambulance se signalait de loin par le drapeau français et par celui de la Société internationale qui flottaient fraternellement sur son clocheton. Mais plus justes que nos ennemis, qui n'eussent pas manqué de tirer parti d'un cas semblable pour exhaler devant toute l'Europe les plaintes les plus amères, pour jouer l'indignation et se poser en victimes, nous reconnaissons hautement qu'il n'y eut dans ce fait regrettable qu'un coup de hasard, cet hôpital étant tout à fait hors de leur vue. Aussi bien n'a-t-on déjà que trop de griefs sérieux et réels à articuler contre les Prussiens, sans se mettre en peine d'en trouver de fictifs.

Si la ville basse, fortement abritée par sa situation, fut épargnée par les projectiles, il n'en fut pas de même de ses approches. Tout le terrain en nature de vergers qui s'étend entre la porte dite de Metz et la ville haute, le long du mur d'enceinte et du chemin connu sous le nom de Rampe du Moulin, fut criblé d'éclats de projectiles. Plusieurs arbres furent brisés. Un infirmier militaire, dont la tente était dressée auprès de la porte de Metz, fut légèrement contusionné par un de ces éclats. Ce fut le seul accident de ce genre survenu en cette partie de la ville où cependant les fragments d'obus pleuvaient un peu partout.

C'est surtout aux approches extérieures de cette même porte, que les projectiles tombaient le plus dru. Le pont, le cimetière, dont le mur d'enceinte, à peine terminé, fut renversé en trois endroits différents et où plusieurs tombes furent fracassées, la prairie et les bords de la rivière portaient de nombreuses traces d'explosion. C'est par centaines qu'on les comptait. En certains endroits on eût dit qu'une troupe de sangliers se fût acharnée à fouiller le sol. Si tous ces projectiles avaient éclaté sur la ville basse, il y en aurait eu plus qu'il n'en fallait pour répandre partout l'incendie. Une logette de jardin, auprès de la ferme de Rattentout fut atteinte par l'un d'eux et consumée.

Pendant toute la journée, le troupeau de bestiaux destinés à la garnison pâtura dans la prairie dite de Proo sous cet ouragan de fer sans qu'aucun des animaux qui le composaient fût touché.

Tous ces obus, dont beaucoup n'éclatèrent pas et furent retrouvés intacts étaient cylindro-coniques, d'un diamètre de dix à douze centimètres à la base et d'une hauteur de 20 centimètres environ; ils provenaient de pièces de campagne. A la différence de leurs congénères français qui, introduits par la bouche du canon sont munis d'ailettes en zinc se glissant dans les rainures de la pièce, ceux des Prussiens qui pénètrent dans le canon par la culasse sont entourés dans leur pourtour de bourrelets circulaires en relief que recouvre sur toute la surface de la partie cylindrique une enveloppe de plomb. Au moment où le coup part, cette enveloppe se déprime et se raye sous l'étreinte des cannelures. Cette résistance, en forçant le projectile, lui donne une impulsion bien plus forte qui est la cause de la longue portée de l'artillerie prussienne. Ajoutons que pour la même raison le canon prussien a sur le canon français l'avantage de loger plusieurs projectiles de suite presque dans le même trou.

Tous les journaux français, anglais et belges parlèrent en termes élogieux de la défense de Montmédy, qui, désormais, avait conquis une place honorable parmi les cités martyres, à côté de Strasbourg, Phalsbourg, Bitche et Toul, et de tant d'autres dont les ruines rediront longtemps les malheurs. Néanmoins les récits qu'ils donnèrent de ce bombardement étaient pour la plupart inexacts. Une des plus remarquables relations fut celle du *Standart* de Londres, dont le correspondant français avait habité Montmédy pendant quelque temps. L'article le plus conforme à la vérité que nous ayons lu est celui que publia l'*Etoile belge* dans son numéro du 8 septembre. Le reporter de ce journal assistait à cette funeste journée et avait pu en rendre compte *de visu et auditu*. Les dépêches officielles de M. Gambetta elles-mêmes qui, vu l'interruption des correspondances, ne pouvaient pas reposer sur des informations certaines et directes, s'écartaient en plusieurs points de la réalité.

Plusieurs journaux belges ayant poussé l'inexactitude jusqu'à avancer que Montmédy s'était rendu à la suite de cette sauvage agression, nous crûmes de notre devoir de protester en rétablissant les faits dans un article adressé à l'*Echo du Luxembourg* d'Arlon, qui s'empressa de reproduire notre rectification dans ses colonnes (N° du 11 septembre 1870).

Cette journée du 5 septembre eut pour effet d'imprimer une nouvelle impulsion à l'émigration des mobiliers vers la Belgique. Bon nombre d'habitants, femmes et enfants entre autres, craignant le retour de semblables hostilités, s'empressèrent de mettre leurs personnes en sûreté en passant à l'étranger. L'*Etoile belge* (*loco citato*) mentionne à ce sujet quelques défaillances et quelques désertions regrettables.

Le soir venu, quelques gardes nationaux qui, pendant la journée, s'étaient emparés, comme nous l'avons dit plus haut, de chevaux sans maitres aux portes mêmes de la ville, firent spontanément quelques patrouilles aux approches de la gare. Dans l'une de ces excursions ils capturèrent deux cantiniers saxons avec leurs voitures. Ces prises furent aussitôt dirigées sur la ville haute et remises entre les mains du commandant de place.

Nous avons vu également que dès les premiers coups de canon, la ville basse avait été complètement évacuée par la garde mobile. L'autorité militaire négligea de faire regarnir les postes. Ceux des habitants de cette portion de la ville qui n'avaient pas abandonné leurs domiciles et cherché leur salut dans une retraite prudente en Belgique passèrent toute cette nuit dans les transes et les appréhensions d'un retour offensif de la part de l'ennemi ou d'un coup de main tenté contre cette section de la ville, protégée seulement par un simple mur d'enceinte. Les clefs ayant été remises à M. Célice, adjoint faisant fonctions de maire, c'est à ses soins que fut due la fermeture des portes. Quelques citoyens courageux et actifs s'offrirent à surveiller les alentours de la ville et à faire des patrouilles de nuit. Le patriotisme qui les portait à ce dévoûment était d'autant plus louable que la ville basse était abandonnée complètement par les chefs de la place et que tous les services publics y étaient dans le plus complet désarroi, à commencer par la garde nationale qui fut disloquée dès ce jour.

Mais l'ennemi avait définitivement disparu et la nuit se passa sans aucun incident. Les restes des incendies de la ville haute continuaient à jeter au loin d'effrayantes lueurs. Les pompes y fonctionnèrent toute la nuit en raison surtout des craintes qu'inspirait la poudrière située auprès de la Recette des Finances. La chaleur des flammes en avait en effet tellement échauffé les murs qu'en certains endroits on ne pouvait y appliquer la main.

Si le succès dispensait de l'honnêteté, si la morale avait fait son temps, et que l'humanité et la justice ne fussent plus que de vains mots, on pourrait applaudir des deux mains aux procédés d'un ennemi qui tue des femmes et des enfants, quand il a vis-à-vis de lui des hommes prêts à lui répondre, et qui espère obtenir par la terreur et l'effroi ce qu'il ne peut prendre de force, et que l'honneur commande de lui refuser. Nous n'en sommes pas là, et cette triste maxime: « La force prime le droit », jetée comme un blasphème à la face de l'humanité, et appliquée par l'ennemi tous les jours de cette guerre sanglante, n'a soulevé que l'indignation et le dégoût.

C'est un droit pour les femmes et les enfants d'être respectés par l'ennemi, autant que faire se peut. Ce droit on l'a violé, et le général de Moltke lui-même qualifie de cruel l'emploi de pareils moyens.

Nous n'avions trouvé jusqu'alors qu'un mérite à cet art stupide (qu'on nous passe le mot), qui consiste de la part des peuples à s'entre-tuer pour le plaisir de leurs souverains: celui de donner la mesure de la valeur personnelle de chacun. Aujourd'hui, cet art lugubre n'a même plus ce mérite. On érige la terreur en système. On place un soldat entre la voix de sa conscience qui lui dit: Résiste, et la voix de l'humanité qui lui crie: Sauve en rendant tes armes la vie et la fortune de malheureux innocents. Pourquoi s'arrêter en si beau chemin? On pourrait faire mieux encore; pour qui entre dans cette voie, Néron, Caligula et tant d'autres sont de précieux modèles à copier.

CHAPITRE III

MONTMÉDY ENTRE LES DEUX BOMBARDEMENTS

Du 6 Septembre au 11 Décembre 1870

Nous avons vu plus haut que Montmédy servait d'entrepôt, tant *intra muros* qu'à la gare du chemin de fer, à d'immenses quantités de vivres et de provisions de toute nature destinées à l'armée de Mac-Mahon. Une grande partie de ces approvisionnements devait être entièrement perdue. Le pain, entassé par milliers de kilogrammes dans les magasins militaires, ne put être consommé assez rapidement par la garnison. Par les soins de l'Intendance, il en fut vendu des lots considérables à vil prix. Mais malgré cela, ce pain préparé en vue des besoins d'un effectif de 100,000 hommes, qui, en ce moment même souffraient à 40 kilomètres de là des cruelles atteintes de la faim, ce pain, disons-nous, ne s'écoulait pas assez vite et se corrompit rapidement. Un grand nombre de soldats et de mobiles de la garnison gagnèrent à son usage de fortes dyssenteries. Ce que voyant, l'administration prit le parti de le faire distribuer gratuitement à qui voulait en prendre. Les habitants de Montmédy et des communes voisines en consacrèrent des charges considérables à l'alimentation de leur bétail, seule destination à laquelle il pût être utilement employé désormais. C'était un spectacle déplorable que de voir tous ces pains de fine fleur de froment qui, quelques jours auparavant eussent pu soulager tant de misères, maintenant tachés de moisissures, exhalant une odeur fétide, jetés à terre et foulés aux pieds. Longtemps les rues et les remparts furent couverts de leurs débris qui, pourrissant à l'air et à la pluie, entremêlés de déjections dyssentériques, infectaient l'atmosphère de miasmes putrides et compromettaient ainsi sérieusement la santé publique.

Mais ce n'était encore là que le prélude d'autres tableaux tout aussi affligeants. Sur une espèce d'autorisation verbale donnée par l'Intendance à plusieurs personnes de la ville d'aller chercher quelques-uns des sacs d'avoine qui encombraient les wagons du chemin de fer, à la gare de Montmédy, beaucoup d'habitants crurent qu'il était parfaitement licite à chacun d'emporter tout ce qui s'y trouvait. De l'usage à l'abus, la transition fut vite franchie. Alors commença, sur une vaste échelle, un éhonté gaspillage qui se prolongea quelques jours. La nouvelle s'en étant portée, on vit accourir des villages voisins et même des premiers villages belges, comme autant de vautours âpres à la curée, des bandes de pillards sans frein et sans vergogne. L'avoine en sacs était chargée sur des voitures et prestement enlevée ; et ces scènes se reproduisaient sur les deux kilomètres et plus que couvrait le convoi de ces provisions. En certains endroits, le riz, la farine de lin et d'autres objets prenaient le même chemin. Quelques harpies qu'on ne saurait trop stigmatiser d'opprobre et de mépris, allèrent même jusqu'à vider sur place l'avoine qu'elles ne pouvaient enlever pour prendre les sacs vides, sacrifiant ainsi sans remords une denrée précieuse, cette année là surtout, en raison de sa rareté, dans le seul but de pouvoir tirer profit de quelques mètres d'étoffe grossière. Tout le long de la voie et des routes qui y aboutissent, l'avoine répandue couvrait le sol et germa sur place. On alla même jusqu'à enlever les bâches des wagons, les cordes, les courroies et jusqu'aux ferrements. Aussi tout honnête homme s'associa-t-il au ferme langage que tint à ce propos un de nos fonctionnaires civils au Sous-Intendant militaire BLOCH, de triste souvenir, auquel il parla ainsi : « Ces scènes de pillage seront toujours considérées à Montmédy comme l'un des plus tristes épisodes de cette malheureuse campagne. »

Enfin l'administration s'émut de ce pitoyable désordre. Elle fit publier défense d'enlever quoi que ce fût des provisions appartenant à l'Etat, fit procéder à quelques arrestations et établit tout le long du chemin de fer jusqu'à la queue de la file des wagons, des postes de mobiles chargés d'en interdire l'accès.

Cette mesure trop tardive fut depuis lors rigoureusement exécutée. Il fut ensuite ouvert une enquête à l'effet de rechercher les auteurs de ces détournements. Comme ces enlèvements pouvaient jusqu'à un certain point se justifier, et par l'autorisation partielle donnée d'abord, on ne sait trop par qui, et aussi par l'inaction incompréhensible de l'Intendance que beaucoup prirent de bonne foi pour un consentement tacite, les détenteurs de ces denrées ne furent pas poursuivis. Ils furent seulement inscrits comme débiteurs envers le trésor public de ce qu'ils avaient déclaré, avec plus ou moins de bonne foi.

A ce sujet, nous dirons que nous avons été surpris que les Prussiens, si bien informés d'ordinaire, grâce à leurs procédés d'espionnage et grâce trop souvent aussi à l'indiscrétion, pour ne pas dire pis, de certains Français, n'aient pas tenté du côté de Longuyon un coup de main nocturne sur ces importantes provisions, dont la valeur totale était de plusieurs millions.

A la suite de leur bel exploit du 5 septembre, nos ennemis s'étaient retirés des environs immédiats de Montmédy. On resta quelques jours sans en voir poindre à l'horizon. Néanmoins ils n'avaient pas abandonné le pays. Les communes situées sur la route d'Etain à Stenay par Damvillers, qui était leur voie de passage habituelle dans nos contrées, étaient durement flagellées par leurs visites réitérées. Partout ils se faisaient grassement nourrir, confortablement loger et exerçaient des réquisitions de toute nature dont les pays visités par eux conserveront longtemps le triste souvenir.

Ce ne fut qu'après le bombardement que l'on connut toute l'étendue du désastre de Sedan. De tous côtés, les populations consternées venaient dire qu'elles avaient vu des milliers de soldats français, conduits brutalement par quelques Prussiens, prendre tristement le chemin de la captivité. On signalait partout ces tristes passages.

Bientôt on eut des détails plus précis. Quelques jours après la bataille, on vit arriver, pâles et affamés, des paysans, portant des vêtements en lambeaux, et sur la figure desquels se lisait un abattement profond. Ces paysans, qui paraissaient fort gênés dans les vêtements qu'ils portaient, n'étaient autres que des soldats de Sedan, qui avaient été assez heureux pour tromper la vigilance de l'ennemi, et échapper à la captivité. Chaque jour on en vit arriver de nouveaux. Officiers et soldats étaient tous misérablement vêtus, de sorte qu'à la fin on ne s'y trompait guère. On devinait ce qu'ils étaient, malgré leur déguisement, les haillons formant l'uniforme commun de ces malheureux.

Nous devons dire à la louange de nos compatriotes que, malgré les durs sacrifices que leur avaient imposés les exactions prussiennes, ils trouvèrent dans leur patriotisme de magnifiques élans de charité. Distributions de vin et de vivres étaient faites à ces infortunés tout le long de leur route, quand toutefois les Allemands le toléraient ou ne confisquaient pas les dons à leur profit. Sans consulter le danger et les cruelles représailles auxquelles elles s'exposaient, nos populations se prêtèrent en outre avec un admirable empressement à l'évasion de ces prisonniers. A chaque village qu'elles traversaient, à chaque angle de bois, les colonnes de captifs laissaient un contingent plus ou moins nombreux d'échappés que l'on cachait et que l'on déguisait. Mille ruses, mille stratagèmes furent employés à cet effet. La plupart du temps, les églises étaient choisies comme lieux d'étape. Nos soldats y étaient entassés pêle-mêle et les abords en étaient étroitement surveillés, ce qui n'empêchait pas les habitants des villages, et surtout les prêtres, qui se distinguèrent dans cette campagne patriotique, de profiter de toutes les circonstances, telles que portes dérobées, greniers obscurs, clochers, échelles, etc., pour en faire évader le plus grand nombre possible.

Dans un village situé non loin de la place, les passages de prisonniers avaient été si considérables, et on s'y était si bien pris, qu'on en avait fait évader bon nombre. Le village n'est pas grand, et les évadés étaient fort nombreux. Les vieux habits furent d'abord mis à profit. Cela ne suffit pas. On se dépouilla de tout ce que l'on put encore, et chacun fit de son mieux. Enfin un jour les vêtements manquèrent tout à fait. Le patriotisme de ces braves gens ne fut pas embarrassé pour si peu. Une voiture partit, qui fit dans les villages voisins une ample récolte de vêtements de toute sorte. Vieux chapeaux, vieux habits abondèrent, et tout se passa si bien, que la voiture revint sans encombre au village, où l'on usa largement de cette garde-robe improvisée.

Cependant, à Montmédy, on voulut imiter l'exemple que donnaient tant de vrais Français, et employer la force dont on disposait pour arracher quelques prisonniers à la captivité. Une expédition fut projetée à cet effet. Il s'agissait de délivrer une centaine d'officiers prisonniers que l'ennemi avait provisoirement logés dans l'église d'un village voisin. Un soldat de la mobile avait été chargé de reconnaître les lieux et de préparer tout ce qui était nécessaire pour briser la porte de l'église et faciliter l'expédition. Le bombardement du 5 septembre empêcha cette hasardeuse entreprise. Par une méprise singulière, le mobile, dont les Prussiens n'avaient pas soupçonné la mission, se vit arrêter comme espion prussien au moment où il rentrait dans la ville, pendant le bombardement, et eut beaucoup de peine à échapper aux mauvais traitements de ses compagnons d'armes, qui, ne le reconnaissant pas sous le costume d'emprunt qu'il portait, se montraient disposés à lui faire un fort mauvais parti.

De ces fugitifs, beaucoup se dirigèrent sur la Belgique, d'où ils purent regagner leurs dépôts ou leurs foyers. D'autres se rendirent dans les forteresses voisines, à Montmédy, Longwy et Verdun, dont ils accrurent les garnisons dans des proportions notables. Montmédy, pour sa part, en vit passer plusieurs milliers sous ses murs et en reçut 1200 environ de toutes armes, dont un certain nombre zouaves et turcos. Ce fut un renfort précieux pour la place. Tous ces hommes, en effet, dont la plupart avaient été désarmés sans avoir eu l'occasion de tirer un seul coup de fusil, brûlaient du désir de laver cette ignominie dans le sang prussien.

Ils furent immédiatement inscrits au nombre des défenseurs de la place et plus tard organisés en corps spéciaux, selon l'arme à laquelle ils appartenaient

Recevoir ces malheureux ne suffisait pas ; il fallait les loger, les nourrir, et ce ne fut pas chose facile. Les casernes étaient pleines, on les logea dans les maisons abandonnées par leurs propriétaires qui avaient fui en Belgique. Ce fut pour les habitants une charge ajoutée à tant d'autres, charge d'autant plus lourde, que tous n'usèrent pas avec modération de l'hospitalité qu'on leur offrait. On ne se gêna guère pour convertir des salons en cuisines, pour envahir toute une maison alors que quelques appartements eussent suffi largement. On ne se contenta pas toujours du nécessaire, ce qui eût été excusable, et plusieurs maisons furent livrées à un pillage de tous les jours. Ce sont là des faits injustifiables, et il convient de flétrir énergiquement la conduite de soldats qui, échappant forcément à toute surveillance, profitèrent de cette circonstance pour piller leurs compatriotes.

On les arma de fusils à tabatière retirés à la garde nationale sédentaire, qui fut dissoute dès le lendemain du bombardement sans avoir pu se servir de ses armes, et en outre de ceux restés à l'arsenal. Malheureusement, ces derniers n'étaient que d'anciens fusils à piston.

De ces militaires, ceux dont le concours semblait devoir être le plus utile, étaient les hommes appartenant au génie ou à l'artillerie, au nombre d'environ 200. En effet, les événements qui venaient de se produire avaient démontré péremptoirement l'insuffisance dans la place du personnel qui y représentait ces armes spéciales.

Sur les plaintes des habitants de la ville basse, qui avaient été, comme nous l'avons vu, abandonnés à leurs propres forces, le jour même du bombardement, avec l'autorisation dérisoire de se défendre eux-mêmes, s'ils le voulaient, la municipalité s'émut d'un tel état de choses. L'adjoint faisant fonctions de maire fit à cet égard d'énergiques représentations auxquelles il fut enfin fait droit, mais au bout d'un ou deux jours seulement.

En même temps des idées de fuite gagnèrent

un grand nombre de mobiles dont la discipline et le courage n'étaient pas toujours les qualités dominantes. Sans se rendre un compte exact de la gravité de cet acte, qualifié par les codes militaires de désertion devant l'ennemi, et qui les eût rendus passibles de la peine de mort si l'on eût pu véritablement donner le nom de soldats à des recrues qui n'avaient jamais tiré un coup de fusil, dont beaucoup manquaient de souliers et d'habits, et qui furent nourris pendant quelques jours avec du pain que les habitants des environs hésitaient même à donner à leur bétail, ces jeunes gens, terrifiés et découragés, se débandèrent et s'évadèrent avec entrain. Le 6 septembre au soir, il en manquait 400 environ à l'appel. Quelques courageux citoyens, témoins de cette lâcheté, adressèrent de vives observations à ceux qui s'en rendaient coupables et en ramenèrent un certain nombre à des notions plus précises de leurs devoirs. Pour couper court à toute nouvelle velléité de fuite, l'adjoint, qui détenait les clefs des portes de la ville basse, les fit fermer et informa de ce qui se passait le commandant de la place qui y mit bon ordre. A cet effet, des sentinelles furent placées aux trois portes avec défense de laisser sortir toute personne non munie d'une passe signée du lieutenant de gendarmerie.

Hâtons-nous d'ajouter que le plus grand nombre des fuyards revinrent presque aussitôt à la forteresse et que quelques-uns seulement eurent le triste courage de se montrer lâches et pusillanimes jusqu'à la fin.

En considération des circonstances dans lesquelles s'était produite cette fuite, les coupables ne furent pas traduits devant un conseil de guerre. Il n'y eut du reste jamais à Montmédy de tribunal militaire. On se contenta de punir quelques-uns des fugitifs avec une rigueur que l'on trouva parfois exagérée.

Deux ou trois jours plus tard, l'imminence de nouveaux périls semblant conjurée, vu l'éloignement de l'ennemi, les deux compagnies de mobiles, qui avaient abandonné la caserne de la ville basse au moment du bombardement, vinrent en reprendre possession.

Ces jours-là encore se firent plusieurs captures de traînards prussiens et de chevaux qui furent confisqués et vendus au profit de l'Etat. Le 8, entre autres, il fut amené en ville quelques hommes et deux chariots. D'autres arrestations moins heureuses eurent lieu également. Par un regrettable malentendu, une ambulance luxembourgeoise, — l'accent germanique de ses membres ayant éveillé les soupçons, — fut arrêtée, conduite à Montmédy sous escorte et dut y subir un interrogatoire inquisitorial. A son arrivée à la place, le quiproquo s'expliqua et la méprise fut immédiatement réparée par l'élargissement du personnel de cette philanthropique association, qui reprit sa route vers le théâtre des grands événements qui venaient d'avoir lieu dans les Ardennes. Un autre jour, trois Anglais de haute extraction, dont un membre du Parlement, qui voyageaient en touristes, semant d'abondantes largesses sur leur passage, furent aussi arrêtés et retenus pendant plusieurs heures sous bonne garde, sur la déposition de quelques soldats évadés de Sedan, qui prétendaient reconnaître en eux des officiers prussiens déguisés. Enfin tout s'expliqua encore d'une manière à peu près satisfaisante devant le commandant de la place qui fit aussitôt relaxer ces trois insulaires. C'étaient là des excès de zèle répréhensibles et fâcheux à coup sûr. Mais de semblables erreurs étaient excusables et pleinement justifiées par les procédés cauteleux mis en usage par nos ennemis.

La garnison de Montmédy étant devenue plus respectable par l'adjonction des soldats évadés, désignés en style militaire sous le nom d'*isolés* par lequel nous les appellerons désormais, elle put agrandir son cercle d'opérations. Quelques sorties composées d'hommes déterminés furent dirigées par des chemins détournés, vers les parages que hantaient les Prussiens, le long de la route de Damvillers à Stenay (route départementale n° 9) entre les villages de Bâalon, Quincy, Juvigny et Louppy. On nourrissait l'espoir de pouvoir délivrer quelques convois de prisonniers, car on savait qu'ordinairement ils n'étaient accompagnés que de faibles escortes. Malheureusement il était trop tard. Ces passages avaient à peu près pris fin. Une de nos reconnaissances put une seule fois constater de loin le passage de la dernière de ces colonnes. Mais par extraordinaire ou plutôt par une mesure de précaution de la part de nos défiants ennemis, tenus en éveil par les nombreuses évasions qu'ils savaient avoir eu lieu dans la direction de Montmédy, l'escorte était cette fois très-nombreuse. Aussi nos soldats durent-ils rentrer dans la place sans avoir pu tenter aucun coup de main.

C'est alors que l'on apprit en ville par les journaux belges, les seules qui y parvinssent encore, qu'à la suite du désastre de Sedan, la population de Paris avait accompli, le 4 septembre, une révolution pacifique en déclarant la déchéance de l'Empire et en proclamant la République. Le nouveau gouvernement, formé des notabilités du parti républicain modéré, se donna pour chef militaire le général Trochu ; l'administration civile passa entre les mains des députés de Paris. Le nouveau pouvoir prit le nom de *Gouvernement de la Défense nationale.*

Le 10 septembre, quelques chariots regorgeant d'effets français furent saisis non loin de Montmédy et dirigés sur la place.

Le dimanche 11, passèrent en cette ville une trentaine d'officiers généraux et supérieurs français, prisonniers de guerre sur parole, se rendant à Pont-à-Mousson, pour de là être évacués sur les forteresses allemandes. Ils avaient été aperçus de loin venant sur la route de Thonnelle et pris pour des Prussiens, ce qui provoqua une nouvelle alerte. On reconnut bientôt qu'il y avait méprise et on se remit de cette panique. Ils traversèrent la ville au milieu d'un silence glacial, interrompu seulement par quelques paroles malsonnantes. Si beaucoup d'entre eux, par l'incapacité et la suffisance dont ils avaient donné tant de preuves, méritaient cette sévère leçon, quelques-uns parmi eux n'avaient été que malheureux. Tel était entre autres le général Ducrot, qui, paraît-il, faisait partie de ce groupe.

Plusieurs de leurs collègues avaient suivi la

route de Sedan à Stenay. De leur nombre était le général de Failly qui, d'après les journaux belges et anglais, avait noblement expié ses fautes par une mort courageuse sur le champ de bataille de Sedan. Il s'en était bien gardé. Cet homme, dont les défaillances furent si fatales à la France gîta successivement dans les villages de Martincourt et de Grémilly et se fit héberger à Stenay, où paraît-il, il se signala par un robuste appétit. Il eut soin partout, dit-on, de ne révéler son nom qu'au moment de son départ.

Le même jour des détachements prussiens réapparurent à Chauvency-le-Château où ils semblèrent vouloir se mettre à rétablir la voie ferrée pour l'exploiter à leur profit de cette station à celle de Sedan. A cet effet, ils réparèrent les dégâts qu'eux-mêmes avaient faits au télégraphe et au chemin de fer, à Chauvency et à Lamouilly, quelque quinze jours auparavant. Ces dégradations n'avaient été qu'imparfaitement restaurées par les Français.

Pour leur ôter toute velléité de pousser plus loin l'exploitation de la voie, le commandant de place prit le parti de faire sauter le viaduc de Thonne-les-Prés, dont les chambres à mine étaient prêtes depuis quelques jours. A neuf heures du soir, après évacuation du village par ses habitants, une double détonation se fit entendre. L'œuvre de destruction était accomplie. Ce magnifique ouvrage d'art présentait à l'ouest une large ouverture béante. Une pile et deux arches s'étaient écroulées, couvrant de leurs débris et effondrant les toitures de deux maisons voisines. Une semblable mesure fut prise à l'égard du tunnel, et deux heures plus tard, une nouvelle détonation annonçait la destruction de l'entrée de ce souterrain du côté de Thonne-les-Prés.

Le lendemain 12, un bruit sourd répercuté par les échos d'alentour, retentit tout à coup du côté de la porte de Luxembourg. L'orifice du tunnel du côté de Longuyon venait à son tour d'être sacrifié aux exigences de la défense. De ce gigantesque ouvrage, le plus considérable du réseau des Ardennes, on ne voyait plus que des ruines et des décombres projetés jusqu'à 200 mètres et plus du lieu de l'explosion. Ces œuvres d'art existaient seulement depuis huit ans et avaient coûté des millions à la Compagnie. En présence de ces actes de vandalisme, commandés par les circonstances, on ne saurait trop déplorer les tristes extrémités auxquelles réduit la guerre, ni trop énergiquement flétrir les gouvernants incapables qui nous avaient lancés dans de telles aventures.

Le 13, 230 hommes partis en reconnaissance sous la conduite des lieutenants CAMIADE, évadé de Sedan et PASQUIN, de la mobile, poussèrent jusque vers Bàalon et Quincy, par la route de Stenay à Damvillers. Placés en embuscade, dans l'attente de convois, ils firent prisonniers, auprès du Bois-Robert, à la hauteur de Quincy, un officier saxon et son ordonnance. Un convoi de voitures venant de Stenay avait pu rétrograder à temps et échapper à nos hommes. La colonne regagna Montmédy par Han-les-Juvigny, où les habitants lui firent le meilleur accueil. Quelques instants après, 150 Prussiens venaient réquisitionner dans ce village, tandis que 300 autres se lançaient à la poursuite de l'arrière-garde française dans la direction de Quincy.

Le chef prussien qui avait pris quartier à Louppy, fit savoir à cette occasion que s'il était tué un seul de ses hommes dans une de ces sorties de la garnison, il ferait incendier le village sur le territoire duquel se serait passé le fait. C'était parler comme un Iroquois ou un Comanche. Le commandant de place de Montmédy fit notifier à cet incendiaire que s'il était brûlé un seul village des environs, il serait procédé par représailles à l'exécution sommaire de 10 prisonniers prussiens. La forteresse en renfermait alors de 30 à 35.

Le 16 septembre, deux cavaliers prussiens se présentèrent aux approches de la porte de Metz, dans l'intention évidente de passer par la ville. Les mobiles qui étaient de garde à cette porte avertis par des habitants de Marville, qui avaient rencontré ces cavaliers et les avaient devancés, les accueillirent à coups de fusil et les manquèrent. Surpris d'une aussi brusque réception, ils s'empressèrent de tourner bride et de rebrousser chemin, laissant dans leur fuite un casque à pointe sur le terrain. Quelques soldats, mobiles et gendarmes s'élancèrent à leur poursuite et parvinrent à en atteindre un dont le cheval était harassé de fatigue. On apprit de lui que son compagnon était un médecin militaire prussien dont il était l'ordonnance, qu'ils venaient en droite ligne de Sarreguemines et qu'ils s'étaient trompés de chemin à Jametz, point de bifurcation des deux routes de Stenay et de Montmédy.

Le 17, sur le bruit qu'une vingtaine de mobiles

s'étaient fait cerner au-dessus de Chauvency, une colonne forte de 250 hommes, isolés et mobiles, sous le commandement des lieutenants Pillière, de la ligne, et Pasquin, de la mobile, partaient en expédition vers Bàalon. Après avoir rencontré le détachement à la recherche duquel ils étaient partis et qui n'avait pas vu l'ombre d'un Prussien, ils arrivèrent à Bàalon et se mirent à battre l'estrade dans les terrains accidentés qui avoisinent ce village. Bientôt apparut un convoi prussien venant de Damvillers. Nos hommes se concentrèrent et se massèrent de chaque côté de la route que devait suivre le parti ennemi, à deux kilomètres environ de Bàalon. Ces terrains, déserts et boisés, sont, du reste, admirablement disposés, pour des surprises de ce genre. Le convoi se composait d'une centaine de cavaliers et de fantassins escortant une file de voitures. Des mobiles, qui voyaient l'ennemi pour la première fois, ouvrirent le feu dès qu'ils aperçurent les Prussiens. S'élançant au pas de course les nôtres se ruèrent sur ceux-ci, en tuèrent quatre, en blessèrent quelques-uns, leur firent 33 prisonniers, y compris le capitaine chef du détachement, et s'emparèrent en outre d'une voiture chargée d'armes et de munitions. Le reste du convoi, qui contenait, dit-on, la caisse destinée à la solde de la garnison allemande de Sedan, parvint à s'échapper, ce qui ne fût pas arrivé, si nos jeunes mobiles eussent su contenir leur impatience. Toutes les mesures, en effet, étaient prises pour envelopper le convoi entier et s'en rendre maître d'une manière complète. Par un hasard heureux et extraordinaire, il n'y eut de notre côté qu'un caporal légèrement blessé.

Chemin faisant, nos soldats avaient eu soin de briser, sur une longueur de 1500 mètres, le télégraphe que les Prussiens venaient d'établir le long de la route de Bâalon à Chauvency, pour relier par cette route et le chemin de fer leurs garnisons de Stenay et de Sedan. Déjà de semblables tentatives contre le fil télégraphique avaient été faites précédemment avec succès par des bourgeois et des soldats de Montmédy. Chaque fois les Prussiens avaient relevé les poteaux renversés et relié les fils rompus, le tout avec accompagnement de menaces sauvages à l'adresse du village de Chauvency-le-Château.

À l'entrée en ville de ces braves, une foule compacte se porta à leur rencontre en leur adressant de légitimes félicitations.

Revenus quelques heures après sur le théâtre de la rencontre, à l'effet d'emporter les morts et de relever les blessés, les Prussiens y rencontrèrent un Frère de la Doctrine chrétienne, attaché à l'établissement de Juvigny, qui avait ramassé à côté d'un cadavre un sabre et quelques autres épaves qu'il se disposait à emporter comme souvenirs. Sans rien vouloir entendre, ils le traitèrent d'espion et l'accusèrent d'avoir traîtreusement assassiné leur camarade pour le dépouiller et l'accablèrent de mauvais traitements. Ils le lièrent ensuite étroitement et le menèrent à Stenay, où il fut en butte à de nouveaux outrages et à de nouvelles violences de la part du commandant d'étape. Encouragés par cet exemple et rendus furieux par l'échec qu'ils venaient d'éprouver, ces sbires se livrèrent sur cet homme désarmé et garrotté aux plus odieuses brutalités, le laissant deux jours entiers sans nourriture, enfermé dans une chambre à côté des cadavres des leurs et venant à tour de rôle le frapper, le maltraiter de mille manières et le menacer d'une toute prochaine exécution. En vain des personnes notables de Stenay intercédèrent-elles en faveur de cette innocente victime ; elles ne purent fléchir ces féroces soudards, dignes successeurs des tortionnaires du moyen-âge. Enfin cet infortuné fut dirigé sur Sedan, à l'effet d'y passer en jugement pour ce crime imaginaire. Là, du moins, il eut affaire à des juges et non plus à des bourreaux. Les bavarois, entre les mains desquels il fut remis, s'honorèrent par les procédés humains dont ils usèrent à son égard; finalement, après un jugement sommaire, il fut mis en liberté. Nous avons entendu de sa bouche, en frémissant d'indignation le récit des cruelles avanies qu'il eut à subir, et c'est miracle qu'il ait pu y résister. Plus d'un mois après encore ses bras étaient tuméfiés et couverts d'ulcères. Des journaux belges voulurent bien prêter leur publicité à un récit qui stigmatisait en termes justement irrités la conduite barbare de nos ennemis en cette circonstance. (*Echo du Luxembourg,* des 21 et 26 septembre 1870).

C'est à cette époque encore que se passa également dans nos parages un autre acte de sauvagerie qui ne le cède en rien à celui qui précède. Le 22 septembre, un détachement de la garnison de Longwy était venu surprendre nuitamment, au village d'Arrancy (canton de Spincourt) une compagnie ennemie qui y était logée. Dans les rues et dans les maisons se livra une lutte corps à corps dans laquelle il y eut plusieurs tués et blessés de part et d'autre. Cette attaque mit les Prussiens dans une rage furieuse. Ils s'emparèrent du maire, de l'instituteur et des personnes notables de la localité, les malmenèrent et les menacèrent de la pendaison. En vain M. le baron de MARCHES, du Grand-Duché de Luxembourg, qui possède des propriétés à Arrancy, où il était alors par hasard et qui se trouvait être un ami du chef du détachement, mit-il tout en œuvre pour fléchir ce dernier. Prières, supplications, tout fut inutile. Tout ce qu'il put obtenir, ce fut l'élargissement d'un de ses amis personnels. Quelques maisons furent ensuite pillées et mises à sac. Mais ce n'était pas encore assez pour ces bandits. Ils se ravisèrent à l'égard du maire, M. RENY; ils le saisirent et l'attachèrent à un poteau en face de sa maison à laquelle ils mirent le feu, le contraignant, de la pointe de leurs bayonnettes, à tenir ses yeux fixés sur son habitation en flammes. Ils avaient eu soin auparavant de faire défense aux habitants sous peine des plus terribles châtiments, d'essayer d'arrêter l'incendie. Systématiquement et froidement cruels, ils avaient préalablement coupé la toiture de la maison voisine afin d'isoler l'incendie, témoignant que c'était au maire seul qu'ils en voulaient. De celle de M. RENY, qui avec une ferme et les bâtiments en dépendant formait tout un côté de rue, il ne resta que le corps de logis qui dut cette immunité à sa solidité et au peu de combustibilité des matériaux avec lesquels il avait été récemment construit.

Après ces scènes de cannibalisme, ils dirigèrent sur le camp de Corny, près Metz, le maire et les autres otages. Pendant cette captivité qui dura quinze jours et ne fut qu'une longue suite d'épreuves pour ces malheureuses victimes, M. RENY contracta une maladie qui mit longtemps ses jours en danger. Finalement, elles ne durent la vie qu'aux menaces de représailles faites par le commandant MASSAROLI, de la forteresse de Longwy.

Sur de simples soupçons, ils accusèrent M. Félix DESCHANGE, alors maire de Longuyon, aujourd'hui représentant de la Moselle, d'avoir livré à la garnison de Longwy le secret de la présence d'un de leurs détachements à Arrancy. Ils voulurent se rendre maîtres de sa personne pour le mettre à mort sans autre forme de procès. Mais prévenu à temps, M. DESCHANGE put s'échapper et gagner la Belgique.

Dans cette même ville de Longuyon, qui fut sans cesse occupée pendant presque toute cette guerre, ils se livrèrent aux plus révoltantes brutalités sur la personne d'un cafetier établi en face de la gare du chemin de fer, et cela sous les plus futiles prétextes.

Bien que ces faits se soient passés en dehors du rayon des opérations de la forteresse, nous avons cru néanmoins devoir les relater ici, comme ayant eu lieu dans l'arrondissement de Montmédy ou à quelques lieues seulement de cette ville.

Le 19 septembre des gendarmes avaient été envoyés comme parlementaires à Damvillers, pour y traiter des conditions d'échange d'officiers prisonniers. Mais cette ville venait d'être évacuée et ne renfermait plus de Prussiens. Celle de Stenay, en revanche, à la suite de l'attaque du convoi faite l'avant-veille auprès de Bâalon par un détachement de la garnison de Montmédy, avait reçu un supplément de soldats prussiens, ce qui portait à un millier le chiffre d'hommes qu'elle avait à défrayer. De plus, quelques pièces d'artillerie y furent amenées. Non content encore de ces mesures de précautionss, le commandant d'étape de Stenay s'exhala en menaces sauvages, ne parlant ni plus ni moins que de venir réduire en cendres Montmédy haut et bas, les deux Chauvency, Thonne-les-Prés, Vigneul, etc., si de semblables attaques se renouvelaient. Décidément ces barbares, qui promenaient par toute la France le meurtre, le pillage et l'incendie nous déniaient le droit de résister à leurs atrocités. Ils établissaient impudemment en principe que nous devions supporter patiemment toutes les horreurs auxquelles il leur plaisait de se livrer, sans pouvoir nous défendre sur notre propre territoire, sous peine de nous voir spoliés, incendiés, enlevés comme prisonniers, cruellement maltraités ou même assassinés juridiquement. Que de tels procédés sont bien dignes des principes de cet insolent personnage, incarnation de la fourberie et de la duplicité, qui a osé ériger en maxime d'Etat cette éhontée déclaration : « La Force prime le Droit ! » et combien la Prusse a rétrogradé dans les voies de la justice et de l'humanité depuis le règne de ce monarque philosophe auquel on pouvait dire : « Il y a des juges à Berlin ! »

De nos jours, il n'y a plus dans cette capitale, paraît-il, que des bourreaux, des espions et des traficants de pendules !

Mais passons. Les 24, 25 et 26, on entendit des

coups de canon dans le lointain. C'était le second bombardement de Verdun. On sait avec quelle vigueur fut menée la défense de cette ville dont le siége devait coûter d'énormes sacrifices d'hommes à l'ennemi. On sait aussi avec quel art le quartier-général de Versailles, qui cultivait à merveille l'euphémisme ou la prétérition, quand il s'agissait de relater des insuccès, sut dissimuler ses pertes sous les murs de Verdun en se contentant de cette phrase toute laconique: « Il y a à Verdun une artillerie bien servie et bien dirigée. » Pour quiconque sait lire entre les lignes, cet aveu contient bien des choses (1).

Pendant quelques jours il y eut autour de Montmédy suspension presque absolue d'opérations militaires. Le dimanche 25, eut lieu vers Chauvency une reconnaissance qui demeura sans résultat. Nulle part on ne vit trace d'ennemi.

Parmi les isolés qui se trouvaient à Montmédy beaucoup profitèrent de cette accalmie pour s'échapper et essayer de regagner soit l'intérieur, soit leurs dépôts. Ils se plaignaient avec trop de raison des procédés de l'intendance, qui ayant à sa disposition d'énormes provisions de vivres, de vêtements et de literies, les économisait parcimonieusement et refusait parfois jusqu'au strict nécessaire à ces hommes que les fatigues de la route et le manque d'alimentation avaient affaiblis et débilités, que la dyssenterie et le typhus éprouvaient cruellement et que leur évasion sous les

---

(1) Voir *Verdun pendant le siége de* 1870, par R. BLAISE, publié à l'*Almanach-Annuaire de la Meuse pour* 1872; un autre livre publié sur le même sujet par M. l'abbé GABRIEL, aumônier du collége de Verdun.

plus étranges déguisements faisaient plutôt ressembler à des mendiants qu'à des soldats. Mécontents et pris aussi peut-être de la maladie du pays, ils essayèrent de traverser les lignes ennemies. Un grand nombre d'entre eux y parvinrent. Mais il arriva, paraît-il, malheur à plusieurs autres. On parla d'un de ces malheureux que les Prussiens auraient capturé aux environs de Lamouilly et passé par les armes sans autre forme de procès. Mais c'est un bruit qu'il ne nous a jamais été donné de vérifier et que nous croyons controuvé.

La nuit du 26 au 27 amena une nouvelle alerte. On reçut la nouvelle que des troupes arrivaient vers Lamouilly avec de l'artillerie, le tout à destination de Montmédy. La population fut tenue en éveil pendant toute la soirée. Les artilleurs passèrent la nuit à leurs pièces, prêts à tirer sur tout ce qui semblerait suspect. A onze heures du soir, la garnison reçut l'ordre de se préparer à faire une vigoureuse sortie. A une heure du matin, 800 hommes choisis dans tous les corps furent envoyés en reconnaissance.

Or cette nuit se passa tout à fait tranquillement, voici ce qui avait donné lieu à tout ce branle-bas :

Les Prussiens, fatigués de voir leur télégraphe détruit chaque jour entre Stenay et Chauvency, jugèrent prudent de l'éloigner davantage de Montmédy, d'où leur provenaient tous ces ennuis. A cet effet, ils établirent leur nouvelle ligne entre Stenay et Lamouilly, où elle se soudait à celle du chemin de fer pour gagner Sedan. En conséquence, le 26 au soir, ils étaient descendus par la route de Stenay avec des fourgons chargés de tout l'attirail nécessaire à la construction de leur télégraphe. De loin, ces fourgons, accompagnés par un détachement, avaient été pris pour une colonne d'artillerie; de là l'origine des vaines rumeurs qui avaient donné lieu à un tel remue-ménage. Au point du jour ces faits furent connus d'une manière exacte. Un coup de canon, tiré de la place, fit rentrer, ainsi qu'il avait été convenu, les 800 hommes envoyés en reconnaissance dans les bois environnants.

D'autres faux bruits s'accréditèrent à cette époque. On parlait de grands succès remportés autour de Metz par Bazaine, d'hécatombes terribles de Prussiens sous Paris. L'absence de nouvelles directes ne faisait qu'entretenir ces versions fantaisistes que nous relatons seulement comme souvenirs de cette malheureuse époque. Une nouvelle optimiste, qui, par exemple, n'était pas sans fondement, mais seulement exagérée, fut celle de la sanglante leçon infligée récemment par la garnison de Verdun aux troupes assiégeantes, entre Marre et Bras.

Le 27 septembre, repassa à Montmédy la 7me ambulance qui y avait séjourné plusieurs jours à la fin du mois précédent. Elle venait de quitter les champs de bataille des environs de Sedan et se dirigeait sur Metz.

Le même jour arriva également une voiture d'ambulance belge, apportant des médicaments, des couvertures et 500 francs en numéraire. Déjà les membres belges de la Société de secours aux blessés avaient fait déposer dans une maison de banque de Virton une somme de 1,000 francs, destinée à venir en aide à l'ambulance de Montmédy.

Nous profitons de cette circonstance pour témoigner au nom de la ville de Montmédy, toute notre gratitude aux membres belges de la bienfaisante institution de la Croix-Rouge et à d'autres personnes de la même nationalité qui sont venues déposer des secours de diverses natures en faveur de nos blessés. La part la plus directe de notre reconnaissance doit revenir à M. Alexandre d'Huart, de Dampicourt, près Virton, qui s'est particulièrement distingué dans cette campagne philanthropique. Qu'il reçoive ici l'hommage de nos remerciments publics pour les bienfaits dont il a été l'instigateur et le canal.

Nous avons vu précédemment comment était constituée l'ambulance établie à Montmédy. Organisée spontanément par les habitants, sans aucun concours de l'administration militaire autre que l'abandon du local qu'il avait fallu meubler de lits, d'ustensiles de toute nature, cette ambulance s'était entretenue pendant un mois au moyen des offrandes volontaires de la population. Deux mille francs environ furent successivement recueillis dans ce but. Dès les débuts, elle ne comptait que quelques blessés provenant des batailles livrées près de Metz. Mais bientôt elle reçut un contingent de nouveaux occupants par suite de l'échauffourée de Chauvency, du bombardement de Montmédy, et de l'arrivée de nombreux prisonniers évadés, blessés ou exténués de fatigues et de privations. De plus, les affections épidémiques régnant alors parmi la garnison accrurent encore le nombre des lits occupés qui dépassa rapidement le chiffre d'un cent. Grâce aux fonds venus de Belgique, l'établissement put encore subsister quelque temps de ses propres ressources. Mais un tel état de choses ne pouvait durer. La municipalité s'émut de cette situation et, après bien des démarches, bien des sollicitations, elle put obtenir de l'intendance que l'ambulance recevrait désormais sa part des immenses provisions qui pourrissaient dans les magasins de la place. Pain, vin, sucre, viande, etc., devaient être mis chaque jour en quantités suffisantes à la disposition de M. l'abbé LOUPOT, directeur de l'établissement.

Mais l'intendance ne devait pas tarder à témoigner de sa mauvaise grâce habituelle. Ce n'est, en effet, que contrainte et mise en demeure de s'exécuter ou de voir l'hôpital abandonné par tous ceux qui s'y dévouaient au soin des malades et blessés qu'elle avait accédé aux justes réclamations qui lui étaient faites. Lassé enfin du manque absolu de bon vouloir et d'obligeance de la part de cette administration, tout le personnel, directeur et aides, se retira quelques jours plus tard en remettant le service de cette ambulance entre les mains de l'autorité militaire. On aura une idée du peu de complaisance qu'apportait l'intendance en ces conjonctures par le petit fait suivant. Un jour, en un moment où médecins et infirmiers volontaires ne pouvaient suffire à la besogne, un de ces derniers dut monter jusqu'à quatre fois à la ville haute pour avoir deux bottes de paille qu'en fin de compte il n'obtint pas. Et tous les jours se renouvelaient de semblables procédés !

Pour soulager l'hôpital, dont les lits devenaient insuffisants, les mobiles malades qui purent supporter le voyage furent alors successivement renvoyés dans leurs foyers, pour s'y rétablir, et reçurent en conséquence des congés de convalescence.

En ce moment une forte mortalité sévissait au sein de la ville, parmi la population militaire principalement. Et pourtant le remède à de telles souffrances se trouvait sous la main. Il faut bien le dire, pour arracher tant de malheureux, aujourd'hui couchés au cimetière, à la maladie et à la mort, il n'y avait qu'un mot à prononcer, qu'un consentement à donner : et l'Intendance ne le voulut point. On a regardé d'un œil indifférent s'ouvrir tous les jours de nouvelles fosses, sans que ni ce douloureux spectacle, ni les prières des gens de cœur, ni les gémissements des mères aient pu obtenir d'un homme au cœur de bronze que l'on donnât aux nôtres les chauds vêtements et les provisions qu'on livra plus tard à l'ennemi. Chaque jour vit de nombreux décès. La population civile souffrit aussi ; de nombreux cas de dyssenterie, dont plusieurs mortels, vinrent affliger les familles déjà tant éprouvées précédemment et enlever à la ville des personnes dont la perte fut un deuil pour tous.

Vers cette époque se répandirent de nouvelles rumeurs de bon augure paraissant, cette fois, reposer sur des faits positifs. De nouveau encore les espérances se trouvèrent ranimées. On apprit que le commandant supérieur de Longwy avait publié un ordre du jour portant avis de la prochaine arrivée de Bazaine et de son armée, qui étaient parvenus à forcer les lignes prussiennes. C'est le 27 septembre qu'avait eu lieu cette publication. Le lendemain, le bruit courut que toutes les troupes de Bazaine étaient à Briey, que le soir même elles camperaient à Longuyon, qu'en un mot l'heure de la délivrance allait sonner. L'allégresse était générale. Cette fois encore le réveil et le désillusionnement devaient être d'autant plus cruels qu'on s'était rattaché avec énergie à ce nouveau rayon d'espoir. En effet tous ces bruits reposaient purement et simplement sur l'ordre du jour suivant, qui avait été placardé à Longwy, et qui fut également affiché et publié à son de caisse, à Montmédy, le 30 septembre.

Le Commandant supérieur de Montmédy, aux Maires de l'arrondissement.

—

Monsieur le Maire,

Faites rejoindre à Montmédy tous les hommes valides de 20 à 35 ans. Celui qui manquera à cet appel suprême sera poursuivi comme déserteur et déclaré traître à la patrie.

Le commandant supérieur compte sur le dévouement des populations de l'arrondissement. Levez-vous donc comme un seul homme; qu'aucun obstacle ne vous arrête. Le maréchal Bazaine vous délivrera sous peu; le moment suprême est venu, il n'y a pas à hésiter, les armes ni les munitions ne manquent pas. Envoyez-nous des bras et nous chasserons les ennemis qui foulent notre sol.

Faites publier et afficher dans votre commune le présent ordre.

Montmédy, le 29 septembre 1870.

Le Commandant supérieur de la place,
REBOUL.

En conséquence de cet ordre, dont nous n'avons jamais connu les causes ni l'origine, un grand nombre d'habitants de Montmédy et des environs s'empressèrent de se faire inscrire à la place. Mais il ne fut donné aucune suite à ces mesures ni à ces pompeuses déclarations.

Le 30, arriva un parlementaire demandant le libre passage par Montmédy de 600 soldats allemands blessés que l'on évacuait sur leur pays. Il ne fut pas fait droit à cette requête. Ce refus, inhumain en apparence, était parfaitement motivé par les pratiques habituelles de nos ennemis, qui n'eussent pas manqué de mettre à profit cette autorisation pour faire quelque peu d'espionnage en passant, ne fût-ce que pour ne pas en perdre la tradition. A l'appui de cette hypothèse, nous citerons l'exemple du capitaine prussien, pris le 17 de ce même mois, aux approches de Baalon. Reçu avec courtoisie et gracieusement hébergé par les officiers de la garnison, laissé libre de tous ses mouvements dans la forteresse, il répondit à de tels procédés en ébauchant toutes sortes de croquis, en prenant des notes que l'on devait retrouver plus tard, en essayant de corrompre des habitants de la ville et en cherchant à nouer des intelligences au-dehors.

Le 1er octobre, les Prussiens qui se plaisaient sans doute à tenir Montmédy continuellement en haleine, apparurent sur les hauteurs d'entre Han et Vigneul. Sur le soir, il y en avait 150 à Chauvency-le-Château et 300 à Thonnelle, à l'effet de réquisitionner des vivres. Ce dernier détachement ayant appris que sa présence avait été signalée à Montmédy, que trois kilomètres seulement le séparaient de cette place et que des mobiles se préparaient à venir l'attaquer, s'empressa de détaler, sans avoir pris le temps de remplir sa mission de rapine.

A cette époque, on apprit la reddition de Strasbourg. Cette nouvelle causa une douloureuse impression dans la ville. L'infortune semblait s'acharner contre nous d'une manière implacable.

Ce même jour, quelques gendarmes et soldats isolés poussèrent une pointe jusqu'au village de Nepvant et y détruisirent, entre cette commune et Lamouilly, le télégraphe récemment construit par les Prussiens. Sur la prière du maire de Lamouilly, que ceux-ci avaient menacé des plus odieux châtiments, ainsi que son village, si le télégraphe était détruit par des habitants du pays, nos militaires lui délivrèrent une attestation portant que la rupture du télégraphe était bien le fait d'hommes de la garnison de Montmédy. L'un d'eux eut soin d'agrémenter la pancarte de lazzis à l'adresse des Allemands.

Pendant cette espèce de trêve que lui laissait l'ennemi, Montmédy ne restait pas inactif. On y augmentait les moyens de défense. La présence de soldats du génie et d'artillerie évadés de Sedan avait permis d'imprimer une impulsion nouvelle à ces travaux. Les batteries, jugées imparfaites et insuffisantes, furent reconstruites de fond en comble et notablement agrandies. Des quantités énormes de terre, immédiatement employées autour des batteries et revêtues sur des espaces considérables de fascines, de gabions et de saucissons; des blindages établis à l'aide d'arbres tirés des glacis et du bois du Mont-Cé, donnèrent aux remparts une apparence inconnue jusqu'à ce jour. En outre, les pièces furent disposées sur de vastes plates-formes qui leur permettaient d'évoluer dans tous les sens et, à un moment donné, de pouvoir toutes converger sur le même point. Ces travaux, qui étaient dirigés par un intelligent et actif lieutenant d'artillerie, M. LAVIOLETTE, échappé au désastre de Sedan, ne discontinuèrent pas jusqu'aux derniers jours de l'investissement.

Le 2 octobre, on constata qu'un des mortiers placés sur les remparts était encloué et que deux pièces de canon étaient remplies de pierres et de terre. On crut immédiatement à un acte de trahison et on fit d'actives recherches qui n'amenèrent aucun résultat. Pour couper court à toute tentative ultérieure de ce genre, le commandant de place fit publier un arrêté portant défense expresse à la population civile et aux soldats qui n'étaient pas en service de mettre le pied sur les fortifications Les sentinelles avaient l'ordre de tirer sans pitié sur ceux qui enfreindraient ces prescriptions.

Or, informations prises, il s'agissait tout simplement, crut-on généralement, d'un vieux mortier tiré précipitamment des magasins, lors de la panique du 16 juillet précédent, par des gens inexpérimentés qui se contentèrent de transporter cet engin en un lieu désigné, sans se rendre compte s'il était encloué ou non. En effet, un examen attentif fait au moment où des ouvriers serruriers parvinrent à retirer le clou qui obstruait la lumière de ce mortier prouva que l'opération devait remonter à des temps éloignés déjà, à l'année 1815, peut-être bien. Quant aux pierres introduites dans l'âme des canons, ce devait être uniquement le fait d'enfants de la ville. Plusieurs fois déjà ce cas s'était présenté et pour notre compte personnel nous avions déjà constaté des faits analogues aux temps où la garde nationale sédentaire s'exerçait à la manœuvre des pièces. Tout ce qu'il y eut de plus regrettable en cela, fut que des canonniers inhabiles chargèrent des pièces ainsi mises hors d'usage, sans s'être rendu compte que des gravats en obstruaient le fond et voulurent y mettre le feu un jour que des éclaireurs prussiens se montraient à l'horizon. On conçoit facilement le résultat négatif de semblables essais. Donc, toute idée d'intention criminelle doit être exclue de cette petite affaire qui fit alors un certain bruit.

Le même jour, 2 octobre, à quatre heures du matin, 38 hommes de la garnison partis en reconnaissance, étaient arrivés au village de Han-les-Juvigny, qu'occupait un détachement ennemi fort de 250 hommes environ. Une fusillade s'engagea dans l'obscurité. Pas un seul des nôtres ne fut atteint. Mais voyant qu'ils avaient affaire à trop forte partie, ils se retirèrent, après avoir blessé quelques-uns de leurs adversaires. Ceux-ci n'osèrent les poursuivre et pourtant, paraît-il, ils croyaient n'avoir affaire qu'à 17 Français, c'est-à-dire à moins de monde encore qu'il n'y en avait en réalité. Pour les Prussiens, la prudence, tournât-elle même à la couardise, est, paraît-il, la mère de la sûreté.

Le même jour, des Prussiens qui s'étaient montrés du côté de Vigneul, furent délogés par un coup de canon.

Le 3 octobre, un boulet creux de 24 fut lancé sur le village de Thonne-le-Thil où des Prussiens étaient en réquisition. Ils l'évacuèrent promptement.

Le 5 octobre, sur le bruit que des contrebandiers avaient tué ou maltraité, sur le territoire de ce dernier village, un soldat prussien qui y était revenu chercher un objet oublié par un officier, un détachement parti de Stenay s'en vint, par Chauvency-Saint-Hubert, occuper cette commune et s'empara de la personne du maire, M. Trouslard, qui fut garrotté et emmené à Stenay. Sur la constatation de la fausseté de ce bruit, ce fonctionnaire fut relâché un ou deux jours plus tard, ainsi que sa fille, qui avait voulu l'accompagner dans sa captivité.

Les Prussiens s'étaient fait accompagner, dans cette expédition, de chariots destinés à ramener des réquisitions en nature pour la garnison de Stenay. Ces faits ayant été signalés à la place de Montmédy, une forte reconnaissance fut envoyée par les bois de Thonne-les-Prés pour aller leur couper la retraite vers les fermes de Harauchamp et du Véru, tandis qu'un détachement de réserve suivait une autre direction pour renforcer et soutenir au besoin la colonne d'attaque. Mais soit que le projet eût été éventé par quelque espion ou dénoncé par quelque traître, soit que les mouvements eussent été signalés de loin par des vedettes, il se trouva que lorsque nos hommes arrivèrent au rendez-vous, les Prussiens s'étaient retirés avec leurs chariots, sans avoir pris le temps de les charger des denrées dont ils avaient imposé la livraison au village de Thonne-le-Thil. Une partie du détachement français se lança à leur poursuite vers Chauvency-Saint-Hubert, franchit le pont de ce village et les atteignit auprès de Brouennes. Une vive fusillade s'ouvrit entre les nôtres et l'arrière-garde ennemie, et bientôt une lutte corps à corps s'engagea. Un caporal de chasseurs à pied fut tué traîtreusement par un Prussien qui, serré de près, avait fait mine de se rendre et avait ensuite tiré sur lui presque à bout portant. Ce brave tomba en criant à ses compagnons d'armes: « J'ai mon compte. Mais en avant, et vive la France! » L'auteur de cette lâcheté ne devait pas rester impuni. Un zouave, témoin de ce qui s'était passé, se précipita sur lui et, sans se laisser fléchir par ses supplications, le tua sans miséricorde. Les Prussiens, qui avaient eu soin de gagner les hauteurs, se replièrent, laissant sur le terrain le cadavre de leur camarade et emportant un officier blessé, qui serait mort le lendemain des suites de sa blessure. Quelques-uns d'entre eux, acculés dans la prairie par nos soldats ne leur échappèrent qu'en se jetant dans la Chiers où, disait-on, deux des leurs auraient trouvé la mort. Craignant de se voir tournés par un détachement venu du Haut-de-Cer, où l'on savait que l'ennemi avait un campement, les nôtres cessèrent le feu et se retirèrent sur Montmédy sans être aucunement inquiétés. Dans cette escarmouche, il avait été tiré de part et d'autre de nombreux coups de feu et il est étonnant que l'action n'ait pas été plus meurtrière.

Le 7, arriva à Montmédy un officier parlementaire chargé de traiter d'un échange des prisonniers. Cette opération eut lieu le lendemain matin, 8 octobre, à Chauvency-le-Château. Une trentaine de soldats prussiens furent remis contre un nombre à peu près égal de Français, pris aux environs de Paris. L'officier prussien fait prisonnier quelques semaines auparavant près de Baalon, avait été échangé deux ou trois jours auparavant, au grand mécontentement de la population de Montmédy, qui appréhendait que cet officier ne fît profiter ses compatriotes des renseignements qu'il avait pu recueillir pendant son séjour à Montmédy, où il avait été laissé à peu près libre de tous ses mouvements. Un tout prochain avenir devait démontrer le bien fondé de ces plaintes, ainsi que nous allons le voir.

La surprise de Stenay.

Le 11 octobre 1870 est une date mémorable et honorable dans l'histoire des fastes militaires de Montmédy. Sur la nouvelle certaine que Stenay, momentanément dégarni de troupes, n'avait plus qu'une garnison de 200 et quelques hommes, qui vivaient dans des transes perpétuelles, redoutant à chaque instant une attaque du côté de Montmédy, un hardi coup de main fut tenté sur cette ville. Cette entreprise, à laquelle ne prit part qu'une faible partie de la garnison de Montmédy, réussit au-delà de toute espérance. Voici en quels termes l'un des auteurs de la présente notice rendit compte de cette brillante journée, dans un article adressé à l'*Echo du Luxembourg* d'Arlon et reproduit par les principales feuilles belges. (Voir l'*Echo du Luxembourg,* du 15 octobre 1870).

« Pendant la nuit du 10 au 11 octobre, un détachement de 230 hommes environ, tiré de la garnison de Montmédy, partit de cette ville sous la conduite du lieutenant des guides CAMIADE, pour aller surprendre la garnison allemande de Stenay. Cette entreprise, conduite avec prudence et habileté, eut tout le succès qu'on en attendait. Favorisée par un épais brouillard, la petite troupe arriva à Stenay presque à l'improviste sur les avant-postes ennemis. Là une vive fusillade s'engagea aussitôt. Aucun des Français ne fut atteint tandis que plusieurs Prussiens mordaient la poussière. Il était alors environ quatre heures du matin.

« Nos soldats pénétrèrent ensuite dans la ville. Les Prussiens n'eurent pas le temps de se rassembler. Ils tirèrent vigoureusement sur les nôtres des angles des rues, des fenêtres, etc., sans autre résultat fâcheux pour les Français qu'une blessure peu grave reçue par le sous-lieutenant d'infanterie DE BEYLIO (1).

« Notre détachement poursuivit sa marche en tuant quatre ou cinq Prussiens, et en blessant un plus grand nombre. L'objet principal de l'entreprise était d'arrêter le commandant d'étape, dont les procédés *tout à fait prussiens*, étaient un véritable fléau pour cette malheureuse ville de Stenay et les communes voisines. Il fut appréhendé dans son lit. Des perquisitions opérées dans toutes les rues et maisons de Stenay amenèrent la capture de 7 officiers et de 200 hommes environ, qui furent ramenés triomphalement à Montmédy par le détachement français, fier à juste titre de ce brillant exploit. Des vêtements en abondance,

---

(1) Cet officier, évadé de Sedan, avait été blessé plus grièvement qu'on ne l'avait cru d'abord. Néanmoins il se rétablit parfaitement. Il reçut plus tard la croix d'honneur, digne récompense de sa conduite en cette circonstance.

des armes, des munitions de guerre, tels furent les principaux trophées de ce glorieux fait d'armes. De plus, cinq sous-officiers français furent délivrés. . . . .

« ... Nos soldats et leurs prisonniers, après avoir été généreusement hébergés à Chauvency-Saint-Hubert, et surtout à Chauvency-le-Château, firent leur entrée à Montmédy au milieu d'une affluence immense de curieux dont l'attitude calme et digne contrastait singulièrement avec les façons d'agir pratiquées chez nos ennemis. Embouchant les clairons prussiens, nos troupiers en tiraient des sons plus ou moins harmonieux, ce qui égayait au plus haut point les spectateurs. La gaîté française n'abdiquait pas ses droits.

« Ce spectacle impressionna vivement la population, fière de voir le nom de sa ville attaché à un semblable exploit. »

Avant de s'en revenir à Montmédy, nos soldats n'avaient eu garde d'oublier de renverser sur une grande longueur les poteaux télégraphiques que les Prussiens avaient établis de Stenay vers Dun et vers Lamouilly. Ceux-ci, déjà plusieurs fois détruits et relevés, ne furent plus rétablis.

Cette entreprise, si rondement menée, fit le plus grand honneur à ceux qui la conçurent et à ceux qui la mirent à exécution. Elle était la plus digne réponse que pût faire la garnison à une hâblerie publiée quelques jours auparavant par certains journaux belges qui n'avaient pas craint d'insérer que ce même commandant d'étape de Stenay avait fait prisonniers, « à lui tout seul, les zouaves (?) et toute la garde mobile de Montmédy. »

On avait craint que le détachement ne rencontrât des Prussiens sur sa route et en toute hâte on avait envoyé à sa rencontre une partie de la garnison pour renforcer l'escorte et empêcher que les Prussiens ne délivrassent les leurs.

Parmi les prisonniers, on en voyait qui se faisaient remarquer par leur bonne humeur et qui distribuaient quelques poignées de mains aux soldats français qu'ils paraissaient connaître. C'étaient les prisonniers prussiens échangés l'avant-veille. Ces malheureux, pour la plupart pères de famille, avaient quitté à regret la forteresse, et ne dissimulaient guère leur joie de se voir de nouveau à l'abri des souffrances et du danger.

Malheureusement, l'officier prussien qui avait déjà été détenu à Montmédy et qui avait été rendu quelques jours plus tôt ne put être repris. Il s'était échappé avec plusieurs soldats par la route de Laneuville, seule issue que l'on n'avait pu occuper assez tôt. Elle était en effet diamétralement opposée à celle par laquelle les Français avaient fait leur entrée. Mais ses bagages et tous les croquis, notes et dessins qu'il avait pris de Montmédy et de ses abords, tombèrent entre les mains de nos hommes.

Une heure à peine après le départ du cortége pour Montmédy, 1400 Prussiens arrivaient à Stenay, fort étonnés de n'y rencontrer aucun des leurs. Ayant appris ce qui était arrivé, ils entrèrent en fureur et ne parlaient de rien moins que de mettre le feu aux quatre coins de la ville, qui était parfaitement innocente de ce qui avait eu lieu. Peu s'en fallut que ce projet sinistre ne fût mis à exécution.

Faute d'autre local, tous ces prisonniers durent être logés dans la maison d'arrêt, ce qui surexcita outre mesure le commandant d'étape, furieusement vexé déjà d'avoir été surpris si matinalement. Par une dérision du sort, un de ces zouaves, dont il s'était prétendûment emparé quelques jours auparavant, lui servit de cocher depuis Stenay jusqu'à Montmédy. Ajoutons que, malgré le bon vouloir et l'urbanité dont il fit preuve, ce singulier automédon ne parvint pas à captiver les bonnes grâces du farouche commandant. Cet officier venait d'être promu au rang de colonel. Il se nommait von Bütlar, passait pour être l'un des plus opulents banquiers de l'Allemagne et avait même, suivant quelques lettres particulières venues de Prusse, des liens de parenté avec Bismark.

Fort penaud fut aussi un des officiers capturés à Stenay, qui avait adressé la veille au commandant de place de Montmédy une lettre outrageante l'accusant de sévices et d'insultes envers les prisonniers, se plaignant dans les termes les plus violents de soi-disant vols commis au préjudice de ces derniers, pendant leur séjour à Montmédy, et menaçant de tirer une éclatante vengeance de ces prétendus méfaits !

Le quartier général prussien, de la part duquel on s'attendait à un mutisme absolu à cet égard, se décida, huit jours après, à publier un avis portant que par suite d'un coup de main tenté par la garnison de Montmédy, le commandement d'étape de Stenay était supprimé. Puis, quelques jours plus tard, amené probablement à un aveu dépouillé d'artifice, par la publicité donnée à ce hardi fait d'armes par la presse étrangère, il confessa dans une dépêche officielle que la garnison de Montmédy avait capturé dans une sortie toute celle de Stenay, montant à 200 hommes.

Ce qui rehausse l'éclat de cette affaire, c'est que les Prussiens, qui ont toujours eu soin, par toutes sortes de précautions, de se prémunir contre de semblables surprises, se montraient à Stenay d'une vigilance et d'une défiance extraordinaires. Le brouillard fut d'un grand secours pour notre petite troupe, en lui permettant de les envelopper dans ce coup de filet sans avoir de pertes graves à déplorer.

Les 200 prisonniers appartenaient à différents corps et à diverses nationalités ; la plus grande partie d'entre eux étaient de la landwehr. Trente-deux de ces hommes, malades ou épuisés par des marches forcées, furent immédiatement dirigés sur l'ambulance de la ville basse, où ils reçurent tous les secours que comportait leur état.

Par suite de la suppression du commandement d'étape de Stenay, les environs de cette ville furent tout à fait délivrés des déprédations ennemies. Par contre-coup, le commandement d'étape de Beaumont fut également supprimé. Celui de Mouzon ne devait pas tarder à l'être à son tour.

Le 15 octobre, un officier parlementaire vint de cette dernière ville proposer l'échange des officiers prisonniers. Le commandant de place de Montmédy répondit qu'il avait des vivres en suffisance pour leur entretien, et qu'il ne consentirait à entrer en pourparlers à cet égard que si on lui accordait d'abord la délivrance de Mac-

Mahon ou le libre passage de l'armée de Bazaine. C'étaient de véritables fins de non recevoir. Du reste, un échange quelconque eût été très mal vu en ville, où l'on considérait la présence de ces otages comme une garantie contre tout bombardement.

Le 17, une dizaine de zouaves et de mobiles, sous la conduite du lieutenant Pasquin, partirent de nouveau pour Stenay, désormais délivré de toute garnison allemande, et en ramenèrent une voiture chargée d'effets, d'armes et de munitions, entre autres de 80 fusils et de 3 à 4,000 cartouches. Ces armes et munitions y avaient été laissées par les Prussiens, capturés le 11, dans les maisons qu'ils habitaient où, vu la précipitation qu'on avait mise à quitter Stenay, on n'avait pu se livrer à de minutieuses perquisitions.

Le 18, on reçut un arrêté de la délégation de Tours, nommant commandant supérieur de la place, avec rang de chef de bataillon, le capitaine Balat, qui commandait le détachement du 57me de ligne. Cette mesure fut bientôt rapportée ou plutôt modifiée. Le commandant de place Reboul reprit ses fonctions, tandis que le capitaine Balat fut nommé chef d'un bataillon provisoire qu'il avait mission de composer de tous les débris de régiments qui avaient trouvé asile à Montmédy après la débâcle de Sedan.

Le succès des précédentes sorties détermina le commandant de place à tenter une entreprise plus importante dont l'exécution fut fixée au 21 octobre. Une nombreuse colonne, formée des divers corps qui tenaient garnison à Montmédy devait, de concert avec les garnisons de Mézières et autres places du voisinage, aller surprendre la forteresse de Sedan, qu'occupaient seulement 800 hommes. Quatre compagnies de la mobile, soit 800 hommes environ et autant d'autres soldats de diverses armes étaient appelés à prendre part à cette expédition. On devait également y adjoindre deux pièces rayées de 12 et des artilleurs pour en faire le service. L'effectif total de l'expédition devait être ainsi de 1500 à 2000 hommes, qui reçurent l'ordre de se tenir prêts à tout événement et que l'on pourvut de vivres pour deux jours.

Un officier, le lieutenant PILLIÈRE s'était rendu à Sedan ; il était chargé de préparer à l'intérieur un soulèvement de la population ouvrière contre l'oppresseur. Dès que les troupes eussent été en vue de la place, la population se serait jetée sur la garnison allemande et aurait ouvert les portes. Le plan était simple, comme l'on voit, mais l'exécution en était difficile. On n'était pas sûr que les habitants de la ville donneraient leur concours dans une mesure suffisante, l'entente entre tous était difficile à réaliser sans que l'ennemi s'en aperçût, et il fallait compter sur bien des défaillances au moment d'agir. En outre, par suite d'une de ces indiscrétions si fréquentes en France, le secret de l'entreprise ne fut pas gardé. Les parents des mobiles, avisés on ne sait comment de tous ces préparatifs, se mirent à accourir en foule jusque du fond de l'Argonne et de la Woëvre, pour faire leurs adieux à ceux des leurs qui partaient pour cette campagne dont les dangers semblaient très-sérieux. C'étaient en ville des scènes de lamentations à n'en plus finir.

En présence de ces faits, la plus élémentaire prudence commandait impérieusement de renoncer à ce projet. Contre-ordre fut donné et bien en prit; car il fut à peu près établi par la suite que les soldats de la garnison de Sedan, informés de l'attaque que l'on méditait, se tenaient sur leurs gardes et étaient prêts à repousser toute agression. Ajoutons qu'une explosion de caisson toute fortuite, qui leur tua ou blessa quelques hommes et qui était arrivée quelques jours auparavant, leur avait déjà fait redoubler de vigilance.

Le 20, les Prussiens apparurent de nouveau vers Chauvency-le-Château. Des reconnaissances s'avancèrent même jusqu'au pont du chemin de fer dit de Neuville, situé entre ce village et Thonne-les-Prés.

A cette époque on s'occupa sérieusement de la formation d'une compagnie de francs-tireurs, destinée à opérer dans nos parages concurremment avec d'autres. Un soi-disant lieutenant, muni à cet effet de pleins pouvoirs par le gouvernement de Tours, se présenta et demanda l'assistance de l'autorité militaire et de la municipalité pour la mise à exécution de ses plans. La ville de Montmédy, malgré son état de pénurie, vota immédiatement 1000 francs pour l'équipement de cette compagnie et provoqua par son exemple des délibérations analogues de la part de plusieurs communes de l'arrondissement. On s'enquit en outre des moyens de se procurer des fusils Chassepot. Des démarches à cet effet devaient être faites dans les villages voisins du champ de bataille de Beaumont. On savait que bon nombre d'habitants de ce pays détenaient de ces armes. Des jeunes gens se présentèrent et l'affaire semblait en bonne voie. Mais l'officier chargé de cette organisation se déconsidéra bientôt tout à fait par des actes de violence, d'ivrognerie et de pillage commis par lui et quelques-uns de ses acolytes contre des citoyens paisibles, et même contre des officiers supérieurs français. Il échappa par la fuite au mandat d'arrêt lancé contre lui par le commandant de place de Montmédy. Il devait plus tard couronner dignement sa carrière en s'enrôlant parmi les défenseurs de la Commune de Paris et encourir une condamnation judiciaire très-sévère. On conçoit qu'après de tels scandales l'organisation à peine ébauchée de cette compagnie, fut abandonnée et qu'il n'en fut plus jamais question

Il est fâcheux que ces projets de création de compagnies de francs-tireurs, plusieurs fois mis à l'étude, n'aient pu aboutir. Mais l'impulsion d'en haut ayant fait défaut, toute tentative de ce genre était à l'avance frappée de stérilité Une fois ces corps organisés, l'on eût pu tenir aux Prussiens ce patriotique langage de Paul-Louis Courrier, qui, en 1820, au moment où l'on présageait que les soldats de la Sainte-Alliance viendraient se mêler de nos affaires, s'écriait : « Lorsque
« vous marcherez en Lorraine, en Alsace, n'ap-
« prochez pas des haies, évitez les fossés, n'allez
« pas le long des vignes, gardez-vous des buis-
« sons, des arbres, des taillis et méfiez-vous des
« herbes hautes; ne passez point trop près des
« fermes, des hameaux et faites le tour des vil-
« lages avec précaution ; car les haies, les fossés,

« les buissons, les arbres feront feu sur vous de
« tous côtés, non feu de file ou de peloton,
« mais feu qui ajuste, qui tue ; et vous ne trou-
« verez pas, quelque part que vous alliez, une
« hutte, un poulailler qui n'ait garnison contre
« vous. »

Le 21, cinq compagnies de mobiles, accompagnées de quelques éclaireurs à cheval, partirent en expédition du côté de Margut. La fusillade commença bientôt sur les flancs de la montagne Saint-Walfroid entre les nôtres, dont une vedette placée sur la hauteur avait signalé l'approche, et les Prussiens qui occupaient Laferté. Après un échange nourri de coups de feu, restés sans résultats, la colonne française se replia, le soir venu, sur la forteresse, tant par Chauvency que par Thonnelle.

Le 24, un dépôt de liqueurs et de comestibles d'origine prussienne, d'une valeur de plusieurs milliers de francs, fut saisi au village de Bayonville (Ardennes), et amené à Montmédy par deux courageux habitants de cette ville. Vendues aux enchères quelques jours après, ces denrées enrichirent la caisse publique sans qu'une large part de prise ait été attribuée à ceux qui avaient fait cette capture au risque d'être surpris par des partis ennemis.

Le 28, arriva inopinément à Montmédy un nouveau commandant supérieur avec le titre de gouverneur de la place. C'était le commandant du génie TESSIER, récemment nommé à ces hautes fonctions par le gouvernement de Tours.

Le même soir, une compagnie de mobiles en reconnaissance vers Marville échangea quelques coups de feu avec des uhlans établis en vedette du côté de Delut.

Le 29, un nouveau et irréparable malheur fut annoncé par les journaux. Metz avait capitulé, l'armée de Bazaine s'était rendue!!! Désormais le désastre de Sedan était surpassé. Ce cruel événement devait exercer une influence fatale et décisive sur tout le reste de la campagne, en permettant aux 250,000 hommes de l'armée de Frédéric-Charles de se répandre comme un torrent dévastateur à travers toute la France et d'aller opérer contre les armées qui se formaient pour marcher au secours de Paris. Sans cette nouvelle et immense calamité, l'armée du général d'Aurelles de Paladines, victorieuse sous les murs d'Orléans, fût venue probablement à bout d'anéantir les armées du duc de Mecklembourg et du général von der Thann et par suite de débloquer Paris.

Maudits seront à jamais les criminels auteurs de cette abominable forfaiture qui força 180,000 soldats français avides de gloire et demandant à grands cris le combat, de rendre leurs armes et leurs drapeaux à un ennemi épuisé de fatigue et dont ils avaient vu le dos à Gravelotte ! A défaut de châtiment égal à leur crime, ils ont été déclarés par l'opinion publique traîtres, lâches et infâmes! et alors que le conseil de guerre n'a pas encore prononcé, justice est faite !

Pour les habitants de Montmédy, cette funeste capitulation semblait être le présage de malheurs prochains tant pour cette ville que pour les autres places fortes de l'Est.

Le 31 octobre, à onze heures du soir, un détachement de 200 hommes ennemis vint lever des réquisitions en nature dans le village de Chauvency-le-Château, qui reçut semblable visite pendant trois nuits consécutives. Quatre cavaliers lancés en éclaireurs poussèrent jusqu'auprès de la maison dite de Tivoli, à 500 mètres de la forteresse. Un poste qui y était établi, les reçut à coups de fusil et les mit en fuite.

Sur la fin de ce mois, 5 à 600 infirmiers avaient été dirigés sur Lille par la Belgique. Un certain nombre de soldats isolés déguisés en bourgeois avaient également pris cette route ainsi que beaucoup de jeunes gens du pays qui allaient s'engager dans les armées en formation pour toute la durée de la guerre. Parfois les allures militaires de nos soldats les trahirent auprès des autorités belges, qui, par sympathie pour les infortunes de la France feignaient de ne point s'en apercevoir et les laissaient généralement continuer leur voyage.

Le 1er novembre, on vit apparaître des uhlans sur divers points des environs, notamment sur les hauteurs d'entre Chauvency et Thonne-les-Prés, au lieu même où les Prussiens avaient établi leurs batteries, le 5 septembre.

Des gendarmes envoyés en reconnaissance vers Jametz, où depuis deux jours passaient des détachements de l'armée du prince Frédéric-Charles, aperçurent sur les plateaux qui séparent cette commune de celle d'Iré-le-Sec des cavaliers ennemis avec lesquels ils engagèrent une fusillade sans résultats. Deux compagnies de mobiles, qui étaient en promenade militaire dans ces parages, débusquèrent tout à coup sur la hauteur par un pli de terrain et entrèrent en ligne à leur tour.

Les Prussiens battirent en retraite sans qu'il semblât qu'aucun d'eux fût atteint. Il paraît pourtant, d'après des renseignements recueillis depuis, qu'en cette rencontre les Allemands eurent trois ou quatre tués et blessés. A ce retour précipité des éclaireurs, une colonne forte de 1200 hommes qui était alors à Jametz, occupée à faire les préparatifs de son repas, décampa aussitôt sans prendre même le temps de finir le diner commencé.

Depuis quelques jours les mobiles et les isolés faisaient quotidiennement de longues courses qui avaient pour effet de les exercer et de les aguerrir. En outre c'était un excellent dérivatif aux idées de nostalgie et un efficace remède contre les scènes de désordre qu'engendraient trop souvent chez eux le désœuvrement et l'oisiveté, ces fléaux qui avaient tant contribué, dans ces derniers temps, à la désorganisation de l'armée française. Il est à regretter que ces promenades militaires n'aient pas été mises plus tôt en pratique.

Le soir de la même journée, une dizaine de zouaves de la garnison, partis en francs-tireurs, depuis quelques jours, revinrent montés sur autant de chevaux prussiens dont ils s'étaient rendus maîtres du côté de Clermont-en-Argonne et Sainte-Menehould. Ils s'étaient en outre emparés d'armes, entre autres de celles d'un officier prussien, qu'ils disaient avoir tué.

Cette capture de chevaux, ajoutée à celles qui avaient déjà été faites précédemment, en diverses sorties, permit d'équiper 80 cavaliers choisis parmi les évadés de Sedan et d'en former un escadron qui devait rendre de grands services dans les sorties ultérieures.

Le 3 novembre, une voiture chargée de cartouches et d'effets d'équipement fut saisie à Stenay par 14 hommes de la garnison, mobiles et isolés, partis en éclaireurs, et ramenée à Montmédy. Stenay et ses environs, malgré la suppression du commandement d'étape, continuaient néanmoins à servir de points de passage à des corps isolés souvent faibles en effectif, mais importants en raison des personnages élevés qu'ils renfermaient. Il nous souvient pour notre part d'avoir vu de ce côté, une calèche qu'accompagnait un peloton de cavalerie passer au triple galop. Nul doute qu'une telle escorte suivant une voiture ne fût destinée à protéger quelque haut et puissant personnage. De plus, la route de Stenay à Mouzon était le chemin habituellement suivi par les convois qui se dirigeaient sur Sedan.

Cette route, très-favorable à des embuscades et à des surprises, en raison des accidents de terrain et des régions boisées qu'elle côtoie, eût été un théâtre admirablement disposé pour la guerre de partisans. Elle s'était même acquis un certain renom en ce sens aux siècles passés, lorsque la France était en guerre presque continuelle avec l'Espagne, dont dépendaient alors les Pays-Bas. Dans une de ces embuscades, le roi Louis XIV en personne avait failli être pris, auprès de la gorge de Soiry, par un parti espagnol. Ce fait était arrivé quelque temps après l'annexion à la France de cette partie du Luxembourg qui comprenait Montmédy, Longwy, Thionville et Yvoi (aujourd'hui Carignan), villes cédées à la France par le traité des Pyrénées.

Seuls, quelques mobiles de bonne volonté, en partie originaires de ce pays, munis d'autorisations en règle, se mirent pendant quelques jours à surveiller ces parages.

Sur la nouvelle que de forts passages de troupes venant des environs de Metz, continuaient à se faire au sud et à l'ouest de Montmédy, d'importantes sorties de la garnison furent dirigées les 5 et 6 novembre sur Jametz, Louppy, Bâalon et Marville.

Le 6, une vingtaine de uhlans se montrèrent sur le plateau qui s'étend entre Marville, Jametz et Iré-le-Sec, explorant le vaste horizon que l'on embrasse de ces hauteurs nues et dépourvues d'abris. Un groupe de soldats isolés était pourtant parvenu à se blottir, sans avoir été aperçu, dans une carrière, tandis qu'un peloton de mobiles s'était caché derrière le talus d'un chemin. Les coureurs ennemis s'étant avancés du côté de ces derniers, ceux-ci obéirent à la déplorable habitude qu'ils avaient de tirer trop vite et ouvrirent le feu à trop longue portée, à la grande irritation des isolés, tous soldats plus au fait des choses de la guerre. A ce bruyant accueil, les cavaliers tournèrent bride et se retirèrent sains et saufs sans en demander davantage.

A la même date, se présenta un nouveau parlementaire, demandant, comme ses devanciers, l'échange des prisonniers faits à Stenay et notamment celui du colonel von Bütlar. Le nouveau commandant supérieur de Montmédy opposa, comme son prédécesseur, un refus formel à toute proposition de ce genre.

Dans un de leurs passages à Jametz, les Prussiens enlevèrent, pour nous ne savons plus quel motif futile, le maire de cette localité qui fut rendu le lendemain à la liberté.

Le 8, par une brume épaisse, divers détachements furent envoyés en reconnaissance sur plusieurs points où l'on soupçonnait la présence de l'ennemi. Une compagnie de mobiles surprit dans le village de Quincy une escouade ennemie qu'elle mit en fuite, après lui avoir tué un homme, blessé un ou deux autres et fait un prisonnier qui fut ramené à Montmédy. Du côté des Français, il n'y eut aucun accident à déplorer.

A la même date, 1200 Prussiens se hasardèrent jusqu'à Iré-le-Sec, qui était resté jusqu'à ce jour exempt de leur désagréable visite. Ils y réquisitionnèrent tout ce qu'ils purent enlever, pillant et saccageant les maisons, maltraitant les habitants à la moindre velléité de protestation, et se retirèrent chargés de butin.

En même temps les villages de Jametz, Louppy, Juvigny, Han et Quincy regorgeaient de Prussiens. On crut dès lors qu'il s'agissait de l'investissement de Montmédy et que ces troupes en préparaient le blocus. Il n'en était rien cependant, et pour cette fois encore, les transes et les appréhensions des habitants, trop justifiées d'ailleurs par les bruits pessimistes que propageaient à ce sujet les journaux belges, ne devaient pas se réaliser. Toutes ces troupes montaient vers le nord, où allaient avoir lieu d'importantes opérations militaires.

Jusqu'alors, malgré les épreuves terribles du premier bombardement, malgré les nombreuses escarmouches engagées aux environs de Montmédy, la garnison avait toujours été heureuse dans ses rencontres avec l'ennemi, sauf dans l'affaire du 28 août précédent, à la gare de Chauvency. En effet, tandis qu'elle avait déjà mis hors de combat bon nombre de Prussiens, qu'elle en avait capturé en plusieurs fois jusqu'à 300, les pertes, de son côté, avaient presque toujours été nulles. Pourtant, maintes fois, nos jeunes troupes avaient eu affaire à des détachements supérieurs en nombre. Tout cela ne démontre-t-il pas d'une manière irréfutable ce que la France était en droit d'attendre de ses armées, si la valeur de celles-ci n'eût été trop souvent paralysée par l'incapacité des chefs et par la mauvaise organisation de tous les services militaires ?

Ainsi que nous l'avons dit plus haut, quelques mobiles, étant partis en francs-tireurs volontaires depuis le 6 novembre, et exploraient les environs de Stenay, que hantaient fréquemment des corps ennemis. Depuis quelques jours ils s'embusquaient presque quotidiennement aux environs du village d'Inor, entre Stenay et Mouzon. Malheureusement aucune occasion favorable ne s'était encore présentée pour eux de harceler l'ennemi. Découragés, ils voulaient regagner Montmédy, quand l'un d'eux, parti en éclaireur vers Stenay, y apprit l'arrivée toute prochaine d'une colonne de 15,000 hommes de l'armée de Frédéric-Charles qui, de cette ville, devait continuer sa marche vers l'intérieur, en suivant la route de Beaumont et du Chesne, à travers la forêt de Jaunet, reste de l'immense forêt d'Argonne. Ces jeunes gens, au nombre de 10, placés sous le commandement des deux frères BAUDSON, de Stenay, sergents à la 3me compagnie, partirent le 8, dès les cinq heures du matin, pour aller s'embusquer sous bois le long de la route que devait suivre cette armée, non loin de la ferme de Pont-Gaudron, qui se trouve entre Laneuville-sur-Meuse et Beaumont-en-Argonne, à 25 kilomètres environ de Montmédy.

A huit heures, les Prussiens s'engageaient sans aucune défiance dans la forêt. Ces courageux mobiles, blottis derrière les arbres ou tapis dans les broussailles, les laissèrent passer, retenant leur haleine et évitant de faire le moindre bruit. La colonne ennemie se terminait par un groupe d'officiers devisant ensemble. A un coup de sifflet, douze coups de fusil retentissaient à la fois et douze balles portaient la mort au milieu du groupe. Ce fut chez les Prussiens le signal d'un inexprimable désordre. Croyant avoir affaire à des forces considérables, ils se jetèrent de tous côtés, se lançant en avant sur Beaumont, ou rétrogradant vers Luzy et Cesse. Nos douze hommes firent alors une nouvelle décharge et gagnèrent par des sentiers d'eux connus, le bac d'Inor, au moyen duquel ils franchirent la Meuse, qu'ils mirent entre eux et leurs ennemis. S'abritant ensuite dans les vignes qui couronnent les coteaux d'Inor, ils purent voir de loin les allées et venues des Allemands, qui, remis d'une alarme si vive, battaient bois et halliers à leur recherche, prêts à les fusiller sans miséricorde s'ils venaient à s'emparer d'eux. Mais le gibier que traquaient les suppôts de Bismarck était désormais hors d'atteinte et riait à gorge chaude à leurs dépens.

Pendant plusieurs jours encore ces jeunes gens

parcoururent toute cette partie du canton de Stenay. Plusieurs fois ils furent sur le point de faire d'importantes captures; mais presque toujours leurs tentatives étaient éventées par suite d'indiscrétions des habitants du pays, qu'effrayaient les sauvages menaces des Prussiens. A Malandry (Ardennes), entre autres, ils manquèrent une fort belle occasion de se rendre maîtres d'un officier général ennemi.

Pendant toute la semaine suivante, de nouvelles reconnaissances se firent régulièrement. La plupart demeurèrent infructueuses. Néanmoins une voiture de chassepots et de munitions, surprise dans une de ces explorations, fut ramenée à Montmédy.

Le samedi 12, dans une sortie, les éclaireurs français se rendirent maîtres de six soldats prussiens.

Le dimanche 13, une cantinière allemande fut également capturée avec sa voiture auprès du village de Bàalon.

A cette époque, on apprit par un N° du *Moniteur* adressé de Tours, par la Belgique, que la délégation du Gouvernement de la Défense nationale, siégeant en cette ville, venait d'honorer d'avancement plusieurs officiers, sous-officiers et soldats de la garnison de Montmédy. Parmi ces promotions se trouvaient, disait-on, celle de M. Tessier, chef de bataillon du génie, commandant supérieur élevé au rang de lieutenant-colonel de son arme; celle de M. Reboul, capitaine de cavalerie, commandant de la place, nommé chef d'escadron; celle de M. Loarer, capitaine de la batterie d'artillerie mobile, porté au grade de chef d'escadron de cette arme.

CHAPITRE IV

SIÈGE & INVESTISSEMENT DE MONTMÉDY

Du 15 Novembre au 11 Décembre 1870

Nous entrons ici dans une phase nouvelle de l'histoire de Montmédy pendant la guerre. L'épée de Damoclès, depuis si longtemps suspendue sur nos têtes, va se détacher; nous allons avoir à narrer des épreuves plus sérieuses et du domaine des conjectures pessimistes entrer dans celui d'une trop inexorable réalité.

La capitulation de Verdun, conséquence fatale de celle de Metz, connue à Montmédy le 8 novembre, ne présageait que trop à cette dernière ville le sort qui l'attendait. Par la chute successive de ces remparts de la France, Thionville, Longwy et Montmédy, les seules places qui restassent encore debout dans le nord-est de la France, étaient géographiquement les premières destinées à recevoir les coups de l'ennemi. On comprenait parfaitement, à Montmédy, que les Prussiens avaient besoin de ces places, pour être maîtres, sans conteste, de tout le pays jusqu'à Sedan, et, bien que résolue à remplir son devoir jusqu'au bout, la population n'en était pas moins en proie à de cruelles perplexités. Elle savait, en effet que, malgré les dégradations considérables faites à dessein au chemin de fer sous Montmédy, l'ennemi avait un grand intérêt à s'emparer de cette ville, qui commandait la voie ferrée et les diverses routes ouvrant un accès vers le Nord, où s'organisait en ce moment une résistance opiniâtre aux envahissements germaniques.

Depuis quelque temps déjà, des rumeurs venues de la frontière belge, informaient Montmédy des périls qui le menaçaient. Pourtant on se flattait que la présence des nombreux prisonniers détenus dans la forteresse, parmi lesquels se trouvaient des personnages alliés à de puissantes familles, serait un palladium pour la ville. Les captifs eux-mêmes entretenaient cette idée parmi ceux des habitants avec lesquels ils se trouvaient en contact.

Mais bientôt un indice certain vint renverser toutes les fragiles espérances dont on se berçait encore. On apprit à la fois que Thionville avait succombé à son tour, et que l'ennemi, maître de cette ville, s'était empressé de rétablir le service de la voie ferrée jusqu'à Longuyon et poussait activement la réparation des dégâts faits par lui-même en août précédent au tunnel et au pont situés entre Colmey et Longuyon. Quelques jours plus tard la ligne était remise en état jusqu'à Vezin. De Montmédy, on avait la douleur d'entendre les sifflets ironiques des locomotives prussiennes dont les sons stridents annonçaient que l'orage s'avançait chaque jour, prêt à fondre sur cette ville.

Pour plus d'évidence encore, on apprit bientôt par les feuilles belges que le roi de Prusse venait d'envoyer à ses généraux des instructions leur prescrivant de s'emparer successivement de toutes les forteresses du nord de la France. C'est ainsi qu'en un trait de plume le doux et bénin monarque, qui prétendait ne faire la guerre qu'à l'armée française et non à la population, décrétait l'incendie, le pillage et l'assassinat!!! prêt à faire un hypocrite hommage au Dieu de paix et d'amour de ses lauriers teints dans le sang de milliers d'innocentes victimes!

Les projets de l'ennemi à l'égard de Montmédy ne devaient pas tarder à recevoir un commencement d'exécution.

Le mardi 15 novembre, dans l'après-midi, la présence des Prussiens était signalée à la fois dans les villages d'Othe, Vezin, Flassigny, Velosnes, Iré-le-Sec et Vigneul qui, pour la plupart, avaient été préservés jusqu'alors de leur odieuse présence.

Les reconnaissances faites ce jour-là par la garnison eurent d'heureux succès. Cinq cavaliers furent capturés avec leurs chevaux à Juvigny par un de ces détachements. Huit autres ennemis furent pris à Iré-le-Sec. En outre, un sous-officier de gendarmerie rentré ce jour-là à Montmédy d'une excursion dans sa famille, dit avoir attaqué et tué à coups de bâton, à défaut d'autres armes, un soldat prussien non loin du village de Delut. Il rapporta comme trophée de ce combat singulier plusieurs des objets d'équipement de sa victime.

Vers quatre heures du soir, un peloton de 26 cavaliers envoyés en éclaireurs vers la maison isolée de Rameré, eut un engagement assez vif avec des Prussiens embusqués dans la forêt. Ceux-ci, qui étaient en nombre, tentèrent de se glisser sous bois pour venir couper les derrières à nos cavaliers. Mais les nôtres ne furent pas dupes de cette manœuvre qui semble être le principe fondamental de la stratégie prussienne. Ils se replièrent sans avoir éprouvé aucune perte et en ramenant un cheval dont le cavalier avait été démonté. Avait-il été tué ou blessé? C'est ce qu'on ne put savoir.

A la suite de cet engagement, les Prussiens établissaient un poste nombreux à Rameré, à la bifurcation des trois chemins de Marville, Bazeilles et Flassigny. Ce poste était appuyé par un autre établi à la ferme du Valendon, un peu en arrière. Toutes communications entre Montmédy et les localités situées au-delà de ce point, se trouvaient ainsi interceptées. De plus, un petit campement se formait sur la hauteur de Saint-Montan, d'où l'on domine toutes les approches de Montmédy de ce côté-là.

A la même heure, nos adversaires occupaient presque simultanément les villages de Chauvency-le-Château et Chauvency-Saint-Hubert, interdisant au moyen de postes avancés et de sentinelles, tout passage entre ces communes et la place. Leur intention d'investir Montmédy se dessinait ainsi ostensiblement.

Toute la soirée, de fortes patrouilles françaises explorèrent les environs immédiats de la ville sans avoir constaté aucun autre mouvement de la part de l'ennemi.

Le lendemain 16, au point du jour, les Prussiens étaient en vue de divers côtés, notamment sur les hauteurs d'entre Chauvency-le-Château et Thonne-les-Prés. A neuf heures du matin, une centaine de soldats isolés, zouaves, chasseurs à pied, fantassins du 6me de ligne, etc., se dirigeaient vers ce point, se déployant en tirailleurs le long de la route, du chemin de fer et sur les flancs de la montagne. Commandés par le capitaine PILLIÈRE, ils commencèrent bravement la journée et ouvrirent une vive fusillade sur les Prussiens. Pendant ce combat, des Allemands s'étant dissimulés derrière les talus du chemin de fer, au pont de Neuville, à 1500 mètres en-deçà de Chauvency-le-Château, parvinrent à surprendre une quinzaine de Français qui s'étaient engagés étourdiment sous ce pont. Ils essayèrent ensuite de cerner le reste de la petite troupe française, et, grâce à leur supériorité numérique, allaient y réussir, quand quelques obus lancés de la place et habilement dirigés vinrent arrêter leur élan et les contraindre à une retraite prudente Néanmoins, se glissant le long de la berge de la voie ferrée, ils continuèrent d'accabler de leurs balles les nôtres qui se replièrent, tout en ripostant énergiquement, jusqu'auprès du village de Thonne-les-Prés. Là, les Français firent halte et soutinrent vaillamment la fusillade ennemie.

A ce moment, une petite colonne de renfort de 150 hommes se portait vers Thonne-les-Prés et débouchait sur le plateau qui domine ce village. Les Prussiens qui, de la hauteur qu'ils occupaient avaient vu cette manœuvre, s'étaient rapprochés en suivant la lisière du bois. Les nôtres, réunis aux hommes du premier détachement qui les avaient rejoints en escaladant les flancs de la montagne, se dispersèrent en tirailleurss. Cachés derrière des buissons, tapis derrière de vieux pans de murs, profitant des moindres plis de terrain, ils tirèrent vivement sur les Prussiens qui, selon leur tactique habituelle dans ces sortes de rencontres, modéraient leur ardeur et ne quittaient guère le tutélaire abri de la forêt. Cet engagement dura au moins trois heures. Le canon de la place s'étant mis de la partie, contint à distance respectueuse les Prussiens, dont le nombre allait toujours croissant. Ce que voyant, nos hommes se retirèrent vers une heure de l'après-midi.

De Montmédy, on suivait parfaitement toutes les péripéties de cet engagement. Le but de l'expédition avait été de faire une démonstration sur Chauvency-le-Château, que l'on savait occupé de la veille par des forces dont on était loin de soupçonner l'importance.

A peu près en même temps se passait parallèlement une autre affaire, de l'autre côté de la forêt, à un ou deux kilomètres de là. En effet, le commandant supérieur qui avait voulu tenter une diversion et prendre l'ennemi à revers, avait envoyé un autre détachement colonne de 150 hommes environ composée de mobiles et de quelques soldats, vers Chauvency-Saint-Hubert, par les fermes d'Harauchamp et du Véru. Mais les Prussiens, qui avaient pu, de leurs postes d'observation, se rendre compte de tous les mouvements de la place, avaient éventé ces projets et avaient eu tout le loisir de prendre des mesures en conséquence, ce qui une fois de plus donna raison à cet adage, vrai surtout à la guerre: Que souvent tel est pris qui croyait prendre. Tandis que la petite colonne française franchissait les six ou sept kilomètres qu'elle avait à parcourir avant d'atteindre la ferme du Véru, les Prussiens profitant habilement de la topographie des lieux, se massaient au nombre de 5 ou 600 hommes dans les bois qui commandaient de face ou de flancs l'étroit défilé au fond duquel serpente le chemin qui, de Thonne-le-Thil conduit aux deux Chauvency par le Véru. Nos éclaireurs, parvenus au-delà de cette ferme, furent accueillis par une terrible mousqueterie. Ils voulurent faire rebrousser chemin à la colonne qui les suivait de près. Mais il était trop tard! Celle-ci était déjà tombée en pleine embuscade et se trouvait exposée aux feux croisés de trois détachements ennemis. Nos hommes acceptèrent bravement cette situation critique et se jetant sous bois, se battirent comme des lions. Le lieutenant Pasquin, de la mobile, qui commandait le détachement, fut blessé à la cuisse et fait prisonnier, en payant courageusement de sa personne. Une trentaine de soldats et de mobiles furent également pris. Plusieurs d'entre eux étaient blessés. Quatre mobiles de la 8me compagnie furent tués. Retrouvés seulement quelques jours plus tard par les Prussiens, ils furent ramenés à Chauvency-le-Château et inhumés dans le cimetière de cette paroisse.

Après avoir héroïquement combattu, la petite troupe parvint à se dégager de ce mauvais pas et à se replier sur Montmédy, abandonnant le terrain à ses adversaires. Le bruit courut alors que 75 de ceux-ci étaient restés sur le carreau, et avaient été immédiatement mis dans des sacs et enterrés sur place. Mais ce bruit ne se confirma pas. Deux tués seulement, dont un sergent-major, furent ramenés à Chauvency-le-Château, où ils furent enterrés au cimetière. Quelques blessés avaient été également enlevés.

Dans les divers engagements qui s'étaient livrés de ce côté-ci de la forêt, nos pertes furent, outre un soldat tué et deux blessés, d'un officier blessé mortellement. Cet officier, le sous-lieutenant Jacquet, de Beaulieu, canton de Triaucourt (Meuse), qui venait de s'évader de Metz, puis de Verdun, fut atteint de deux balles au-dessus de Thonne-les-Prés, en entraînant ses hommes au feu. Ces nobles victimes furent ramenées à Montmédy. Pendant toute l'après-midi, des recherches minutieuses faites sur le théâtre de la lutte par les ambulances prussiennes n'amenèrent, paraît-il, aucune découverte nouvelle. Une ambulance française s'était aussi présentée pour explorer le terrain, mais dut se replier; les Prussiens tirèrent en effet sur nos infirmiers et nos brancardiers, malgré le drapeau de la Convention de Genève qu'ils tenaient cependant bien haut.

Quant aux prisonniers, ils furent emmenés à Marville, où ils restèrent deux jours et de là furent conduits en Saxe, près de Dresde. La population de Marville, en cette circonstance, comme en tant d'autres, fit preuve de patriotisme. Les vivres et les provisions de toute sorte abondèrent chez l'instituteur, M. Givron, qui se chargea de les distribuer, et les prisonniers ne manquèrent de rien.

Parmi eux se trouvait un franc-tireur que décelait son costume civil. Suivant le stupide et odieux système prussien, qui considère un homme qui défend son pays comme une bête fauve, par cela seul qu'il n'est point habillé en soldat, ce malheureux était condamné à être fusillé. Un mensonge le sauva. Il prétendit être contrebandier et s'être trouvé par hasard au milieu des combattants. Il prouva son dire en indiquant sur le signalement détaillé qu'on lui en fit un des membres de la municipalité à qui, disait-il, il avait vendu du tabac, et, pressé de questions, indiqua parfaitement le visage, la taille et jusqu'au son de voix de cette personne. Celle-ci, interrogée à son tour, déclara, elle aussi, connaître ce contrebandier. Les Prussiens se laissèrent convaincre et lâchèrent le malheureux franc-tireur, qui ne fut ainsi prisonnier et contrebandier que ce jour de sa vie.

Telle avait été l'affaire qui prit le nom de combat de Géronvaux dans les rapports français et prussien, du nom de la forêt autour de laquelle avaient eu lieu ses divers épisodes.

Il est à regretter que de Montmédy, où l'on avait 2,000 hommes de garnison, on n'ait pas jugé à propos d'envoyer des forces plus considérables. L'issue de cette affaire, si honorablement soutenue par les nôtres, malgré leur infériorité numérique, eût sans doute été plus favorable. Il eût été bon également, nous semble-t-il, de dissimuler le mouvement tournant sur Chauvency-Saint-Hubert, en faisant passer par la ville basse la colonne destinée à cette expédition. Les contre-forts du Haut-de-Forêts eussent masqué sa marche jusqu'au dessus de Thonnelle. De là, elle aurait pu atteindre sa destination sans être signalée par les vedettes établies en avant de Chauvency-le-Château.

Voici en quels termes l'état-major prussien rendit compte de cette affaire : (*Télégramme daté de Metz, le* 19 *novembre, signé par le général von Zastroff*).

« L'investissement de Montmédy a eu lieu le 16 de ce mois par un détachement sous les ordres du colonel von Pannewitz. Les 1er et 3me bataillons du 74me régiment ont livré plusieurs combats victorieux de peu d'importance près de Chauvency et Thonnelle contre la garnison de Montmédy. Nous avons fait 47 prisonniers et blessés. »

Avec MM. les Prussiens, il faut toujours savoir lire entre les lignes. Nos lecteurs remarqueront dans cette dépêche un silence absolu sur leurs pertes. De plus, ils laissent supposer que les deux bataillons du 74me, soit 2,000 hommes, avaient eu affaire à la garnison entière de Montmédy, ce qui est inexact. Enfin ils se sont bien gardés de dire que beaucoup des prisonniers non blessés faits par eux étaient parvenus à s'évader, comme on l'apprit par la suite. Ils s'étaient échappés d'un bâtiment où on les avait provisoirement renfermés avant de les conduire à Marville.

Cette manière habile de raconter l'histoire fit croire partout que cette rencontre avait été un désastre pour la garnison. Une lettre de rectification réfutant surtout les allégations de journaux étrangers qui avaient brodé là-dessus toute sorte de récits empreints d'exagération fut adressée à l'*Echo du Luxembourg* et reproduite par les principales feuilles belges, les seules dont les colonnes fussent alors ouvertes à la relation des épisodes du siége de Montmédy.

Là ne se bornèrent pas les incidents de cette journée fertile en émotions. A trois heures de l'après-midi, la fusillade se faisait de nouveau entendre du côté de Thonnelle. Un détachement de mobiles parti en reconnaissance sur la nouvelle que des sentinelles ennemies étaient en vue sur le Haut-de-Forêts, poussa jusqu'à ce village. Mais en y entrant, il fut reçu par des coups de feu partis du parc du château, derrière les murs duquel s'était embusqué un parti de Prussiens. Ceux-ci, en effet, après avoir occupé le village de Thonne-le-Thil, à la suite de l'affaire du Véru, étaient descendus prendre possession de celui de Thonnelle et s'étaient immédiatement mis en mesure de s'y garantir contre tout retour offensif des Français. Nos mobiles, ainsi assaillis, reculèrent prudemment. Quelques-uns d'entre eux se déployèrent en tirailleurs et ripostèrent vigoureusement, mais inutilement. Convaincus du peu de succès de leurs efforts et ne se sentant pas soutenus ils se retirèrent à leur tour sans avoir éprouvé aucune perte et sans que l'ennemi, ami des fourrés et des abris, songeât à inquiéter leur retraite.

D'autres reconnaissances, chargées de se renseigner sur la situation de l'ennemi, avaient été envoyées dans la journée vers Vigneul, Han-les-Juvigny et Iré-le-Sec. Elles avaient échangé des balles avec les Prussiens sans résultat de part ni d'autre. Le détachement chargé d'opérer sur Iré-le-Sec avait donné en plein dans une embuscade prussienne dont il se dégagea habilement en entretenant un feu bien nourri.

Dans cette même après-midi, un fantassin saxon qui s'était avancé jusqu'auprès du village de Villécloye fut capturé, sur l'indication d'habitants de ce village, par quelques isolés de la garnison et ramené prisonnier à la place.

Le soir venu, tous les hommes envoyés pour

éclairer les alentours étaient rentrés après avoir signalé la présence de l'ennemi tout autour de la ville. Cette présence était du reste facile à constater, on apercevait, en effet, le lendemain, sur toutes les hauteurs voisines : Haut-de-Forêts, Côte de Saint-Montan, hauteurs de Chauvency, de Villécloye, les sentinelles prussiennes qui, avec une raideur toute germanique, allaient et venaient le long des bois. On voyait çà et là un casque briller, et disparaître le long des murs et des buissons. A voir plus tard ces points noirs sur la neige, on eût dit une bande de corbeaux affamés qui attendait l'agonie de la petite ville pour se gorger à ses dépens.

Ces sentinelles, placées aux endroits les plus propices pour observer les mouvements de la garnison, ne se laissaient guère surprendre, et des cavaliers qui sortaient des bois allaient sans cesse redire à l'ennemi ce que ces éclaireurs avaient pu observer. Tous les jours il y avait des escarmouches entre les soldats de la garnison et ces Argus d'une curiosité si incommode. Plus d'une fois on les força à se retirer jusqu'à la lisière des bois, mais là une fusillade bien nourrie accueillait le téméraire qui s'avançait trop loin; et les sentinelles ennemies, suivant de loin et pas à pas nos soldats dans leur retraite, revenaient à leurs postes d'observation en même temps que ceux-ci à la forteresse.

Du 15 novembre au soir, donc, toutes les routes étaient coupées, celle de Grand-Verneuil seule exceptée.

Quelques jours auparavant, les hommes d'équipe du chemin de fer avaient, sur réquisition du commandant supérieur de la place, enlevé 700 mètres de rails sur la voie, entre Villé-Cloye et Grand-Verneuil. Pour compléter les mesures prises en vue d'opposer des obstacles aux approches des assaillants, le génie militaire fit sauter, ce même jour, 16, le pont sur lequel la ligne ferrée franchit la Chiers à 2000 mètres environ en amont de Montmédy.

Ce jour encore, les Prussiens avaient transporté par Velosnes des poutres pour établir un pont entre Grand-Verneuil et Ecouviez, à quelques mètres de la frontière belge et du confluent de la Chiers et du Thon. En raison d'une crue de la rivière qui couvrait en ce moment la prairie, ils durent ajourner l'exécution de ce projet qui fut repris quelques jours plus tard.

Tous ces préparatifs semblaient être le prélude d'un siége sérieux. Les autorités militaires prirent les précautions qu'exigeaient les circonstances. Les postes extérieurs furent considérablement augmentés; les plus avancés furent confiés à des soldats éprouvés; les rondes de nuit furent multipliées. Des dispositions spéciales furent prises à l'égard de la mise en état de défense de la ville basse, pour laquelle rien n'avait été fait encore et contre laquelle on redoutait une surprise nocturne, ainsi qu'il était arrivé en 1815 Les postes placés aux trois portes furent doublés tous les soirs. Il en fut établi à Tivoli, à la Gare, à Rattentout. Les créneaux étaient gardés chaque nuit. Une partie des arbres et des haies des jardins compris dans la première zone furent abattus ainsi que les peupliers qui garnissaient les fossés. Les diverses voies d'accès extérieur étaient barricadées dès la nuit. Du côté de la porte de Luxembourg, des batardeaux furent faits pour inonder les fossés au moyen des sources qui y descendaient. En outre, des piquets terminés en pointe, reliés entre eux par des fils de fer furent enfoncés tout le long des talus. Sur d'autres points, des trous de loup furent creusés au pied des murailles. Aux deux autres portes furent également élevés quelques travaux en terre destinés à défendre l'approche de l'enceinte. En un mot, sous la direction du commandant supérieur, qui, en sa qualité d'officier du génie, entendait parfaitement ces sortes d'ouvrages, les travaux de défense prirent une impulsion nouvelle qui ne se ralentit pas jusqu'aux derniers jours du siège.

On employait à tous ces travaux, fantassins, artilleurs, cavaliers. Ce fut l'époque des corvées, ce fut aussi celle des maladies. Chacun était tour à tour sentinelle, bûcheron, terrassier, maçon.

Les travaux à faire étaient si nombreux, qu'on laissa un peu l'exercice de côté. Du reste, on ne savait ce que cachaient les bois voisins; et il eût pu se faire que l'ennemi profitât du moment où la garnison serait tout entière rassemblée sur l'étroit plateau qui servait de champ de manœuvres, pour tirer sur cette masse d'hommes, à travers laquelle ses obus eussent fait de sanglantes trouées.

Nuit et jour, la garnison était sur pied, et l'on se trouvait heureux de coucher un jour sur trois dans son lit, si on peut appeler lit la paille à moitié pourrie qui servait de couchage aux soldats. Malgré sa situation exceptionnelle, la place a plus d'un point faible, par où un ennemi connaissant bien les lieux eût pu tenter un assaut. Il fallait donc faire bonne garde, et multiplier les sentinelles. C'est ce qu'on fit ; on plaça des postes partout, dans les casemates, sur les remparts.

Les mobiles se souviendront longtemps des tristes nuits qu'ils passèrent couchés sur le sol humide des casemates, sans lumière, sans feu, par un froid de 15 degrés et plus! En entrant dans ces tristes lieux, on songeait involontairement à ces sombres cachots qui servaient de théâtres aux cruautés de l'inquisition et de tombeaux à ses victimes. Que de tristes réflexions on avait le temps de faire, pendant toute une nuit de souffrance, sous ces voûtes épaisses et humides, alors qu'au dehors la tempête faisait rage, que le vent sifflait lugubrement à travers les quelques étroites ouvertures percées dans ces énormes murailles, et apportait aux oreilles attentives le bruit des pas des rondes, qui sans cesse venaient stimuler la vigilance des sentinelles! Chacun pensait aux êtres chers à son cœur, aux joies de la famille, aux joies du retour aussi. Chacun évoquait les images chéries des parents, des amis absents; et peu à peu on se laissait aller à la rêverie, jusqu'à ce que le sergent de garde fît, à la clarté d'une allumette (seul flambeau permis), l'appel de ceux auxquels incombait le soin de veiller à leur tour à la sécurité de la forteresse.

Au seul aspect de ces prisons souterraines, et sous l'influence d'un froid aussi rigoureux, les opinions changeaient brusquement; et tel souvent qui y était entré partisan de la guerre à outrance, sentait déjà sa conviction ébranlée en parcourant les sombres galeries, et en sortait le lendemain, manifestant pour les douceurs de la paix un enthousiasme proportionné aux souffrances morales et physiques qu'il avait endurées.

Bien des malheureux qui étaient entrés pour la première fois pleins de santé dans ces tristes lieux en sortirent avec le germe de cruelles maladies. Au mois de décembre, par un hiver aussi dur que le fut celui de 1870, dans un pareil lieu, la paille manquait, les couvertures manquaient, les habits manquaient.

Les soldats qui étaient de piquet sur les remparts n'avaient du reste rien à envier à leurs camarades enterrés vivants dans ces tombeaux que l'on appelle les casemates. Là, du moins, l'air ne manquait pas. Que l'on en juge. Deux fourches plantées en terre, une barre transversale appuyée à ses deux extrémités sur ces fourches, une bâche arrachée à un wagon et retombant de chaque côté, un pied de neige au dehors, un pied de boue et force vermine au dedans; voilà la description complète et exacte de ce poste. Les plus courageux osaient y pénétrer, et en étaient quittes le lendemain pour quitter leurs vêtements et faire aux insectes qui les couvraient une chasse que nous ne décrirons pas. Les autres restaient au dehors et passaient les douze heures de la nuit tristement assis sur une pierre, les pieds dans la neige glacée, se serrant le plus près possible les uns des autres, et s'enveloppant à deux ou trois dans une seule couverture trop étroite pour les garantir du froid. On chercha à remplacer les couvertures, dont le nombre était plus qu'insuffisant, par des peaux de mouton, mais on ne put s'en procurer un assez grand nombre, et l'on comprend du reste que ces blanches toisons furent bientôt d'une malpropreté dégoûtante. On renonça à s'en servir.

Un télégraphe fut établi de la ville haute à la ville basse, pour tenir le commandant supérieur en communication permanente avec le lieutenant de gendarmerie, à qui avait été délégué le commandement spécial de la ville basse.

Il avait été de plus question de faire en travers de la vallée, au-dessous de Montmédy, dans la prairie dite de Proô, entre Iré-les-Prés et le bois du Mont-Cé, un énorme barrage destiné à entretenir une inondation permanente tout autour de la ville basse, et à la mettre ainsi à l'abri d'un coup de main. Cette conception, sérieusement étudiée par les agents des Ponts-et-chaussées et de la Voirie vicinale, ne put être mise à exécution faute de temps et aussi probablement en raison des fréquents débordements de la Chiers.

La nuit du 16 au 17 se passa sans aucune des alertes que l'on craignait. Le 17, dès le matin, les Prussiens barricadèrent le pont de Vigneul et se mirent à creuser un fossé de 2 ou 300 mètres de long, perpendiculairement à la route, un peu en avant de Chauvency-le-Château. Pour plus amples précautions, ils obstruèrent ensuite cette route à l'aide de peupliers renversés et établirent un poste fixe dans une logette en bois située sur le chemin de fer, non loin du pont de Neuville. Ce poste servait à entretenir deux sentinelles placées l'une sur la ligne, l'autre sur la route, pour surveiller les approches du côté de Montmédy et donner l'alarme en cas de sortie de la garnison.

Des soldats ennemis se montrèrent dans la matinée sur le Haut-des-Forêts et vinrent tirer sur le poste avancé de Tivoli des coups de feu dont les balles portèrent jusque dans la ville haute. Un petit détachement se lança à leur poursuite en se disséminant en tirailleurs et les fit battre en retraite.

A midi, une dizaine de coups de canon tirés sur les groupes de travailleurs occupés à creuser un fossé en avant de Chauvency les dispersèrent rapidement. Plusieurs projectiles tombèrent jusque dans le village et n'y produisirent heureusement que des dégâts matériels sans importance.

Le bruit courut que l'on devait faire de nuit quelques décharges d'artillerie sur des points où l'on soupçonnait la présence de l'ennemi. Il n'en fut rien pourtant ni cette nuit ni les suivantes. A part quelques coups de fusil, celle-ci se passa tout à fait tranquillement.

Le 18 au matin, des Prussiens, qui occupaient le village de Vigneul, tirèrent sur des soldats français qui faisaient du bois au Mont-Cé. Ils n'en atteignirent aucun. Nos hommes ripostèrent également sans succès.

La place n'était point approvisionnée de bois de chauffage; il fallait tous les jours en aller couper au Mont-Cé, à quelque distance de la ville. Là, on était à la fois de garde et de corvée; et pendant que les uns dans le milieu du fourré faisaient le fagot destiné à faire bouillir la traditionnelle marmite, d'autres placés sur la lisière surveillaient l'ennemi, caché lui aussi dans la forêt de l'autre côté de la Chiers.

Les mobiles se sentaient peu de vocation pour le métier de bûcheron, et si on n'y eût mis ordre, tous eussent laissé là la hache et la serpe pour le fusil, trouvant plus agréable et moins fatigant de répondre aux provocations de l'ennemi, que de manier la cognée et d'écouter tranquillement ses balles se perdre dans les arbres. On régla donc et le nombre des hommes chargés de faire le guet et le nombre de cartouches que chacun pourrait dépenser.

Il y avait alors de la neige, et chaque tirailleur, pour être moins visible derrière l'arbre qui le protégeait, se blanchissait des pieds à la tête. L'ennemi de son côté usait de stratagème ; et quand par hasard on apercevait sur le haut d'un mur la pointe d'un casque, on pouvait être sûr qu'il n'y avait point de tête sous ce casque provocateur ; mais qu'à quelques pas plus loin le propriétaire du susdit guettait le moment où un maladroit se découvrirait pour tirer sur ce couvre-chef qui ne cachait qu'une ruse de guerre.

Le peu de distance qui séparait les tirailleurs permettait de s'envoyer par-dessus la rivière de gros mots en même temps que des coups de fusil, et on ne s'en faisait pas faute.

Quand on avait coupé la quantité de bois suffisante, chacun en chargeait sur ses épaules ce qu'il en pouvait porter, et on reprenait le chemin de la forteresse. Malgré les travaux déjà si nombreux imposés à la garnison, ce mode de transport par trop primitif fut employé jusqu'à la fin. Le pourquoi est resté pour nous un problème insoluble jusqu'à ce jour.

Vers onze heures, on constata la présence de cavaliers ennemis sur les hauteurs qui dominent Fresnois et Petit-Verneuil. Quelques éclaireurs à cheval quittèrent la vlile et partirent à bride abattue pour Fresnois, où ils trouvèrent plusieurs cavaliers ennemis en reconnaissance. Ils firent à ceux-ci une chasse à fond de train et le brigadier de cuirassiers JACOB, de Cervisy, près Stenay, leur tua un officier entre ce village et Petit-Verneuil. Se voyant menacés par un mouvement tournant qu'exécutait un escadron de hussards envoyé au secours des hommes qu'ils poursuivaient, nos hommes durent se replier.

Vers midi et demi on vit descendre sur Grand-Verneuil une colonne qui, depuis quelque temps, se massait au bord du bois, au nord de ce village, non loin de la ferme de la Nau. Tandis qu'elle defilait, la place la salua de quelques coups de canon restés malheureusement sans effet.

Un peu plus tard, dans l'après-midi, les Prussiens occupèrent le bois de Fresnois. Une dizaine d'obus lancés dans cette direction parvinrent à les déloger de cette position élevée

Cette même après-midi eut lieu l'enterrement du lieutenant JACQUET, mort la veille des suites des blessures qu'il avait reçues au combat de Géronvaux. Cette triste cérémonie se fit au milieu d'une assistance considérable. Presque tous les soldats de la garnison et une grande partie de la population civile s'étaient fait un honneur de rendre ce dernier hommage à ce vaillant officier. En raison des dangers d'attaque imprévue auxquels on était exposé, le convoi était accompagné d'une double haie de soldats, fusils chargés.

Le premier soin des Prussiens, dès leur arrivée à Grand-Verneuil, fut d'établir en avant de ce village, sur la route, vis-à-vis du moulin, un poste chargé d'intercepter toute communication avec Montmédy. En conséquence, ils firent rétrograder voitures et piétons.

Pendant la nuit qui suivit, quelques coups de feu furent tirés sur nos postes extérieurs avancés.

Le lendemain, 19, une nouvelle fusillade s'engagea entre les Prussiens qui occupaient Vigneul et les soldats français qui étaient allés en corvée au Mont-Cé. La place lança une quarantaine d'obus sur le village, dans le but d'en déloger les Prussiens. Mais ceux-ci eurent soin de se tenir prudemment à l'abri des projectiles, et l'unique résultat de cette canonnade fut d'endommager quelques maisons de Vigneul, dont heureusement aucun habitant ne fut atteint. En tout cela, il n'y eut d'autre effusion de sang qu'une légère blessure reçue à un doigt par un soldat prussien.

Pendant toute cette journée, des coups de feu furent tirés de côté et d'autre entre vedettes ennemies et soldats français isolés, faisant office de francs-tireurs.

Vers onze heures du matin arriva de Marville un parlementaire qui, introduit à la ferme de Rattentout, y eut un long entretien avec le commandant supérieur et le commandant de place. Ce parlementaire était un officier du 15me régiment de hussards de Hanovre, appartenant à une maison princière d'Allemagne, celle de Reuss. Il venait proposer de nouveau l'échange des prisonniers et demander les bagages des soldats et mobiles de la garnison capturés dans l'affaire du 16. On apprit de lui des nouvelles rassurantes sur le lieutenant PASQUIN, qui était encore en traitement à Marville.

Dans l'après-midi, les Prussiens élevèrent une barraque spacieuse dans un repli de terrain vis-à-vis du moulin de Grand-Verneuil. Là, dans une position qu'on ne pouvait observer de la place, devait s'établir un poste nombreux, chargé d'en surveiller de loin les abords.

Le soir venu, trois coups de canon furent tirés sur Vigneul, où l'on voyait les Prussiens se livrer à des mouvements suspects. Ils préparaient l'explosion du pont en pierres de ce village qu'ils firent sauter à onze heures du soir. Ils étaient ainsi garantis de ce côté contre toute sortie de la place et pouvaient se livrer à leurs préparatifs de siège sans crainte de regards indiscrets. Il est à remarquer à ce sujet que de la place on méditait également de détruire ce pont.

Cette même nuit, on aperçut dans la direction du Nord, des lueurs dont on attribuait l'origine à un incendie dans un village voisin. C'était simplement une aurore boréale.

Le 20, se présenta de nouveau en parlementaire le prince de Reuss; sa mission n'avait trait, paraît-il, qu'à des questions d'ordre secondaire, consistant notamment en lettres et effets à remettre aux prisonniers allemands.

Dans l'après-midi, les Prussiens postés auprès du moulin de Grand-Verneuil tirèrent sur des passants, hommes, femmes et enfants, sans distinction, qui suivaient, de l'autre côté de la Chiers, la route de Villécloye à Velosnes le long du bois. Ces procédés, dignes de vrais barbares, devaient se renouveler plusieurs fois par la suite.

Ce même jour, des colporteurs belges purent introduire en ville, par les bois, les journaux que l'on ne recevait plus depuis l'avant-veille. Ils continuèrent à le faire jusqu'au 1ᵉʳ décembre.

Le 21, la situation resta la même. Quelques éclaireurs furent envoyés pour reconnaître l'état des forces ennemies C'était chose difficile à apprécier d'une manière exacte. En effet, ainsi qu'ils le firent partout en cette campagne, les Prussiens ne cessaient de faire voyager d'un village à l'autre les détachements qui opéraient autour de Montmédy. Ces allées et venues perpétuelles renouvelées de ce qui se passe au théâtre, où 25 ou 30 figurants, par des entrées et sorties continuelles habilement ménagées, produisent illusion et représentent des foules nombreuses, avaient évidemment pour but de donner le change sur l'effectif et l'emplacement des troupes de siége et de faire croire, grâce à ces trompe-l'œil, à des forces plus considérables qu'elles n'étaient en réalité. De plus, ces déplacements incessants présentaient l'avantage de ne point offrir autant de chances aux surprises. Impossible, en effet, d'être jamais fixé d'une manière durable, sur l'importance de la garnison d'une localité quelconque.

Quelques personnes venues à travers bois des villages voisins annoncèrent que l'on entendait les Prussiens travailler dans ces bois à des ouvrages de charpente. On croyait qu'il s'agissait d'échelles destinées à tenter un assaut contre la ville basse. Mais c'étaient tout simplement des guérites et travaux de baraquements qu'ils établissaient aux points d'intersection des chemins, dans le but de compléter leurs lignes d'investissement, au moyen de postes à demeure placés à tous les carrefours. Chaque jour ils en créaient de nouveaux, et bientôt les sentiers, même les plus détournés, devinrent de moins en moins sûrs. Moyennant des précautions infinies et de grands périls on put encore communiquer pendant quelques jours avec Juvigny, Han, Velosnes et Bazeilles. Le 22, des personnes de Juvigny se hasardèrent même jusqu'à conduire sur Montmédy, à travers bois, un convoi de bœufs destinés à l'alimentation de la garnison. Cette entreprise put, par un heureux hasard, être menée à bonne fin.

Pendant la journée du 21, un garde du génie de la garnison, partit en reconnaissance, accompagné de quelques hommes. Il assura avoir tué un soldat prussien non loin du pont du chemin de fer sous lequel passe la route, à mi-chemin entre Montmédy et Grand-Verneuil.

Dans l'après-midi, une vingtaine de soldats et de mobiles de bonne volonté se dirigèrent sur Grand-Verneuil. Se dispersant en tirailleurs, ils entretinrent pendant deux heures environ une fusillade assez nourrie avec les avant-postes prussiens qui gardaient le village. Un fourrier d'infanterie, armé d'un chassepot, abattit successivement deux soldats et un cheval ennemis, aux applaudissements d'habitants de Villécloye, qui s'étaient portés sur une hauteur située de l'autre côté de la rivière, d'où ils dominaient l'action, renseignant et encourageant les nôtres. Les autres soldats français engagés dans cette escarmouche n'avaient que des fusils dits à tabatière; aucun d'eux n'atteignit les Prussiens. De même, aucun de nos hommes ne fut touché par les balles prussiennes. Ces circonstances démontrèrent péremptoirement la supériorité du chassepot sur tout autre fusil, soit français transformé, soit à aiguille, système Dreyse.

Le 22, quelques soldats embusqués dans les carrières situées au-dessus du village de Thonne-les-Prés tirèrent sur des cavaliers ennemis qui effectuaient des reconnaissances le long du bois. Ils les dispersèrent sans cependant les atteindre.

Des bruits venus on ne sait d'où vinrent effrayer prématurément les habitants de Montmédy. Selon ces bruits c'était ce jour là, à midi, que devait commencer le bombardement dont on se sentait menacé. Pour se rendre compte de ce qu'il y avait de réel au fond de ces rumeurs, quelques personnes, soldats et bourgeois, ne craignirent point de se hasarder jusqu'auprès des avant-postes ennemis. Se glissant par les bois et des replis de terrain jusque sur les hauteurs de Saint-Montan, d'où le danger semblait menacer plus directement, elles n'y virent qu'un fossé récemment creusé ainsi qu'un petit campement destiné à entretenir des sentinelles le long du bois qui de ces hauteurs descend sur Rameré.

Le même jour, 22, le parlementaire venu la veille se présenta de nouveau et eut à Rattentout un long entretien en tête à tête avec le commandant supérieur. Cette circonstance, jointe à des rumeurs accréditées à cette époque, rumeurs dont nous n'avons pas à approfondir les origines et que nous avons tout lieu de croire erronées, suscitait de vifs murmures au sein de la garnison.

Le 23, les Prussiens parurent tout à coup se relâcher des rigueurs du blocus. Il arriva en ville des gens venus un peu de tous côtés. En présence de cet état de choses, on reprit un peu confiance et pendant quelques jours encore on se berça de nouveau de l'espoir d'échapper aux horreurs d'un siége, soit en raison de la présence à Montmédy de nombreux prisonniers prussiens que, suivant la pittoresque expression d'un journal belge, leurs compagnons craignaient de détériorer, soit que l'on eût eu besoin sur d'autres points des troupes réunies autour de cette ville.

Ce jour encore, quelques hommes de bonne volonté, partis en reconnaissance, allèrent se heurter, sur la route de Chauvency, à des avant-postes prussiens avec lesquels ils firent le coup de feu, sans résultat de part ni d'autre.

Le 24 novembre, la Chiers et ses affluents, enflés par des pluies récentes, inondaient toutes les prairies. Le détachement qui occupait Vigneul se trouvait ainsi coupé de celui plus nombreux qui gardait Chauvency-le-Château, avec lequel il s'était jusqu'à ce jour maintenu en communication au moyen d'une passerelle établie sur la rivière, derrière le bois du Hodge.

Dans ces circonstances favorables pour la garnison, quelques hommes déterminés crurent le moment venu de faire une tentative sur Vigneul. Le coup de main projeté, mené avec autant de prudence que d'intrépidité, réussit au-delà de toute espérance.

Nous ne croyons mieux faire, pour rendre compte de ce remarquable épisode du siége de Montmédy, que de reproduire textuellement le récit qui en fut envoyé aux journaux belges par celui des auteurs de ce livre auquel sa profession de journaliste faisait une loi, au milieu de tant de malheurs, de relater un si beau et si rare succès. (*Echo du Luxembourg*, du 27 novembre 1870).

« Dans la matinée du 24, *treize* hommes de la garnison de Montmédy, commandés par le sergent SCHNEIDER, allèrent par les bois surprendre à Vigneul *quarante* Prussiens, qui occupaient ce village; ils en tuèrent ou blessèrent deux, et en firent *trente-quatre* prisonniers, y compris l'officier qui commandait le détachement, sans avoir reçu la moindre égratignure. Quatre hommes seulement étaient parvenus à échapper à ce hardi coup de filet.

« Pour en faciliter le succès, quelques soldats dispersés en tirailleurs dans le massif du Mont-Cé, vis-à-vis Vigneul, détournaient l'attention de l'ennemi en échangeant des coups de fusil avec lui.

« La rivière étant débordée et le pont de Vigneul coupé, nos hommes, pour ramener leurs prisonniers, avaient à faire un circuit de 6 à 7 kilomètres à travers des bois fréquentés par l'ennemi. Ils se tirèrent de leur entreprise avec un bonheur et une habileté rares et reçurent à leur retour, des autorités militaires, toutes les félicitations que méritait leur courage.

« A dix heures du matin, le cortége, augmenté de cavaliers partis au-devant de lui jusqu'au-delà d'Iré-les-Prés, pour protéger la retraite de la petite colonne, en cas d'attaque par la forêt, faisait son entrée en ville au milieu d'un grand concours de curieux, dont l'attitude calme et digne mérite d'être signalée et vivement louée. Nous nous faisons gloire, en effet, ici, de considérer des ennemis désarmés comme gens ayant droit aux égards et aux respects de tous.

« Cette nouvelle capture porte à un chiffre respectable le nombre des prisonniers que détient la forteresse.

« C'est ainsi que chaque jour notre garnison s'entretient la main par des entreprises que couronne presque toujours le succès. »

A la suite de ce brillant exploit, le sergent de zouaves SCHNEIDER, à qui le gouverneur avait donné publiquement l'accolade, fut proposé pour la décoration de la Légion d'honneur, qui lui fut régulièrement conférée plus tard.

Vers midi, un coup de canon fut tiré vers Thonnelle, où l'on avait aperçu quelques mouvements suspects de l'ennemi.

Le même jour, dans l'après-midi, deux soldats de la garnison, partis en francs-tireurs, après s'être enivrés, commirent la funeste bravade de pousser jusqu'à Velosnes, et de tirer sur un officier prussien qu'ils manquèrent. Cet officier n'était autre que le chef des troupes d'investissement, colonel von Pannewitz lui-même. Poursuivis et coupés de leur ligne de retraite par les hommes du détachement qui occupait le village, ces deux soldats voulurent gagner la Belgique, distante de quelques centaines de mètres seulement. L'un d'eux ayant essayé de franchir à la nage la rivière et la prairie, alors inondée, fut atteint d'une balle et se noya. Son fusil fut ramassé par l'ordonnance du colonel von Pannewitz. L'autre réussit à échapper aux coups de fusil et à toucher le sol belge, où il fut aussitôt désarmé par la douane et dirigé sur l'intérieur du pays pour y être interné, conformément aux usages internationaux.

Les règlements draconiens de la loi militaire

prussienne punissent de tels actes d'agression, quand les coupables leur échappent, en s'en prenant aux communes sur le sol desquelles ils s'accomplissent, comme si les populations inoffensives y étaient pour quelque chose. Ceux qui gardaient Velosnes n'eurent garde de négliger l'occasion qui s'offrait à eux de donner libre cours à leurs instincts de rapine. Ils se montrèrent d'autant plus intraitables qu'il s'agissait d'un attentat contre la personne de leur commandant en chef, et que celui-ci, comme il l'avouait le soir même à ses hôtes de Marville, n'avait jamais si bien failli être tué.

Le village fut frappé d'une contribution de deux mille francs, qui durent être versés immédiatement. Il eut en outre à faire les frais d'un repas copieux en l'honneur de 250 Prussiens ; le tout en dehors de l'entretien de la compagnie que cette petite localité logeait et hébergeait déjà depuis quelques jours.

Le 25, vers midi, quelques tirailleurs se portèrent vers la maison de Rameré, où était établi un poste prussien ; à cet effet, ils gagnèrent par le chemin de Villécloye la colline dite Haut-de-Tueux, qui couronne le vignoble de ce dernier village. De cette hauteur, ils ouvrirent le feu sur des Prussiens disséminés le long du bois situé derrière Rameré. Les rangs de leurs adversaires se grossirent peu à peu de renforts descendus des hauteurs de Saint-Montan où ils avaient un campement. Du côté de la place, des hommes de bonne volonté partirent pour soutenir les tirailleurs. La fusillade fit entendre bientôt ses crépitements de plus en plus fréquents. Mais on ne tirait qu'au jugé. Aussi cette escarmouche se passa-t-elle sans perte de part ni d'autre.

Enfin les nôtres jugeant tout mouvement en avant inutile, se retirèrent paisiblement. Ce que voyant, les Prussiens s'avancèrent et occupèrent la hauteur. Bientôt on les vit apparaître en groupes compactes sur le plateau, d'où ils tirèrent force coups de fusil sur nos soldats, sans autre résultat que d'envoyer siffler leurs balles aux oreilles de gens qui allaient et venaient de Villécloye à Montmédy. Quelques-unes même vinrent s'aplatir contre la maçonnerie du pont situé aux portes de la ville, ce qui témoignait de la longue portée des fusils prussiens.

En ce moment, la place qui observait tous les mouvements des ennemis ouvrit sur ceux-ci, qui s'étaient massés au nombre de plus d'une centaine, une canonnade qui balaya instantanément le plateau. On les vit regagner en toute hâte leurs postes de Rameré et de Saint-Montan sous une pluie d'obus habilement pointés qui les poursuivirent jusqu'à ce qu'ils fussent hors de portée.

Pendant cet engagement, des sentinelles ennemies juchées sur la toiture de la maison de Rameré, en suivaient les divers épisodes; de ce poste élevé, elles avaient pu signaler aux leurs la marche d'éclaireurs à cheval, qui, empruntant à la tactique prussienne un de ses procédés ordinaires, s'étaient faufilés le long de la route en se dissimulant derrière les arbres qui la bordaient, à l'effet d'aller surprendre et enlever les avant-postes ennemis. Cette ruse de guerre, ainsi éventée, ne produisit pas le résultat qu'on en avait espéré. Une retraite prudente des Prussiens les avait mis à l'abri de tout coup de main.

Une autre affaire analogue était engagée au même instant sur un autre point du périmètre d'investissement; des coups de feu s'échangeaient sur les hauteurs de Thonne-les-Prés, entre des vedettes prussiennes et des tirailleurs français. Là encore, il n'y eut aucun résultat appréciable. Dans toutes ces rencontres où chacun profitait des moindres replis de terrain pour tirer en sûreté, il semblait que l'on craignît de s'engager trop loin de part et d'autre, dans la crainte de surprise et, en raison du voisinage des bois et fourrés, il devait naturellement y avoir bien des engagements stériles. Mais du moins ces escarmouches, si elles constituaient un vain gaspillage de poudre et de munitions, avaient-elles pour effet d'affermir le moral de la garnison, qu'elles tenaient en haleine et aguerrissaient. Aussi avons-nous regretté d'y voir couper court quelques jours plus tard par un arrêté du commandant supérieur, qui interdisait toute reconnaissance de cette nature, à moins d'autorisation formelle.

Ce même jour, quelques francs-tireurs qui étaient allés étourdiment tirailler du côté de Bazeilles, provoquèrent de la part des Prussiens une amende de trois mille francs, infligée à cette commune. Cette fois, cependant, contrairement à leurs habitudes de déprédation, ils accueillirent favorablement les légitimes représentations de la municipalité de ce village, et la sentence prononcée n'eut pas de suites.

Le 26, les Prussiens cantonnés à Grand-Verneuil, Petit-Verneuil, Thonne-la-Long et Avioth, disparurent brusquement. On les disait partis pour Sedan, ville contre laquelle la garnison de

Mézières aurait fait une tentative couronnée de succès. Ce qui semblait devoir donner quelque vraisemblance à ce bruit, c'est que pendant toute la nuit précédente, les hommes qui étaient de service sur les remparts et aux postes avancés avaient entendu, du côté de l'Ouest, une canonnade lointaine prolongée. On sait ce qu'il en était habituellement de toutes ces prétendues bonnes nouvelles. En tout cas, l'origine de cette canonnade demeura inexpliquée.

Comme conséquence de cette évacuation partielle, la route de Virton par Grand-Verneuil redevint libre pour quelques jours, et l'on put encore, à Montmédy, se leurrer de l'espoir que les Prussiens allaient renoncer au siège de cette ville. C'était se méprendre étrangement sur la ténacité et l'obstination germaniques ! Mais sous l'imminence du terrible danger qui menaçait, on se raccrochait, c'est le mot, à la moindre branche de saule, on se cramponnait à toute illusion qui semblait devoir promettre le salut, quelque hypothétique qu'il fût.

Ce jour encore, de nouveaux coups de feu restés sans succès, furent échangés aux environs de Thonne-les-Prés entre reconnaissances des deux partis.

Le 27, un jeune homme, presque un enfant, le jeune Charles-Auguste Boucher, de Grémilly, âgé de 15 ans, était allé porter du linge à son frère, mobile à Montmédy, quand, en revenant, il fut aperçu par les Allemands. Il s'enfuit au plus vite en les voyant et se blottit derrière une haie. Les soldats de Guillaume tirèrent plusieurs coups de feu sur lui et une balle vint lui fracasser les deux genoux. Transporté à Marville et reçu à l'hospice, il y expira le 3 février 1871, après soixante-douze jours d'horribles souffrances.

Le lendemain, 28, des hommes étant allés comme d'habitude au Mont-Cé, pour en ramener le bois nécessaire à la cuisson des aliments et au chauffage, furent fusillés et canonnés à la fois par les Prussiens, qui avaient établi une petite batterie de trois pièces de campagne au sommet de la côte de Chaumont, entre Vigneul, Han et Quincy. Aucun d'eux ne fut atteint. Mais dès lors, on dut se tenir sur ses gardes de ce côté.

C'est ce même jour, 28, que l'on apprit à Montmédy la nouvelle officielle de la reddition de Thionville. Cette place, dont on attendait une longue résistance, n'avait tenu que trois jours. Ce nouveau revers, quoique pressenti, ne fit qu'ajouter aux inquiétudes, en démontrant avec la dernière évidence que Montmédy était appelé à partager dans un avenir tout prochain le sort de cette malheureuse ville.

A la même date du 28, les Prussiens revinrent occuper en force le village de Grand-Verneuil. En outre, ils établirent un poste à la poncette de Velosnes (France) à Torgny (Belgique), interrompant ainsi toute communication entre ces deux villages de nationalités différentes. Ils avaient même voulu détruire cette passerelle, ce qui faillit amener un conflit international. En effet, le chef du détachement belge, qui était venu se cantonner depuis quelques jours à Torgny, en vue de sauvegarder la neutralité du territoire belge, déclara s'opposer à l'exécution de ce projet. Les Prussiens voulurent persister dans leurs desseins. Enfin, après de longs pourparlers, ils finirent par y renoncer. Mais ils placèrent à l'entrée de ce passage, l'unique qui relie les deux communes, des sentinelles avec ordre d'en interdire l'accès.

A l'exemple de ce qui se pratiquait à Torgny, la Belgique, afin d'éviter toute violation de territoire de la part de l'une ou l'autre des puissances belligérantes, avait échelonné un cordon de troupes tout le long de sa frontière. De plus, tous les clochers des villages étaient surmontés de drapeaux aux couleurs belges. En outre, sur toutes les routes, chemins et sentiers pénétrant d'un pays à l'autre, la limite entre les deux territoires était indiquée par des poteaux portant le nom de *Belgique* dans les deux langues. (*Belgique, Belgien*).

Le 29, nouvelle canonnade partie des hauteurs d'entre Han et Vigneul, à l'adresse des soldats français en corvée de bois au Mont-Cé. Même résultat négatif que la veille. Un ou deux des projectiles lancés portent jusque sur les revêtements des remparts.

Une réquisition considérable de blé et de paille avait été faite à Villécloye par l'autorité militaire française. C'était ce jour-là que devaient s'en effectuer la livraison et le transport. Comme on supposait que les Prussiens, qui étaient informés de ce fait, essayeraient d'entraver la sortie des voitures chargées, il fut décidé d'envoyer une colonne destinée à protéger le convoi. Cent hommes environ, précédés d'éclaireurs à cheval, furent expédiés sur les hauteurs d'entre Montmédy et Villécloye, et se mirent à battre le plateau jusque vers Rameré, d'où l'on pouvait redouter une attaque de flanc. Nos hommes ouvrirent un feu nourri sur les Prussiens qui s'avançaient en nombre sur le plateau qui couronne le versant opposé de la vallée de l'Othain. De notre côté, il y eut un cheval tué d'une balle.

Les Prussiens continuant à se masser sur la hauteur, la place les dispersa au moyen de quatre obus qui éclatèrent tout auprès de leurs groupes. Le bruit courut que ce soir-là, 17 hommes avaient manqué à l'appel de la compagnie prussienne qui avait fait cette démonstration. C'est ce qu'il nous a été impossible de vérifier.

Les Prussiens ayant été ainsi contenus à distance par l'artillerie de la place, le convoi de voitures chargées put librement sortir de Villécloye et entrer à Montmédy sans encombre. Pour plus de garanties de sécurité, un détachement de cent hommes de réserve avait été dirigé sur la ferme de Rattentout, prêt à se porter partout où besoin serait.

Ce jour, le village de Grand-Verneuil, réoccupé de la veille, ainsi qu'il vient d'être dit, fut encore une fois évacué, ce qui rendit de nouveau la route de Virton à la circulation, et permit aux habitants des villages de Grand-Verneuil, Petit-Verneuil, Ecouviez et Thonne-la-Long, de renouer momentanément des relations avec Montmédy. En revanche, le chemin de Velosnes fut dès lors définitivement fermé. Des postes permanents furent établis tout le long de la lisière du bois, ainsi que dans les carrières situées sur les hauteurs d'au-delà de Villécloye. De la place, on distinguait parfaitement leurs sentinelles, ainsi que les allées et venues des cavaliers disposés en vedettes, pour communiquer d'un poste à l'autre.

Pendant ce temps, les Prussiens pressuraient tous les villages environnants. Ils y logeaient chez l'habitant, s'y faisaient grassement héberger et prélevaient toutes espèces de réquisitions. Les chefs, du reste, montraient l'exemple de la plus incroyable lésinerie. C'est ainsi qu'à Marville, le commandant en chef des troupes d'investissement, haut et riche personnage, n'eut pas honte de réquisitionner pour son usage personnel dix pilules à cinq centimes l'une. De tels faits se passent de commentaires.

Une des localités les plus éprouvées fut la ville de Stenay, recommandée à la rapacité germanique par l'aisance d'un certain nombre de ses habitants. Le 19 novembre, elle fut frappée par le major général de Sanden d'un impôt de guerre spécial de 50,000 francs, en punition de l'enlèvement, le 11 octobre précédent, des Prussiens qui y tenaient garnison, par un détachement des troupes françaises de Montmédy. En outre, ils infligèrent à cette malheureuse petite cité une autre amende de 6,790 francs, pour la prise des effets de la commandature; puis une troisième de 28,000 francs, pour l'enlèvement de la commandature elle-même. C'étaient donc 84,790 francs que Stenay était tenu de verser immédiatement.

Cette ville ne s'étant pas empressée de s'exécuter, des otages furent enlevés à deux reprises différentes, du 19 novembre au 10 décembre, puis du 25 décembre 1870 au 8 janvier 1871, et conduits à Sedan, où ils furent soumis à une étroite captivité et exposés à toutes sortes d'avanies. Ces otages, qui, en ces circonstances pénibles, ne cessèrent de faire preuve d'un grand patriotisme et d'une courageuse énergie, étaient MM. Cardot, Cochon, Wacquant, conseillers municipaux, Rivart, maître de forges, Rousseaux, notaire, et Thiébault, conseiller d'arrondissement. Ces hommes honorables ne furent rendus à la liberté qu'après payement intégral, par leurs concitoyens, de cette énorme contribution de guerre.

Le second enlèvement d'otages eut lieu, parait-il, sur les incitations du colonel von Bütlar, qui, à peine délivré de sa prison de Montmédy, par la capitulation de la place, n'eut rien de plus pressé que d'aller tirer vengeance de sa honteuse mésaventure sur une population bien innocente d'un fait de guerre qu'elle n'avait nullement préparé.

L'histoire impartiale flétrira dans l'avenir comme ils le méritent de tels actes de déprédations.

Le 30 novembre, quelques Prussiens à cheval reparurent à Grand-Verneuil et firent à plusieurs reprises le trajet de ce village à celui d'Ecouviez, sans cependant intercepter les communications.

Cette même journée, quelques balles furent échangées sur les hauteurs d'au-delà de Thonne-les-Prés; mais sans aucun résultat, les Prussiens attaqués à l'improviste ayant eu soin de se jeter précipitamment sous bois, suivant leur tactique habituelle.

Depuis quelques jours, le commandant supérieur poursuivait sérieusement l'idée de reconstituer la garde nationale de Montmédy qui, l'on s'en souvient, s'était disloquée au lendemain de la journée du 5 septembre, après moins d'un mois d'existence. Il avait à cet effet fait d'instantes démarches auprès de la municipalité à laquelle il abandonnait le soin épineux, en ces circonstances, de rétablir les cadres et de dénoncer à ses rigueurs les absents et récalcitrants. En vertu de plusieurs décrets du gouvernement de la Défense nationale, qui avait successivement mobilisé et appelé au service actif tous les hommes en état de porter les armes, le service militaire était devenu obligatoire pour tous les citoyens de 20 à 40 ans. Comme ceux-ci ne pouvaient être de Montmédy dirigés sur l'intérieur, le commandant TESSIER, usant des pleins pouvoirs que lui conférait l'état de siége, les astreignait à contribuer, comme gardes nationaux, à la défense de la place.

En conséquence des divers décrets rendus par le gouvernement de Tours, la nouvelle garde nationale fut divisée en six catégories, composées : la première, des célibataires et veufs sans enfants de 21 à 35 ans ; la seconde, des hommes mariés pères de famille de 25 à 30 ans ; la troisième, des hommes mariés, pères de famille, de 30 à 35 ans ; la quatrième, de tous les hommes valides sans distinction de 35 à 40 ans ; la cinquième, de tous ceux de 40 à 50 ans, pour lesquels le service n'était pas obligatoire ; et la sixième, des jeunes gens de 20 ans et des engagés volontaires de tout âge. Ces six catégories furent réparties en quatre sections : la première correspondant à la première catégorie ; la deuxième, embrassant les deuxième et troisième catégories ; la troisième, renfermant les hommes de la quatrième catégorie ; et enfin la quatrième, comprenant ceux des deux dernières.

Ce travail, déjà élaboré depuis quelques jours, fut prêt pour le 1er décembre, jour où il fut procédé à l'élection des chefs. Chaque section eut à choisir un lieutenant, un sergent et deux caporaux. Les nouveaux gardes nationaux reçurent ensuite des fusils à piston. Après avoir été exercés en août précédent au maniement du fusil à tabatière, ils eurent à apprendre trois mois plus tard la manœuvre beaucoup plus compliquée des anciennes armes à feu. Il leur fallut, en quelques jours, s'inculquer les principes de l'antique et traditionnelle charge en douze temps Ils y apportèrent toute la bonne volonté possible. Mais cette nouvelle organisation ne devait pas être de plus longue durée que la précédente. La marche rapide des événements devait en effet la dissoudre bientôt et définitivement.

Pendant cette journée du 1er décembre, les Prussiens qui étaient embusqués le long du bois que cotoie la route de Villécloye à Velosnes, se remirent à tirer sur des personnes inoffensives qui faisaient le trajet de Montmédy à Grand-Verneuil. Ils continuèrent ces brillants exploits jusqu'au jour où, par suite de la réoccupation de Grand-Verneuil, l'investissement devint complet et rigoureux.

Pendant la nuit qui suivit, des cavaliers partis en éclaireurs, allèrent explorer les abords des bois de Grand-Verneuil et de Fresnois. Ils n'y constatèrent aucune trace de Prussiens.

La journée du lendemain s'écoula sans autres incidents que quelques coups de fusil échangés sur plusieurs points des lignes d'investissement, notamment du côté de Thonnelle.

On apprit alors qu'une maladie épidémique s'était abattue sur les Prussiens cantonnés à

Thonne-la-Long. C'est probablement l'unique raison qui les avait déterminés à évacuer temporairement ce village. La mortalité ne fut pas grande parmi eux ; mais ils communiquèrent aux habitants de cette commune, par leur contact et leur cohabitation avec eux, les germes de maladies qui exercèrent longtemps leurs ravages sur cette malheureuse population, qu'elles décimèrent.

Le 3 décembre, pour rendre plus impraticable encore l'emploi du chemin de fer, on ouvrit une nouvelle galerie de mine dans les flancs du tunnel. On en fit de nouveau sauter les parois sur une longueur de 40 mètres environ.

Le prince de Reuss se présenta encore en parlementaire ce jour-là, apportant des dépêches pour ses nationaux prisonniers à Montmédy.

Le danger semblant devenir de plus en plus imminent chaque jour, les habitants se mirent en mesure de se garantir autant que possible contre les périls qui les menaçaient. Des casemates artificielles, faites de corps d'arbres et de terrassements, s'exécutaient sur tous les points des deux villes. On blindait l'entrée des caves et des maisons à l'aide de poutres recouvertes de terre et de fumier ; on calfeutrait les soupiraux, on se construisait des abris souterrains dans les jardins ; en un mot, chacun s'ingéniait à se créer des retraites sûres en cas de bombardement. Ces ouvrages étaient modelés en partie sur les travaux analogues qui se faisaient sous la direction du génie militaire. L'insuffisance des casemates à contenir tout l'effectif de la garnison étant constatée, les caves les plus spacieuses de la ville avaient été réquisitionnées par l'autorité militaire pour être mises à l'épreuve de la bombe au moyen de blindages et être consacrées au service des soldats logés en ville. Libre aux habitants de s'arranger comme ils l'entendraient avec celles des caves dont la disposition leur était laissée !

Le 4, les artilleurs de la place fêtèrent Sainte-Barbe, leur patronne. Le lendemain lundi, fut chantée une grande messe en musique, à laquelle assistèrent les officiers et soldats du génie et de l'artillerie. Il y eut également banquet à cette occasion. En l'honneur de la fête, quelques coups de canon avaient été tirés, le 4, sur des groupes prussiens qui s'étaient montrés au-dessus de Thonne-les-Prés et de Vigneul et qui, se voyant ainsi accueillis, jugèrent bon de détaler immédiatement.

Le 5, les Prussiens apparurent en petits détachements entre Grand-Verneuil et Ecouviez, et coupèrent de nouveau le passage par cette voie, la seule qui nous permît encore de communiquer avec le dehors.

Une colonne ennemie venant de Stenay entra ce jour-là à Chauvency-le-Château. La place, qui l'avait vue défiler le long des pentes du Haut-de-Cer lui lança quelques obus de 24 et quelques bombes qui éclatèrent aux alentours de la gare sans faire aucun mal à l'ennemi. Cette colonne, dont on n'avait pu deviner distinctement la nature, se composait, comme on l'apprit plus tard, d'artillerie destinée au bombardement.

Le lendemain 6, le blocus devint effectif et complet. La ville de Montmédy était dès lors en quelque sorte retranchée du monde et privée de toute communication au dehors, si ce n'est avec les villages d'Iré-les-Prés, Villécloye, Fresnois et Thonne-les-Prés, qui étaient compris dans l'enceinte des lignes de circonvallation. Désormais toutes les routes et jusqu'aux sentiers les moins frayés des bois avoisinants étaient rigoureusement gardés.

Un officier de la garnison de Montmédy, le capitaine Semaire, originaire de Grand-Verneuil, atteint d'une maladie mortelle, s'était retiré dans un village belge de la frontière, où il mourut quelques jours après son arrivée. Au moment même de la prise de possession du village de Grand-Verneuil, on ramenait son corps à Montmédy, pour l'y enterrer avec les honneurs militaires. Les Prussiens l'arrêtèrent, sans que les supplications de sa veuve, jointes à celles d'autres personnes, pussent les fléchir. Ils offrirent de rendre eux-mêmes le lendemain les honneurs dûs au grade de M. Semaire. On les refusa, et le 7 eut lieu son inhumation, sans autre pompe que les prières de l'Eglise, au milieu du deuil qui frappait ce malheureux village. Par un hasard providentiel, le capitaine Semaire revint ainsi se faire enterrer au lieu même de sa naissance.

Pendant la journée du 6, les soldats en quête de combustible au bois du Mont-Cé tiraillèrent pendant trois heures avec les Prussiens établis à Vigneul. Deux Français furent légèrement blessés. On crut avoir tué deux Allemands.

Sur le soir, quelques coups de canon furent tirés sur les Prussiens qui se trouvaient au-dessus de Villécloye. A l'inverse des projectiles à percussion, qui n'éclatent qu'en heurtant le sol, ceux-ci qui, paraît-il, consistaient en bombes ou obus au pétrole, munis de mèches, dus au génie inventif des chefs de la place, éclatèrent en l'air en produisant des effets comparables à ceux de feux d'artifice. De la ville on en distinguait parfaitement les flammes : c'était fort beau, mais parfaitement inoffensif pour nos adversaires.

A la même heure, les bruits les plus alarmants commencèrent à circuler de plus belle. C'était décidément le lendemain, disait-on, que devait avoir lieu le grand branle-bas. Les circonstances ne donnaient que trop de vraisemblance à ces rumeurs. Il n'en devait rien être, cependant, et l'on devait en avoir encore pour plusieurs jours de cette anxiété poignante. Il fallait du temps à nos antagonistes pour hisser leur pesante artillerie sur les coteaux.

Ainsi donc, la journée du 7 se passa calme et paisible, sans autres incidents que quelques coups de feu échangés entre reconnaissances, tant du côté du bois du Mont-Cé qu'en diverses autres directions.

Le 8 au matin, la nouvelle se répandit en ville que les Prussiens avaient fait sauter la veille le pont de Chauvency-le-Château, sans que l'on sût s'il s'agissait de celui qui donne passage au chemin de fer ou de celui sur lequel la route de Stenay franchit la Chiers. Ce bruit, qui avait encore autorisé quelques nouvelles illusions, en donnant à croire que l'ennemi renonçait à l'exploitation de la ligne ferrée, était entièrement faux. A la vérité, quelques commencements de fouilles avaient été exécutés dans le pont que traverse la route à la sortie de Chauvency, pour y ménager des mines. Mais ce travail préparatoire n'avait eu aucune suite.

A l'extrémité de ce village, du côté de Chauvency-Saint-Hubert, les Prussiens avaient établi, au sommet d'un haut poteau, un baril de goudron auquel ils mettaient le feu chaque soir, de manière à éclairer tous les environs, ce qui permettait à leurs sentinelles de surveiller au loin tous les abords du village et de parer ainsi à toute surprise nocturne. Toutes sortes de mesures analogues étaient prises de ce côté, en souvenir, probablement, des agressions qu'avait déjà faites la garnison de Montmédy par les bois des fermes d'Harauchamp et du Véru. C'est ainsi qu'aux approches des forges de Chauvency était établi un poste qu'abritait un épaulement formé de souches d'arbres entremêlées de terre. Il y avait aussi des postes fixes à tous les débouchés des chemins aboutissant sur les deux Chauvency.

Pendant la nuit du 7 au 8, les Prussiens étant descendus dans le village d'Iré-les-Prés, s'y firent livrer du lard et autres provisions de bouche qu'ils emportèrent. Ils avaient voulu contraindre plusieurs habitants à leur servir de guides dans une tentative qu'ils méditaient contre les postes extérieurs de la ville basse. Ils s'en tinrent finalement à envoyer quelques cavaliers tirer des coups de feu sur les sentinelles placées auprès du cimetière. Malgré les rondes fréquentes de nos patrouilles, ils avaient pu s'approcher sans être entendus, grâce à la neige qui recouvrait le sol et amortissait le bruit du sabot des chevaux. De plus, pour éviter que leurs ombres, en se profilant sur la blancheur de la neige, ne les trahît de loin, ils prenaient soin de se glisser le long des arbres qui bordaient la route de chaque côté.

Pour entraver le renouvellement de semblables tentatives, l'autorité militaire fit abattre, le lendemain, ces arbres sur plusieurs centaines de mètres de longueur.

Du côté de Thonnelle et du côté de Chauvency, pour se garer de telles attaques, le génie militaire avait fait intercepter le passage auprès de Tivoli, au moyen de palissades solidement construites en travers des deux routes. Une issue suffisante pour laisser passer les voitures avait été ménagée et était munie d'une barrière qui se fermait chaque soir. En outre, de solides retranchements formés de troncs d'arbres, de pierres et de terre avaient été élevés sur ce même point, qui est un carrefour où aboutissent une dizaine de routes, chemins et sentiers.

Le 8 décembre, la garde nationale sédentaire prit le service de jour des corps de garde des deux portes dites de Sedan et de Luxembourg.

Vers midi, quelques obus furent lancés sur les bois de Vigneul où les Prussiens se montraient en nombre.

A la même heure se présentait encore le parlementaire habituel, venant de Marville. Cette nouvelle mission n'avait d'autre objet que des questions purement insignifiantes, telles qu'échange de lettres et d'effets pour les prisonniers, etc. C'est du moins tout ce que l'autorité militaire jugea à propos de faire savoir. On apprit pourtant plus tard que, dans une de ces entrevues, dont la ferme de Rattentout était le théâtre, avait été traitée la question de l'abri à donner aux prisonniers prussiens, en cas de bombardement. Le commandant supérieur, croyant sans doute amener les assiégeants à renoncer à leurs barbares procédés d'attaque, aurait répondu que si la ville était bombardée, les prisonniers ennemis seraient exposés en pleine place publique aux projectiles des leurs. Sur la représentation qui lui fut faite par le parlementaire que de tels agissements étaient contraires aux lois de la guerre, il fit observer avec raison que les hostilités commises par les Prussiens contre des gens inoffensifs et contre les propriétés étaient en contradiction flagrante avec le droit des gens et qu'ainsi c'étaient les Allemands qui, les premiers, donnaient l'exemple de la violation des plus élémentaires principes d'humanité. Il finit enfin par céder, par crainte sans doute de représailles, et consentit à promettre que les soldats prussiens prisonniers seraient descendus dans des caves blindées, ce qui rendait de beaucoup leur position meilleure que celle des hommes de la garnison.

Les débats auxquels donna lieu cette question devaient prendre, aux yeux des Allemands, les proportions d'un des griefs les plus terribles mis à la charge des défenseurs de Montmédy, et même de la ville elle-même qui n'y était pour rien. Les journaux allemands, à commencer par le *Norddeutsche allgemeine Zeitung (Gazette générale de l'Allemagne du Nord)*, le principal organe de la politique de Bismarck, articulèrent à ce sujet les plaintes les plus amères contre les manières d'agir des officiers français en cette circonstance, ainsi que contre les prétendus mauvais traitements dont leurs nationaux auraient été victimes pendant leur captivité. (Voir plus loin, *appendice*). Ce n'était pas la moins habile des roueries de la politique prussienne que de jeter les hauts cris en attribuant sans cesse à la France les procédés sauvages dont la Prusse se rendait coupable, et de donner ainsi le change à l'Europe.

Le 8, à huit heures du soir, des fulgurations qui se dessinaient sur le ciel obscur comme autant d'éclairs rougeâtres, accompagnées de sourdes détonations, vinrent tout à coup effrayer les habitants, qui pensèrent toucher au moment de la crise finale, depuis si longtemps prévue et redoutée. L'alarme se répandit aussitôt partout; chacun se sauvait nanti de ce qu'il avait de plus précieux, gagnant les retraites où l'on savait trouver un abri. Mais un silence complet ayant succédé à ces explosions soudaines, on se remit peu à peu de cette alarme et l'on se mit en quête d'en chercher l'origine et les causes. On apprit alors qu'il s'agissait tout simplement d'essais de notre part de bombes-fusées destinées à éclairer les approches de la place.

Pendant la nuit du 8 au 9, les Prussiens vinrent renouveler à Iré-les-Prés leurs exactions de la veille. Leurs vedettes s'avancèrent en divers endroits jusqu'auprès des sentinelles françaises avec lesquelles elles échangèrent plusieurs balles.

Le 9, par une neige épaisse accompagnée d'un brouillard intense, on crut apercevoir des groupes suspects dans la prairie entre Villécloye et Montmédy, à 6 ou 700 mètres de la porte de Luxembourg, que gardait un poste de gardes nationaux. Quelques-uns de ceux-ci, après avoir interpellé ces groupes à plusieurs reprises et n'avoir reçu aucune réponse, leur tirèrent des coups de fusil qui les firent rétrograder. Ce fut l'unique circonstance dans laquelle la garde nationale eut l'occasion de faire emploi de ses armes. Une poignée d'hommes de bonne volonté s'étaient portés en tirailleurs par la route de Grand-Verneuil pour fusiller de flanc ce que l'on prenait pour une reconnaissance ennemie. Ces prétendus Prussiens n'étaient, on l'apprit plus tard, que des maraudeurs de rivière de Villécloye.

L'artillerie de la place ouvrit ce jour-là un feu assez vif sur les hauteurs de Vigneul, où l'on signalait des allées et venues de l'ennemi. Malgré la neige épaisse qui ne cessait de tomber depuis quelques jours et en dépit des rigueurs excessives de la température, les Prussiens ne restaient pas inactifs et exécutaient sans désemparer les travaux de terrassement destinés à asseoir leurs batteries. La place ne paraissait pas s'en douter, grâce au brouillard; ces travaux étaient pour la plupart dissimulés par des accidents de terrain ou des rideaux d'arbres. C'est alors encore que pour relier leurs communications que coupait le cours de la Chiers, ils établirent un pont de bateaux entre Grand-Verneuil et Velosnes, au-dessous du confluent de la Chiers et du Thon, à quelques centaines de mètres seulement de la frontière belge.

Le 9, des émissaires furent députés de la place pour aller aux avant-postes prussiens, auprès de Rameré, porter réponse à des lettres et recevoir un médecin et un pharmacien de l'ambulance de Montmédy qui, partis pour la Belgique avant l'investissement complet, pour aller faire provision de médicaments, n'avaient pu rentrer dans la place. Retenus quelques jours par les Prussiens, qui les avaient conduits à Marville, ils purent obtenir de rentrer dans la forteresse, après constatation de leurs attributions. Ils avaient pu lire les journaux belges jusqu'à la date du 6 décembre. Les nouvelles qu'ils apportèrent n'avaient rien de saillant ni surtout de rassurant pour les habitants de Montmédy qui, privés de toute relation avec le dehors depuis huit jours déjà, étaient naturellement avides de connaître la marche des événements de la guerre sur les autres points du territoire français.

Dans l'intention de se procurer des nouvelles, quelques hommes déterminés avaient essayé du stratagème suivant pour franchir les lignes prussiennes. Profitant de ce que l'épaisse couche de neige qui couvrait le sol étouffait le bruit des pas, ils s'étaient affublés de chemises blanches par dessus leurs vêtements et, à l'aide de ce déguisement, qui leur permettait de se confondre avec la teinte des objets environnants, avaient tenté de gagner nuitamment la Belgique. Mais on dut renoncer à toute tentative de ce genre. Les postes ennemis étaient si rapprochés, leur vigilance était si grande que nos hommes finissaient toujours par aller se heurter contre quelqu'un d'eux, qui ne leur ménageait pas les coups de fusil.

Il avait été également convenu entre quelques personnes qu'en cas de long investissement, il serait, du village belge de Torgny, jeté à la Chiers des bouteilles cachetées contenant des dépêches et des journaux, dont le passage serait intercepté à Montmédy au moyen de filets ou de barrages. Mais ce mode de correspondance dut être abandonné comme impraticable. La Chiers décrit en effet tant de sinuosités, son cours est embarrassé de tant d'arbres et de branchages, qu'il n'y avait guère lieu d'espérer que ces messages flottants parvinssent à destination.

Il avait été aussi projeté d'envoyer préalablement en Belgique des chiens appartenant à divers propriétaires de Montmédy, puis de les lâcher à époques déterminées d'avance, après les avoir chargés de dépêches à l'adresse de la place. On ne doutait pas que, chargés de cette contrebande de nouvelle espèce, ces intelligents animaux ne réussissent à traverser les lignes prussiennes et à pouvoir pénétrer en ville. Mais il ne fut pas donné suite à ce dessein tandis qu'il était encore réalisable.

Pendant la nuit du 9 au 10 décembre, les Prussiens vinrent pour une troisième fois réquisitionner le hameau d'Iré-les-Prés. Leurs avant-coureurs vinrent également de nouveau décharger leurs armes sur les sentinelles françaises établies auprès du cimetière et de la ferme de Rattentout. Des faits analogues se produisirent aux approches de la gare, du côté de la porte de Luxembourg. Chaque jour l'ennemi devenait ainsi de plus en plus entreprenant. Toutes ces tentatives que l'on s'habituait à ne considérer que comme de vaines bravades avaient pourtant un but. C'était de reconnaître exactement les abords de la ville, ainsi qu'on l'apprit plus tard. Les Prussiens sont en effet des gens pratiques qui ne se laissent guère tenter que par le côté positif des choses et ne cèdent guère, comme les Français, à l'unique mobile de faire preuve d'intrépidité et de vaillance.

Pendant la journée, se présenta de nouveau à

Rattentout l'éternel parlementaire prussien. Comme toujours, l'objet de sa démarche fut tenu secret. Les habitants qui, en toutes ces douloureuses conjonctures firent preuve de résignation et de patriotisme, s'étonnaient à bon droit de l'ignorance complète dans laquelle on les laissait de faits qui semblaient pourtant les concerner de si près. On se plaignait même hautement de cette espèce de dédain de la population par l'autorité militaire, qui, en aucune circonstance, ne daigna initier la municipalité à ses décisions ou l'associer à ses délibérations. Et pourtant, elle savait que les habitants restés à Montmédy feraient leur devoir, sans forfanterie comme sans faiblesse, et qu'ils étaient prêts à tous les sacrifices nécessaires au salut de la France. L'adjoint, qui remplissait alors les fonctions de maire de la ville, s'était même rendu l'organe énergique des sentiments de celle-ci en une des rares circonstances où le commandant supérieur l'entretenait de ce qui touchait à la défense de la place. Celui-ci lui ayant en effet déclaré de but en blanc, à propos de sourdes rumeurs qui couraient parmi la garnison et qui taxaient le gouverneur d'intelligences avec l'ennemi, « qu'il était résolu à tenir bon jusqu'à la dernière extrémité, dût la population se traîner à ses genoux et le prier de rendre la ville », l'honorable M. CÉLICE lui répondit qu'il se trompait s'il s'attendait, au moment du péril, à des démarches quelconques de la part de la municipalité ou de la population; que celle-ci était prête à tout événement et ne tenterait jamais d'exercer sur les défenseurs de la place une pression qui fût de nature à gêner ou à entraver la résistance.

En cette période extrême de l'investissement, quelques étrangers surpris à Montmédy par les événements avaient essayé d'en sortir pour regagner leurs domiciles. Mais ils avaient été brutalement repoussés par les avant-postes ennemis et même accueillis à coups de fusil.

Pour éviter le retour de nouvelles réquisitions nocturnes à Iré-les-Prés, il fut envoyé, pendant la nuit du 10 au 11, un détachement de soldats déterminés qui s'embusquèrent sur différents points de ce hameau. Mais les Prussiens, avisés sans doute de ce fait par leurs éclaireurs, ne jugèrent pas à propos de renouveler leurs faciles exploits des nuits précédentes. Nos hommes ne gagnèrent, à cette nuit passée en plein air, sur la neige, par une température de 15 degrés au-dessous de zéro, qu'un refroidissement des plus intense.

Il est vrai que les Prussiens qui opéraient autour de Montmédy souffraient beaucoup également des rigueurs de l'atmosphère. La *Gazette de Cologne* nous a appris depuis qu'il y avait eu des cas de congélation aux avant-postes allemands sous Montmédy.

Le seul signe de vie donné par les Prussiens, cette nuit, consista en signaux que les soldats français de service entendirent se répercuter distinctement dans les bois, à plusieurs reprises.

Le dimanche, 11, dans la matinée, vint pour la dernière fois l'officier parlementaire prussien. Il proposait de ne point attaquer la ville si l'autorité militaire de la place consentait à laisser les Prussiens rétablir la voie ferrée et l'exploiter sans les inquiéter. C'était une sorte de neutralité récibroque qu'il demandait. Ces propositions furent tout naturellement rejetées. En présence de ces fins de non-recevoir, il se borna dès lors à demander la reddition de la place, sous peine de « bombardement tout prochain » en cas de non acceptation.

Dès lors le sort en était jeté, Montmédy devait passer par les horreurs d'une attaque de vive force. Ce fut seulement pendant la soirée que le commandant supérieur se décida à faire part à quelques personnes de la communication comminatoire qu'il avait reçue, en sorte que bon nombre d'habitants devaient être surpris par les événements

Ce même dimanche, dans l'après-midi, par un temps à peu près clair, toutes les pièces rayées de la place ouvrirent une canonnade énergique sur divers points des lignes d'investissement, où l'on supposait l'existence de batteries, notamment du côté des hauteurs qui dominent Vigneul et Thonne-les-Prés; mortiers et canons obusiers se mirent peu à peu de la partie, et en une heure il fut tiré quelques centaines de coups. Cette attaque avait pour but de tâter l'ennemi, qui resta sourd à cette provocation.

Vers le soir, un parti ennemi descendit occuper le village de Thonne-les-Prés et y massacra un sergent français qui errait par les rues en quête d'adversaires.

Ce malheureux sous-officier fut recueilli mourant dans une maison du village. Les Prussiens l'enterrèrent avec les honneurs militaires, et ceux d'entre eux qui s'étaient livrés à son égard à d'inutiles cruautés, furent punis par leurs officiers. Que n'avons-nous plus fréquemment de tels hommages à rendre à nos ennemis !

Pendant la nuit qui suivit, les Prussiens vinrent s'installer, au nombre d'une centaine, dans les wagons situés entre l'entrée du tunnel et le viaduc de Thonne-les-Prés. On supposa que c'était pour isoler de la place le moulin de ce village qui avait été requis pour servir à la mouture des blés destinés à l'alimentation de la garnison, en même temps que pour capturer quelques provisions. Mais cette démonstration avait un but plus sérieux ainsi qu'on l'apprit plus tard d'officiers prussiens. Ces hommes étaient venus occuper cette position pour protéger les investigations que faisaient cette nuit-là même, des ingénieurs chargés de constater de près l'état de détérioration du tunnel et du viaduc, et de prendre à l'avance des mesures pour les faire réparer sans retard, une fois Montmédy tombé au pouvoir des Allemands.

Pour détourner l'attention des défenseurs de la place, quelques soldats du détachement ennemi poussèrent une pointe jusqu'auprès du poste d'observation établi à Tivoli et engagèrent une fusillade assez vive avec les hommes qui le gardaient. Ceux-ci répliquèrent vigoureusement et crurent avoir tué ou blessé quatre de leurs agresseurs, qui laissèrent leurs armes sur place. Ces armes furent relevées par les nôtres et ramenées à la place. Ce devait être le dernier trophée de la garnison de Montmédy !

Grâce à cette diversion, les ingénieurs prussiens avaient pu effectuer leurs recherches sans être inquiétés...

CHAPITRE V

DEUXIÈME BOMBARDEMENT DE MONTMÉDY
CAPITULATION DE LA PLACE

12, 13 et 14 Décembre

Le lundi 12 décembre, date lugubrement mémorable dans les annales de Montmédy, à sept heures un quart du matin, c'est-à-dire dès le point du jour, quelques détonations lointaines se firent tout à coup entendre, aussitôt suivies de sinistres sifflements, sur la signification desquels il n'était plus possible de se méprendre, et de détonations plus rapprochées. C'était l'œuvre de destruction, ou plutôt c'était la consommation de la destruction inaugurée le 5 septembre précédent qui commençait. L'ennemi avait profité des ombres de la nuit pour démasquer ses batteries que dissimulaient en partie des rideaux de bois. De celles-ci, en effet, les unes étaient établies à quelques mètres dans l'intérieur des forêts, et d'autres se trouvaient placées en arrière des bois, en sorte que les travailleurs, parfaitement abrités, avaient pu les construire en toute sécurité. Par suite du rigoureux blocus qui l'étreignait depuis une huitaine de jours, la place était dans l'ignorance la plus absolue des mouvements et des travaux des assiégeants.

Ce furent les batteries d'au-dessus de Villécloye

qui ouvrirent le feu. A peine avaient-elles tiré deux ou trois coups, qu'une détonation formidable, partie d'une pièce de 24 rayée, qui commandait la ville basse, apprit que la forteresse se tenait prête à tout événement et ne perdait pas de temps pour donner la riposte. En effet, les artilleurs de Montmédy couchaient depuis plusieurs jours sur leurs pièces. Bientôt les coups devinrent plus fréquents. Toutes les batteries prussiennes, tous les canons à longue portée de la place prenaient part à l'infernal concert.

Le temps était très-clair; on se canonnait vigoureusement de part et d'autre, et l'on pouvait réciproquement juger des effets produits par ces furieuses décharges. Malheureusement, il n'en devait pas être longtemps ainsi, et la fatalité qui, pendant toute cette guerre, a si impitoyablement pesé sur nos opérations militaires, devait encore venir douloureusement entraver la défense de Montmédy. Déjà notre artillerie, parfaitement servie et habilement pointée par les hommes de l'actif et de la mobile, avait fonctionné avec succès et fait taire sur plusieurs points le canon de l'ennemi, après lui avoir fait sauter plusieurs caissons, quand, vers onze heures du matin, la température qui était très-rude jusqu'à ce moment vint à tourner brusquement au dégel. Le ciel qui était serein s'obscurcit, un brouillard opaque envahit l'atmosphère, et au temps clair succéda une de ces journées brumeuses où l'on ne distingue pas les objets à cent pas.

Les Prussiens qui avaient pour but un massif fort élevé, d'une étendue considérable, pouvaient avantageusement continuer leur feu. Ils avaient eu soin, du reste, d'établir des jalons de repère pour fixer leur tir. Tout au plus les projectiles qui déviaient quelque peu de leur destination, couraient-ils risque de s'abattre en majeure partie sur la ville basse. De notre côté, les conditions étaient loin d'être aussi avantageuses. Il s'agissait pour nos artilleurs d'atteindre, à travers une brume qui permettait à peine d'apercevoir vaguement dans le lointain la lumière produite par les décharges, des batteries établies sur des espaces de quelques mètres carrés seulement et pour ainsi dire enfouies en terre. Problème redoutable et difficile à résoudre s'il en fut!!!

Malgré les difficultés de la situation, le tir se continua énergiquement du côté de la place pendant toute cette journée. Détonations et explosions se succédaient bruyamment avec une intensité à peu près égale de part et d'autre. Mais sur le soir, convaincus de l'inanité de leurs efforts, nos artilleurs cessèrent le feu, laissant la parole aux pièces ennemies dont la canonnade s'était un peu ralentie.

Les Prussiens semblaient vouloir épargner la ville basse, partie la plus populeuse de la ville, qui n'avait pour toute défense qu'un simple mur d'enceinte et qui était dépourvue de canons. Ils déclarèrent néanmoins plus tard qu'ils l'auraient foudroyée à son tour, si la résistance se fût prolongée. C'était un dernier moyen d'intimidation qu'ils réservaient comme ressource suprême.

Dès le début du bombardement, un bâtiment qui couronnait le second pont-levis de la place avait reçu un projectile incendiaire et était devenu la proie des flammes. Bon nombre de maisons de la ville haute avaient été éventrées ; mais les remparts continuaient à braver cette épouvantable mitraille sans qu'aucune de leurs parties fut sérieusement endommagée.

Dans l'après-midi, une grenade prussienne (c'est le nom qu'ils donnent à leurs gros projectiles), pénétrant par une embrasure dans une batterie en face de Vigneul, avait blessé tous les artilleurs qui faisaient le service de la pièce et tué raide le maréchal-des-logis qui les commandait. Quelques autres accidents de même nature, plus ou moins graves, s'étaient produits sur d'autres points des fortifications.

Pendant cette journée, la ville basse avait reçu plusieurs obus égarés. Le bas de la ville, où se trouvait l'hôpital, et la rue qui monte à la ville haute avaient surtout eu la visite de ces hôtes dangereux. La partie centrale de cette section de la ville restait, comme au 5 septembre, la plus épargnée.

Jusque là, néanmoins, les dégâts matériels se bornaient relativement à peu de chose et rien encore ne faisait présager une catastrophe prochaine.

Les Prussiens en continuant leur tir, avaient envoyé, dans le but de lui assurer toute l'efficacité possible, des sentinelles et des vedettes, qui, échelonnées de distance en distance, jusqu'aux portes de la ville, transmettaient aux commandants des batteries le résultat de leurs coups ; sur ces indications recueillies ainsi à coup sûr, les points de mire étaient rectifiés, selon les besoins de la cause.

De semblables précautions ne furent point

prises du côté de la place, dans laquelle on avait fait rentrer tous les postes extérieurs, pour les réduire à un rôle purement passif en les abritant dans les casemates. Grâce à cette mesure, et surtout au brouillard, les cavaliers ennemis battaient la plaine à volonté et purent s'approcher tout près des murailles sans qu'un seul coup de fusil vînt les maintenir à distance.

La seule initiative qui fut prise alors par la place, en vue de la défense extérieure, consista à faire sauter le pont de la ville basse. Cette mesure, exécutée pendant la journée du 12, vingt-quatre heures avant la capitulation, fut, peut-être à tort, l'objet d'un blâme universel. Fort heureusement elle ne réussit qu'imparfaitement, et les suites de l'opération se bornèrent à la destruction d'un côté seul d'une arche de ce pont. Tout incomplète qu'elle fût, cette inopportune tentative devait être plus tard pour la ville une source d'ennuis de toute nature de la part des Prussiens.

Toute la nuit, l'ennemi n'étant plus gêné par la place, continua méthodiquement et posément son œuvre de destruction. Profitant de l'obscurité, il avait établi dans Vigneul même, à 1800 mètres seulement des murs de Montmédy, une formidable batterie de quatre pièces de gros calibre qui devaient, vu leur rapprochement, causer à la ville les plus sérieux dommages. Depuis quelques jours, ils avaient pu, grâce à la sécurité que leur causait la rupture du pont qui met en relation Vigneul et Montmédy, et grâce aussi au brouillard intense qui couvrait la vallée de la Chiers, construire silencieusement et sans crainte d'être surpris par des sorties de la garnison ou dénoncés par les habitants de la localité, les travaux préparatoires de cette batterie. Ils avaient eu soin d'ailleurs de la disposer derrière un pâté de trois rangées de maisons qui masquaient entièrement leurs mouvements et servaient de remparts à leurs ouvrages. De plus, en raison de sa proximité plus grande de la place, elle avait été construite plus solidement que les autres. Son emplacement avait été tout entier creusé en terre, de manière à ce que les canons se trouvassent en quelque sorte enfouis dans le sol. Des terres provenant des déblais avaient été relevées et disposées en remblais ou bourrelets gazonnés qui les garantissaient tout alentour. Des terre-pleins couronnés de gabions séparaient les pièces dont les servants pouvaient communiquer entre eux par un couloir souterrain régnant tout le long, en avant des bouches à feu. Des caves à poudre, solidement blindées de madriers et de terre, se trouvaient établies de chaque côté de la batterie. Des fossés circulaires destinés à recevoir et à évacuer les eaux provenant de pluies ou d'infiltrations, prévenaient tout danger d'inondation des travaux. C'est dans un jardin situé dans la partie Nord du village, à droite du cimetière que se trouvait cet ouvrage, le plus important de ceux qui s'élevaient autour de Montmédy, et dont, pour cette raison, nous avons donné une description quelque peu détaillée. Ses pièces ouvrirent leur feu le lundi soir, envoyant sur la malheureuse ville des projectiles tels qu'il n'en avait encore été lancé dans aucun siége précédent, si ce n'est à Thionville, qui en avait reçu quelques-uns.

Ces masses énormes, en tombant, enfonçaient

ou brisaient tous les obstacles qu'elles rencontraient. Toitures, murailles, voûtes, même les plus solides, étaient incapables de résister à la puissance de ces monstres ailés.

Dès ce moment, la destruction s'accentua davantage. Cette même nuit se produisirent quelques douloureux épisodes qui affligèrent vivement la population. Le plus triste accident résulta de la chute d'un obus qui, se glissant entre les troncs d'arbres qui garantissaient une casemate adossée à une terrasse et placée, semblait-il, dans d'excellentes conditions de sécurité, vint éclater en frappant mortellement un cantinier de l'armée, évadé de Sedan, ainsi que sa femme. Les autres personnes qui se trouvaient sous cet abri et qui étaient, outre le propriétaire de la maison et sa famille, plusieurs habitants de la ville, en furent quittes pour quelques égratignures, des vêtements lacérés et une commotion morale et physique facile à comprendre. C'est dans la cour dépendant de la maison Meyer, située au bas de la Grande-Rue, près de la Porte de Metz (ville basse), que se produisit ce déplorable accident. Cette même habitation avait déjà reçu d'ailleurs plusieurs autres projectiles.

Un peu plus loin, sur la place dite du Fort-Mutin, une bombe détermina cette même nuit un incendie dans une vieille maison. Grâce au courage et à l'empressement de quelques citoyens dévoués de ce quartier, le sinistre put, à l'aide d'une pompe, être concentré dans son foyer primitif. Mais il ne resta rien que des décombres de la maison atteinte, dont la ruine fut consommée par un autre obus.

Une autre maison située en face de celle-ci eut, vers le même instant, sa façade percée successivement par deux énormes projectiles du poids de 80 kilog. chacun, qui, fort heureusement, n'éclatèrent point. L'un de ces projectiles tomba inerte sur le plancher du premier étage, après avoir effleuré une personne qui reposait dans son lit.

Cette nuit encore, se fit l'évacuation sur l'ambulance de la ville basse des blessés, qui ne pouvaient recevoir à la ville haute tous les soins que comportait leur état. Cette entreprise n'était point sans péril sous la pluie de fer et de feu qui s'abattait sur les rampes rapides qui relient les deux villes. Le verglas qui couvrait le sol ajoutait encore aux difficultés de l'opération. Les infirmiers chargés de cette pénible mission, sous la direction du docteur Emile HACHERELLE, médecin militaire, rentré dans sa ville natale, après la reddition de Verdun, où il remplissait les fonctions de médecin major de 1re classe, parvinrent enfin à s'acquitter de leur tâche sans incidents fâcheux. Ils avaient dû se garnir les souliers de guenilles et de vieux bas, afin de se garantir autant que possible de chutes périlleuses à la fois pour eux et pour les malheureux patients qu'ils transportaient.

Le lendemain révéla toutes ces horreurs et toutes ces tristes nouvelles à ceux des habitants qui, osant quitter leurs caves et affronter la mitraille, allaient s'enquérir des événements de la nuit.

Les heures d'angoisse se prolongèrent sans que le tir de l'ennemi discontinuât d'un seul instant et sans que l'on eût la consolation de rendre coup pour coup. En effet, le 13, les circonstances n'étaient point changées et le brouillard régnait toujours aussi intense, si ce n'est plus encore, que la veille. Nos mortiers lancèrent quelques bombes et ce fut tout. Le mutisme forcé de la place désespérait tout le monde.

L'objectif de l'ennemi, surtout depuis qu'était établie la puissante batterie de Vigneul, était évidemment la partie Sud-ouest de la place, qui de tout temps a été considérée comme la plus vulnérable, malgré les nombreux travaux d'art que Vauban, instruit par le siége de 1657, où il avait fait ses premières armes, y avait accumulés successivement. Une autre raison peut-être avait déterminé les Prussiens à choisir ce point. Ils n'étaient pas sans savoir qu'en cette partie de l'enceinte se trouvaient la plupart des bâtiments militaires : habitation du commandant de place, manutention, casernes et poudrières. Or, tout en ne se faisant aucun scrupule de cribler aussi bien les propriétés privées que celles de l'Etat, ils n'en devaient pas moins préférer s'adresser à celles-ci plutôt qu'aux autres. Sous cet ouragan de mitraille, travaux de terrassements, abris, embrasures, parapets, volaient en éclats, blessant tous les hommes qui osaient encore tenir sur les remparts. Les bâtiments étaient percés à jour, et de leurs murailles il ne restait bientôt plus que des pans déchiquetés !

Et pourtant, si l'on eût connu de la place l'emplacement occupé par les monstrueux mortiers des assiégeants, il eût été possible, vu leur faible distance, de les enterrer sous les bombes françaises qui, par leur trajet parabolique, eussent pu les accabler, en passant par-dessus les maisons derrière lesquelles ils étaient abrités !!!

Les dégâts de la journée du 13 devaient être plus considérables que ceux de la veille. A la ville basse, un obus tombé dans la maison BLONDEAU, en haut de la Rue-Neuve, en provoqua l'écroulement complet. Dans le même quartier, le corps-de-garde intérieur de la porte de Sedan reçut en plein un gros projectile dont l'explosion le convertit en un instant en un informe amas de décombres. La veille déjà, ce bâtiment avait été percé par un éclat énorme, qui avait dispersé les gardes nationaux qui l'occupaient. Ceux-ci s'étaient transportés dans une cave voisine d'où ils continuèrent la garde de la porte. Bien leur en prit, comme on le voit, d'avoir évacué ce corps-de garde, dès le 12 décembre.

Pour en finir avec les dégâts matériels subis par la ville basse, nous ajouterons que plusieurs maisons de cette même rue furent trouées par d'autres obus, qui y produisirent des dégradations considérables. Néanmoins, au milieu de ses malheurs, la ville basse eut du moins ce bonheur que tandis que ses abords immédiats étaient labourés par les projectiles comme si le soc de la charrue y eût passé, le nombre de ceux qui éclatèrent dans l'intérieur de son enceinte ne fût que très-restreint. Comme la veille, c'étaient le haut et le bas de la ville qui souffraent le plus, tandis que la partie centrale continuait à jouir d'une immunité presque complète. En dehors des éclats qui se projetaient un peu partout, il est vrai, frappaient plus ou moins presque toutes les maisons et menaçaient de dangers incessants les personnes qui se hasardaient dans les rues; un seul obus perdu fit apparition dans la Grande-Rue. Il transperça la façade de la maison MANGIN, située non loin de l'église, et en détruisit tout l'intérieur, sans avoir heureusement atteint personne de ses débris. Dans la rue de la Buse, située au Nord du quartier de cavalerie, une maison fut trouée de part en part sans qu'aucune des personnes qui l'habitaient reçût la moindre égratignure. Mais un éclat de cet obus alla transpercer le bras d'un jeune homme de vingt ans, qui se trouvait sur le seuil de sa maison.

A côté de ces accidents fâcheux, se produisirent quelques faits bizarres, comparables à ces curieuses excentricités de la foudre qui semblent déjouer parfois toutes les théories établies et renverser toutes les prévisions. Dans le bas de la ville, un obus du plus gros calibre vint tomber dans une cour étroite, après avoir renversé chemin faisant le chaperon d'un mur, puis rebondit comme une balle élastique jusque sur la toiture de la maison haute de deux étages, pour de là retomber sur le sol, sans avoir éclaté. Il fut ramassé quelques instants après par un voisin, qui avait vu ces évolutions fantastiques.

Presque au même endroit un autre obus tomba sur la chaussée, et en éclatant, y forma une excavation capable d'engloutir un bœuf. Toutes les vitres des maisons voisines furent brisées par l'effroyable détonation.

Nous avons vu dans une maison de la ville haute un plancher le long duquel avait glissé un de ces monstrueux projectiles. Sous le frottement de celui-ci, le plancher était usé et mis à jour par intervalles, comme si l'obus, qui avait pénétré dans la chambre, à fleur du parquet, eût procédé par saccades en décrivant un trajet ondulé. Enfin, sur les remparts, derrière la caserne dite espagnole, un obus prussien traversa sans éclater le tronc d'un gros orme et ne fit explosion qu'en allant frapper le revêtement en pierres d'un épaulement.

Quant à la ville haute, elle offrait l'image de la plus grande désolation. Pendant ces deux journées, la mitraille y avait renversé, comme de vrais châteaux de cartes, toitures et murailles. Chevrons, poutres, persiennes, croisées, tombaient émiettés, volaient en éclats, entravant la circulation et augmentant le péril pour quiconque se fût aventuré dans les rues. Les habitants, tapis dans les caves entendaient les bruits sinistres des éboulements se mêlant aux rauques sifflements et aux détonations des bombes prussiennes ; n'osant quitter leurs abris, qu'ils ne pouvaient guère échanger contre d'autres plus sûrs, ils craignaient de se voir engloutis à chaque instant sous les ruines de leurs demeures, étouffés par suite de l'obstruction des issues de leurs cachettes ou brûlés vifs par les flammes des incendies qui pouvaient se déclarer. Longues et terribles furent les heures de cette anxieuse réclusion ! Néanmoins, par un hasard providentiel, aucun accident ne se produisit parmi la population civile, infiniment plus heureuse en cela que ne devait l'être quelques jours plus tard l'infortunée ville de Mézières, où tant de malheureux habitants devaient périr si misérablement sous l'effet des mêmes causes.

Nous venons de parler d'incendies. Sous cette

averse de feu, il devait nécessairement s'en produire. Quelques-uns se déclarèrent, en effet, pendant la journée du 13. Le premier, qui éclata vers midi, dévora en totalité ou en partie plusieurs bâtiments situés auprès du Grand-Puits, non loin des grandes casernes. Il s'arrêta à peu près de lui-même, faute d'aliments; il était presque impossible sous cet affreux bombardement d'y porter des secours efficaces.

A la tombée de la nuit, sur les cinq heures du soir, un nouvel incendie se manifesta dans la maison Lagosse, auprès du Palais de Justice et la consuma entièrement, menaçant de s'étendre au tribunal lui-même et à la vieille caserne espagnole qui se trouve dans le voisinage immédiat.

Les flammes illuminaient les ombres épaisses de la nuit de teintes rougeâtres et lugubres. Les Prussiens, remarquant de loin ces lueurs qui témoignaient du succès de leurs tentatives incendiaires et qui leur offraient au travers de l'obscurité un point de mire tout naturel, en profitèrent pour diriger leur tir avec plus d'assurance et en redoubler l'intensité. Quelques personnes se joignirent aux mobiles de la 3me compagnie pour tenter d'arrêter les progrès de ce nouveau sinistre; mais tous furent bientôt contraints de se retirer devant les dangers que faisaient courir les projectiles qui tombaient plus dru que jamais.

Malheureusement plus d'un avait été atteint et était tombé victime du devoir. Les habitants de Montmédy n'oublieront point que s'ils ont eu à souffrir de l'indiscipline d'une partie des troupes, il est des hommes qui se sont fait tuer pour arracher à l'incendie ce qui restait de la ville, et que c'est au dévoûment de ces hommes qu'ils doivent d'avoir échappé à une ruine complète.

Comme surcroît à ces causes de désolation, la garnison avait beaucoup plus souffert que la veille. Une dizaine de cadavres et une quarantaine de blessés gisaient dans les ambulances et les casemates. Un obus ayant pénétré par une ouverture d'aération dans la casemate, dite espagnole, non loin du Tribunal, avait semé la mort et le découragement parmi ceux qui l'habitaient et qui s'y croyaient en sûreté. Sur un autre point de la ville, dans une rue traversière qui, partant de la Place d'Armes, aboutit au rempart, un fort projectile était également tombé en plein sur un groupe de blessés que l'on évacuait sur l'ancienne poudrière de l'Arsenal, convertie en ambulance, et de ses fragments frappait plus ou moins grièvement les malheureux blessés, les infirmiers qui les portaient et le docteur Destival, de Verdun, médecin de la mobile qui, atteint au tendon d'Achille, devait rester plus d'un mois entre la vie et la mort. Un garde mobile de la 1re compagnie, Lahure, de Milly, avait eu les deux jambes emportées par un obus en portant des projectiles sur le rempart. D'autres soldats avaient été tués dans un corps de garde et sur différents autres points de la place.

Les rues, elles, étaient devenues à peu près infranchissables, tellement décombres et débris de toute nature les encombraient. Pas une habitation particulière qui ne portât trace de dévastation. Les édifices publics n'étaient pas plus respectés. L'Eglise paroissiale, si monumentale dans sa structure simple et imposante, avait pourtant tenu bon, bien que criblée de coups, surtout par les batteries de Villécloye. De nombreuses cicatrices, ajoutées à celles dont elle portait déjà la marque depuis le 5 septembre, rappelleront aux générations futures, comme autant de témoins impérissables, les sombres épisodes de ces tristes journées et la barbarie froide des Germains de 1870. La toiture et les vitres n'existaient plus qu'à l'état de débris. A l'intérieur, jeu d'orgues, tableaux, etc., étaient perforés par la mitraille. Mais le gros œuvre avait résisté et, à l'exception du voussoir d'un arceau du collatéral de droite, la maçonnerie était restée à peu près intacte.

Les casernes étaient dans le plus triste délabrement. Mais c'est surtout à l'hôtel du commandant de place et dans toutes ses dépendances et annexes que la destruction avait fait rage. De toutes ces vastes constructions, manutention, arsenal, magasins, il ne restait plus que des restes informes labourés par le feu de l'ennemi.

Quant au presbytère, au tribunal, aux maisons d'écoles, ces bâtiments se trouvaient dans le plus piteux état. La prison seule, qui recélait dans ses caves les prisonniers prussiens, avait été, sauf une large brèche, à peu près préservée de toute atteinte sérieuse. Nous ne nous arrêterons pas à faire honneur à l'adresse des artilleurs ennemis de ce résultat, selon le bruit qui en courut alors ; on disait, en effet, qu'ils avaient ménagé à dessein cet édifice pour sauvegarder la vie des leurs, ce qui nous semble impossible de tous points. Cela eût en effet exigé de la part de leurs pointeurs une connaissance exacte des lieux et une prodigieuse habileté qu'en tout état de choses l'intensité du brouillard eût déjouée. Nous y avons vu plutôt un nouvel exemple de ce bonheur insolent qui sembla s'attacher pendant toute cette guerre à leurs opérations.

Du reste, il faut le dire, les artilleurs prussiens ne firent jamais, à Montmédy, preuve d'une bien grande adresse, car, au premier bombardement, qui eut lieu par un temps clair et serein, bon nombre de leurs projectiles dépassèrent le but et allèrent se perdre dans les prés. Au deuxième, certaines batteries, comme nous le verrons plus loin, furent si mal pointées qu'aucun de leurs obus n'arriva à destination. Nous savons, d'ailleurs, qu'ils se plaignaient eux-mêmes de leur défaut d'adresse. Dans un presbytère du voisinage, certains officiers ne dissimulaient pas leur mauvaise humeur en déclarant que jamais leurs hommes n'avaient tiré si mal.

Malgré tous ces désastres, la résolution des habitants ne faiblissait point. Aussi ne furent-ils pas peu surpris, vers les sept heures du soir, d'apprendre que le conseil de défense, exclusivement composé d'éléments militaires, délibérait et parlait de la reddition de la place, sans avoir fait part de ses intentions à la municipalité. Devant l'invraisemblance de tels bruits, on se refusait à y croire et on les rejetait bien loin, quand tout à coup les sons des trompettes se firent entendre de plusieurs côtés à la fois, au-dehors des portes. Rien d'attristant, rien de plaintif, rien de navrant comme ces sonneries retentissant au sein des ombres de la nuit comme le glas de l'agonie d'une ville, dominant à la fois le bruit de la canonnade et les rafales de vent et de pluie qui se mirent alors de la partie. Tous ceux qui ont assisté à ces scènes désolantes en porteront jusqu'au tombeau l'ineffaçable souvenir. Ah! que l'on était tenté, en ces cruels moments, d'envier le sort des braves qui gisaient sans vie, sanglants et mutilés, sur les dalles des ambulances! A eux du moins était épargné l'opprobre de voir une ville française ainsi remise entre les mains des plus cruels et des plus acharnés ennemis du nom français!

Deux heures durant les trompettes sonnèrent la chamade sans que le feu de l'ennemi diminuât de force. Trois émissaires envoyés vers Marville, Louppy et Grand-Verneuil, avaient à parlementer longuement aux avant-postes avant de pouvoir être mis en présence des chefs prussiens. Enfin l'un d'eux, le capitaine ROSSIGNON, de la mobile, put s'aboucher à Grand-Verneuil avec les officiers supérieurs qui occupaient le presbytère, tandis que le lieutenant CAMIADE, de la garde, poussait jusqu'à Iré-le-Sec, et que le capitaine SIMON, de la mobile, l'attendait à Rattentout.

Ces émissaires avaient commencé par demander un armistice qui permît aux défenseurs de la place d'enlever leurs morts. Mais l'ennemi ne l'accorda qu'à la condition qu'on lui enverrait de suite un nouveau parlementaire chargé de pleins pouvoirs pour la reddition de la place.

C'est ce qui eut lieu en effet. Sans plus amples pourparlers, les dures exigences du vainqueur furent acceptées d'emblée. L'ordre de se taire fut successivement transmis aux batteries. Il était onze heures du soir quand cessèrent de tonner celles d'au-dessus de Han-les-Juvigny, qui tirèrent les dernières. Elles étaient en effet les plus éloignées et l'on ne pouvait communiquer directement avec elles, par suite de la rupture du pont de Vigneul.

Sur la fin de la nuit, M. Reboul, commandant de place, accompagné du capitaine Simon, alla traiter de la capitulation, qui fut signée le 14, à sept heures du matin.

A la faveur des ténèbres, les Prussiens avaient placé des avant-postes presque jusqu'aux portes de la ville. Celui de leurs officiers qui, dans la nuit du 13, ramena le lieutenant parlementaire Camiade, fit entendre, en présence de ce dernier, un coup de sifflet, qui fit tout à coup sortir comme de terre, aux approches de la ferme de Rattentout, deux ou trois sentinelles avancées.

Grande fut la joie des officiers et soldats prussiens lorsqu'ils apprirent les propositions de reddition de Montmédy. Cette bicoque, en effet, comme ils la désignaient, semblait braver les effets puissants de leur artillerie; ils se dépitaient de ne savoir trop comment s'y prendre pour la réduire promptement et parlaient de bombarder dès le lendemain la ville basse pour amener la place à composition par l'amoncellement de nouvelles ruines. Cette fois encore ils voulaient appeler à leur aide la terreur et l'épouvante, ces auxiliaires dignes d'eux, éloignés qu'ils étaient de croire à une solution aussi prompte, après les fières réponses qui avaient été faites à leurs sommations. Leurs officiers supérieurs croyaient en effet que le siége durerait quinze jours au moins. Malheureusement, les délégués de la place, qui ignoraient ces circonstances, ne purent pas en tirer tout le parti possible. En outre, on parlait d'une brèche déjà ouverte, de deux casemates percées, d'une poudrière sur le point de sauter, de telle sorte que les parlementaires, convaincus de ces faits que l'on reconnut plus tard n'avoir jamais existé, coururent rendre la ville à l'ennemi et lui demandèrent ses conditions au lieu de lui imposer les nôtres.

Ainsi qu'il en était advenu de la plupart des forteresses qui avaient déjà succombé, non devant la bravoure des assaillants, mais devant le vandalisme à longue portée, la ville était rendue avec tout son matériel de guerre et ses immenses approvisionnements de vivres. Toutes les armes devaient être livrées et la garnison entière devenait prisonnière de guerre, à l'exception des douaniers, qui étaient renvoyés chez eux, et des gardes nationaux sédentaires, qui ne devaient pas être inquiétés.

Si l'on compare cette capitulation à celle que Louis XIV accorda le 6 août 1657 à la garnison espagnole de Montmédy, et à celle que les Prussiens imposèrent le 19 septembre 1815 à la garnison française de cette ville, on est forcé d'admettre que, si les circonstances n'avaient singulièrement changé, nous serions bien dégénérés des preux d'autrefois. Voici en effet le texte de ces deux capitulations :

1° Capitulation accordée à la garnison de Montmédy, le 6 Août 1657.

Les Gouverneur, officiers et soldats de guerre et d'artillerie, et toute la garnison de cavalerie et d'infanterie, sortiront en toute sûreté demain 7 du mois d'août, la vie sauve, avec armes et bagages, leurs chevaux, carosses, chariots et mulets, tambours battant, balle en bouche, mèche allumée aux deux bouts et enseignes déployées.

Ladite garnison sera conduite à Arlon par le chemin le plus court et lui sera donné escorte de troupes françaises pour y arriver en deux jours.

Il sera fourni cent chariots attelés de trois à quatre chevaux pour le transport des bagages, des soldats blessés ou malades.

Les prisonniers faits au camp et de la garnison pendant le siège, seront rendus de part et d'autre, comme aussi leurs chevaux et armes et généralement tous les prisonniers des troupes de Sa Majesté, qui se trouveront dans la place.

Les blessés et malades qui ne pourront être transportés pourront demeurer dans la place et seront traités comme ceux des troupes de Sa Majesté jusqu'à leur guérison et il leur sera permis de se retirer où bon leur semblera.

Le Prélat (l'abbé d'Orval) et les ecclésiastiques, tant ceux de la ville que ceux qui s'y trouvent réfugiés, seront maintenus en la puissance de leurs biens en prêtant par eux le serment de fidélité, avec les mêmes priviléges qu'ils avaient auparavant et pourront retourner chez eux pour y demeurer en assurance.

Le Gentilhomme (le comte de Mérode, cousin germain du gouverneur), la dame de Malandry (Agnès, comtesse de Mérode, mère du gouverneur), ses enfants et autres gens réfugiés dans la place, auront la liberté d'y demeurer pendant trois mois et prêteront le serment de fidélité en cas de demeure. Le sieur Mahuet (probablement un transfuge) sera remis au pouvoir du roi.

Tous les officiers des domaines et justice du Roi Catholique, bourgeois et habitants de la ville basse et Mairie, y pourront demeurer en toute liberté et sureté avec leurs familles et biens, en prêtant aussi le serment de fidélité et pourront se retirer dans deux mois avec leurs familles et biens où bon leur semblera.

Les magasins de munitions de guerre et de bouche seront remis de bonne foi dès aujourd'hui, avec les munitions, artillerie et toutes autres choses appartenant au Roi Catholique, au sieur Talon, intendant des armées du Roi, et au sieur de la Bonnier, commandant l'artillerie.

Il sera laissé des otages par ladite garnison pour la sûreté du retour de l'escorte et des chariots accordés par Sa Majesté.

La brèche du bastion Saint-André sera remise aux troupes du Roi dès aujourd'hui avec la demi-lune devant la porte.

Fait au camp devant Montmédy, le 6 août 1657.

Signé : La Ferté et cacheté du scel de ses armes.

2° Capitulation accordée à la garnison de Montmédy, le 19 Septembre 1815.

Art. 1er. La place de Montmédy sera remise aux troupes de Sa Majesté le roi de Prusse.

Art. 2. Pour garantie de la convention, il sera remis aux mêmes troupes, le petit ouvrage extérieur au pied du glacis du côté du Mont-Cé, après la ratification des deux parties.

Art. 3. La garnison sortira librement et sûrement, le 22 septembre, à huit heures du matin, et sans qu'aucun individu soit inquiété.

Les canonniers et le 56me régiment (un faible détachement) avec armes et bagages. Les chevaux nécessaires, ainsi que les voitures pour la troupe, seront fournis par les ordres de M. le général Haken, pour se rendre au-delà de la Loire. Il fera de même fournir des voitures et des chevaux pour les officiers de la garde nationale, aux états-majors sans troupe, ainsi qu'aux officiers de douane, pour le transport de leurs bagages.

Tous les officiers conserveront leurs armes, ainsi que leurs effets et chevaux. Les sous-officiers conserveront leurs sabres, ainsi que les membres de la Légion d'Honneur.

Art. 4. Les officiers et soldats en retraite qui se trouveront à Montmédy, pourront retourner dans leurs foyers avec armes et bagages. Il leur sera délivré des passeports, ainsi qu'aux officiers de la garde nationale.

Art. 5. Aucun des habitants des villes haute et basse de Montmédy, même les individus appartenant à d'autres communes, qui pourraient s'y trouver, ne pourront être recherchés ni inquiétés sous quelque cause et prétexte que ce soit, même en raison du service militaire auquel ils ont été assujettis.

Tous les officiers et employés militaires en résidence fixe, seront autorisés à rester dans la ville. La garde urbaine continuera à faire le service de police dans l'intérieur de la place, conjointement avec les troupes alliées, et conservera ses armes et effets.

Art. 6. Les brigades de gendarmerie rentreront dans leurs résidences pour y faire le service, veiller au maintien du bon ordre et à la rentrée des impositions. Elles conserveront leurs armes et leurs chevaux. Les douaniers rentreront à leurs anciens postes. Un de leurs officiers pourra se rendre à Thionville pour y prendre les ordres de son directeur. Les armes des douaniers seront déposées momentanément à la mairie de Montmédy, sous la surveillance du maire, jusqu'à l'époque où on les remettra aux douaniers du département des Ardennes.

Art. 7. Les gardes nationaux en activité des deux bataillons des Ardennes, remettront leurs armes à l'arsenal et rentreront dans leurs foyers. Il sera donné un temps suffisant pour régler la comptabilité. Les conseils d'administration auront la faculté de se rendre à Verdun pour la terminer.

Art. 8. Les communications seront libres entre les communes et le chef-lieu de l'arrondissement de Montmédy. Les diligences, courriers et estafettes circuleront librement, d'après les conventions passées entre les ministres des puissances alliées.

Art. 9. Il sera laissé le nombre d'officiers de santé nécessaires, ainsi que les employés et infirmiers pour avoir soin des malades. M. le général en chef Haken, voudra bien leur faire donner des secours, s'ils en ont besoin. Ils recevront des passeports, lorsqu'ils seront rétablis, pour se rendre où bon leur semblera.

Art. 10. Les autorités civiles et judiciaires reprendront de suite l'exercice de leurs fonctions, qui continueront d'avoir lieu conformément aux lois françaises.

Art. 11. Les habitants ne seront point assujettis au logement des troupes alliées ; elles seront logées dans les casernes de la place, si elles sont dans un état convenable. Les officiers seront logés en ville.

Art. 12. Les habitants ne seront assujettis à aucune contribution ou réquisition extraordinaire. Il ne sera exigé d'eux que ce qui pourra être exigé des autres Français, par les conventions générales à intervenir entre la France et les puissances alliées.

Art. 13. Les inventaires des magasins du génie et du matériel de l'artillerie et aussi des approvisionnements, seront dressés par des commissaires nommés de part et d'autre, qui les certifieront.

Ces magasins seront livrés et reçus la veille du jour de la reddition de la place.

Art. 14. S'il y avait quelques articles douteux dans les présentes conventions, ils seraient interprétés en faveur de la garnison et des habitants.

Fait double, à Thonne-les-Prés, le 19 septembre 1815.

Signé: Witzleben.
Godart.

Ces deux capitulations, on le voit, témoignaient des égards que les parties contractantes portaient aux habitants qui avaient couru les mêmes risques et périls que la garnison. Le 14 décembre 1870, il n'en devait pas être de même, la ville et ses habitants furent rendus à discrétion. Ce fut le couronnement des procédés de l'autorité militaire envers les malheureux habitants, ruinés en partie, pillés par des troupes indisciplinées et qui, aux avanies de toutes sortes, n'avaient opposé qu'une stoïque résignation, qui, pendant ces longues journées de siège, avaient sans cesse fait preuve d'abnégation et de patriotisme, qui, enfin, pendant les terribles heures du bombardement avaient toujours conservé une attitude calme et digne à laquelle devait rendre plus tard hommage un officier prussien, lequel avait pu pénétrer en ville sous un déguisement. Le sacrifice était désormais consommé; dès lors les habitants étaient, eux et leurs biens, offerts en holocauste et livrés à la merci d'un ennemi dépourvu de tout sentiment chevaleresque !

Un grand tumulte s'était fait parmi la garnison dès qu'elle avait connu les projets de capitulation. Quelques soldats étaient ivres et s'abandonnaient aux plus dégoûtantes orgies. Sous l'empire de l'alcool et du désespoir, ils se mutinèrent, méconnaissant la voix de leurs chefs, les injuriant, leur imputant leur malheur, s'opposant par menaces et même à coups de feu et de baïonnettes au départ des parlementaires, et parlant d'aller tuer le commandant supérieur dans sa casemate. Celui-ci fut protégé par des mobiles.

Ces désordres se prolongèrent une grande partie

de la nuit. Les balles se croisaient dans toutes les directions. Quelques forcenés allèrent jusqu'à courir aux remparts, où ils tirèrent deux coups de canon, au risque d'exposer la ville à une reprise du feu de l'ennemi et à de cruelles représailles pour cette violation des conventions passées entre les deux parties. D'autres allaient s'atteler à des pièces qu'ils enlevaient aux batteries, pour les amener en face de la prison, qu'ils voulaient détruire en ensevelissant sous ses ruines les prisonniers allemands qu'elle contenait. En un mot, il n'est pas d'extravagances auxquelles ne se soient livrés ces fous furieux.

Enfin la partie saine de la garnison parvint à maîtriser ces misérables et à les faire renoncer à ces manifestations insensées. Ils tournèrent alors leur rage sur les caves des habitants, qu'ils achevèrent de mettre à sac, sur les amas de provisions qu'ils se mirent à détruire, et enfin sur leurs armes qu'ils brisaient à qui mieux mieux. Pendant ce temps, les malheureux habitants affolés de terreur devant ces saturnales dont la nuit et les sinistres clartés des incendies augmentaient encore l'horreur, se demandaient si, après avoir échappé aux coups des Prussiens, ils n'allaient point maintenant succomber sous ceux de leurs compatriotes (1).

(1) Pour l'honneur de la garnison de Montmédy, nous devons faire remarquer que les faits d'indiscipline et les déprédations relatées au cours de ce livre ne doivent être attribuées qu'à un certain nombre de véritables bandits en uniforme, dont le pillage était l'unique souci comme la seule occupation. Toujours à guetter l'occasion favorable, ils mirent à profit les malheurs de la ville pour satisfaire leurs tristes passions. Chose étrange ! quelques-uns de ces misérables montraient à accomplir leurs vols la même intrépidité que de braves soldats à risquer sur les remparts leur vie pour la

Enfin les premières lueurs blafardes de l'aube vinrent éclairer ces scènes de désolation. Montmédy avait fait sa reddition et, par une sanglante ironie du sort, l'atmosphère était redevenue claire et transparente. Les coteaux qui, la veille, versaient sur la ville la mort, la ruine et l'incendie, masqués qu'ils étaient par un impénétrable rideau de brume, apparaissaient alors distinctement, estompant vigoureusement leurs croupes et leurs arêtes sur le ciel, ainsi qu'il arrive souvent en ces jours nuageux où les objets lointains se dessinent avec bien plus de netteté et de relief que d'ordinaire.

Cette journée du 14 décembre devait faire assister la population à de cruels spectacles, à côté desquels, pour des cœurs patriotes, les horreurs du bombardement elles-mêmes n'étaient que songes ; le calice d'amertume était encore loin d'être épuisé jusqu'à la lie !

Tout d'abord, dès le matin, se pratiqua sur une vaste échelle et au milieu du plus grand désordre le pillage des magasins de l'Etat. Bientôt soldats, mobiles et habitants se mirent de la partie. Tel n'était pas l'avis du commandant TESSIER, qui, au lieu de faire effectuer le partage entre les ci-

---

patrie. Bravant les boulets, on les vit tout le temps du bombardement se glisser le long des maisons, pénétrant par les brèches qu'avaient faites les obus, franchir les ruines au risque de se faire écraser, disparaître au milieu des décombres, puis ressortir avec un bonheur insolent, déguisant mal leur butin sous leurs vêtements, et le partager entre eux. De pareils actes s'étaient produits à Strasbourg pendant le bombardement. La flétrissure qui s'attache à de pareils hommes, voleurs de profession, soldats par nécessité, ne doit point rejaillir sur la garnison entière qui, écrasée de pénibles travaux pendant toute la campagne, sut faire preuve de patriotisme et en maniant la pelle et la pioche, et en affrontant les balles de l'ennemi en rase campagne ou ses boulets sur les remparts.

toyens des immenses approvisionnements que contenaient les magasins militaires, s'y opposait de tout son pouvoir, en menaçant de son revolver les personnes qui voulaient franchir l'entrée de l'église, où se trouvaient surtout accumulées les provisions, en s'écriant qu'il ne tolérerait pas que l'on fît main basse sur des provisions qui, de par le droit de la guerre, étaient devenues la propriété du vainqueur, et en établissant des sentinelles chargées de défendre l'accès des portes. Mais à peine s'était-il transporté sur d'autres points de la ville pour y renouveler ses harangues et sa véhémente gesticulation que toutes les barrières étaient forcées et que commençait le gaspillage en grand. Blé, avoine, farine, lard, sucre, café, biscuits, riz, eaux-de-vie, objets de literie, etc., tout était considéré de bonne prise; bientôt telles et telles habitations où avaient jusque là régné la gêne et la pénurie se trouvaient encombrées de vivres de toute nature. Les soldats, eux, firent surtout provision de tabac, et bon nombre en emportèrent assez pour se distraire pendant les tristes loisirs de leur captivité.

Parallèlement à ces scènes, d'autres semblables se passaient à la ville basse, dans certaines maisons de laquelle avaient également été entassés des approvisionnements considérables.

Malgré l'irrégularité ou l'illégalité de ces actes, nous n'avons pas le courage de les blâmer énergiquement, du moins de la part des pauvres qui, par suite de la cessation de tout travail, avaient vu se tarir leurs moyens d'existence et avaient souffert de longues privations. Mais les indigents ne furent pas les seuls âpres à la curée!!! Enfin, se disait-on, pour rassurer sa conscience, c'était toujours autant de pris sur l'ennemi, qui allait sous quelques heures s'attribuer ces riches dépouilles. C'était aussi une indemnité pour les pertes subies. On vit même des soldats obéissant à ces idées porter et entasser chez les habitants tout ce qu'ils pouvaient arracher aux magasins de l'Etat. Quelques-uns voulant emporter un peu d'argent en captivité, demandaient une mince rétribution. Nous avons vu ainsi céder des pains de sucre au prix plus que modeste de 25 centimes l'un.

Ce qui est le plus à regretter en tout cela, c'est que l'autorité militaire n'ait pas jugé à propos de prendre l'initiative d'une répartition équitable entre tous les habitants. Dans d'autres villes, les commandants supérieurs avaient eu soin de recourir à cette mesure extrême, mais salutaire; ce cas est probablement prévu par les lois militaires, puisque tous ceux qui avaient agi de la sorte devaient être plus tard félicités pour ce fait par la commission d'enquête sur les capitulations.

Pendant la matinée, il fut publié que toutes les armes qui étaient entre les mains des soldats, gendarmes, douaniers, gardes mobiles et gardes nationaux de la garnison, devaient être immédiatement rassemblées pour être livrées aux Prussiens. Plutôt que de se résigner à cette humiliation, presque tous brisèrent leurs armes et détruisirent leurs cartouches. En outre, beaucoup arrachaient leurs insignes militaires et revêtaient des habits civils. Lambeaux d'effets militaires, képis, débris d'armes de toute sorte, munitions, jonchaient le sol des rues. Mis en appétit de destruction, quelques-uns ne s'en tinrent pas là, malheureusement. Les mobiles qui occupaient la caserne de la ville basse s'appliquèrent à en briser systématiquement toutes les vitres, afin de les rendre inhabitables pour les troupes prussiennes, sans qu'aucune observation pût les arrêter dans cette œuvre de dévastation stupide; avec ce sentiment d'égoïsme et ce défaut de solidarité qui furent les principales causes de nos désastres, ils s'obstinaient à ne pas vouloir comprendre à quels ennuis ils allaient exposer, de la part des Prussiens, les habitants d'une ville qui avait été si hospitalière pour eux.

Quant à la ville haute, la mitraille s'était chargée de cette besogne et aucune caserne n'était plus désormais habitable.

Pendant ce temps, les troupes prussiennes se massaient peu à peu autour de la ville. L'heure approchait où elles devaient faire leur entrée au milieu des ruines de Montmédy. Vers midi, des postes vinrent occuper les portes. Le temps semblait s'être mis à l'unisson de la disposition des esprits. Le ciel était sombre, l'eau tombait à torrents! Ce fut par une pluie battante que, sur les deux heures de l'après-midi, la garnison, composée d'environ 3,000 hommes, défila, triste et morne; elle traversa ainsi toute la ville, disposée sur deux rangs, réduite à étaler son humiliation au grand jour. Bien des scènes déchirantes se produisirent alors. De navrants adieux, de silencieuses poignées de mains, accompagnées de larmes de rage et de sanglots convulsifs s'échangeaient entre les malheureux habitants et les infortunés défenseurs de la place. La communauté de périls et de sentiments avait créé des liens d'amitié solide entre la population civile et ceux de ces soldats qui faisaient honneur à l'uniforme français.

Enfin l'interminable et lugubre colonne finit par disparaître tout entière sous la porte de Metz, prenant la route de la captivité et ignorante des destinées qui lui étaient réservées. Pour comble d'opprobre, nos soldats mal équipés, à peine vêtus, affaiblis par les fatigues, ressemblant, grâce à l'incroyable incurie de l'intendance, à une troupe de mendiants, eurent à défiler, désarmés, entre une double haie de soldats prussiens qui, eux, ne manquaient de rien. Nous surprîmes, chez plusieurs de ceux-ci, des traces non équivoques de l'attendrissement et de l'émotion que leur causait un tel spectacle. Il reste donc encore quelque chose de l'homme chez ces gens-là; chez le soldat seulement, du moins, car chez l'officier, trop souvent, la morgue et la roideur paraissent avoir étouffé tout sentiment humain.

Oh! plaise au ciel que l'indignation causée en France par tant de scènes semblables se conserve vivace et entière dans nos cœurs jusqu'au jour où seront rendus avec usure à nos implacables ennemis ces hontes et ces affronts que, sans ménagement pour notre fierté nationale, sans respect pour le courage malheureux, ils nous ont infligés avec tant d'acharnement. Œil pour œil, dent pour dent, voilà ce que réclament nos cœurs ulcérés au ressouvenir de tant d'angoisses. REVANCHE, VENGEANCE, voilà les mots magiques qui devront aider à notre régénération; voilà désormais la devise et le mot d'ordre de tout cœur réellement patriote et les signes de ralliement qui devraient être inscrits sur tous les drapeaux français. Par leurs procédés odieux, ils ont allumé en nous une haine qui retombera sur eux et les écrasera de tout son poids. Cette haine qui, comme on l'a si bien dit, (1) fait désormais notre force, il est de notre devoir de l'entretenir intacte et toujours incandescente dans nos âmes et, à l'exemple d'Amilcar, faisant jurer à son fils Annibal, de combattre toujours les Romains, de l'inspirer à nos enfants comme un grand devoir national. A assouvir cette haine doivent se concentrer tous nos efforts, toutes les forces de notre vie. Elle est un legs impérissable que les Français devront se transmettre de génération en génération jusqu'au jour béni où la peine du talion aura reçu sa pleine et entière exécution !!!

Mais revenons au triste sujet de nos douleurs locales, qui sont une simple goutte d'eau au milieu de l'océan d'amertumes dans lequel fut plongée notre malheureuse patrie.

De Montmédy, nos soldats furent dirigés sur Vezin où ils durent passer la nuit suivante campés sur la terre nue et détrempée par les pluies et la neige. Grâce à la commisération des soldats allemands, touchés de tant d'infortunes — c'étaient pour la plupart des hanovriens qui, quatre ans auparavant avaient, eux aussi, connu les douleurs de la défaite, — 1,700 d'entre eux s'échappèrent le soir même et gagnèrent la Belgique, distante

---

(1) M. Paul de Saint-Victor, dans une série de remarquables articles publiés au *Petit Moniteur*.

seulement de deux ou trois kilomètres. De là, ils purent, grâce à la bonne volonté des habitants et à la généreuse complicité des administrations locales, se rapatrier pour la plupart ; bon nombre d'entre eux se portèrent sur le Nord de la France, où s'organisait alors la résistance sous la direction de Faidherbe.

Le surplus de la garnison ainsi réduit à un millier d'hommes (la relation officielle allemande dit 1,050) fut conduit à Munich, capitale de la Bavière. Nos soldats n'eurent pas trop à se plaindre des traitements dont ils furent l'objet de la part des Bavarois, bien moins acharnés contre le nom français que leurs alliés et futurs maîtres les Prussiens.

Un certain nombre de soldats et de mobiles avaient également réussi à s'échapper dans Montmédy même, grâce aux plus hétéroclites déguisements et aux ruses de toutes sortes. Mais ce ne fut qu'un peu plus tard qu'ils purent abandonner la ville, dont les portes étaient activement gardées. La plupart de ceux qui avaient tenté de s'évader le jour même de la capitulation avaient été contraints de rebrousser chemin, en présence des coups de fusil que leur adressaient les avant-postes ennemis.

C'est quelques jours plus tard seulement, le 17 décembre, que s'effectua le départ des officiers de la garnison. Dirigés sur Vezin, pour y prendre le chemin de fer, ils furent envoyés, au nombre d'une quarantaine à Neubourg (Bavière). Vingt-quatre autres avaient réussi à s'esquiver. De ce nombre étaient le commandant supérieur Tessier et le commandant d'artillerie Loarer. Cette fuite exaspéra les Prussiens qui, à tort ou à raison, la considéraient comme une violation de la parole donnée. De ce côté nous nous consolerions assez volontiers. A trompeur, trompeur et demi.

A peine la garnison captive était-elle sortie de l'enceinte de la ville que les Prussiens y entraient, musique, tambours et fifres en tête. Il y en avait de toutes armes, artilleurs, pionniers, cavaliers, fantassins, presque tous vêtus d'une manière uniforme, à quelques détails près. Il en arrivait par toutes les portes de la ville et bientôt Montmédy en était inondé. Reconnaissant l'impossibilité de s'établir sur les décombres encore fumants de la ville haute, ils se contentèrent d'en occuper les portes et les magasins, de placer une garde aux canons et aux munitions, de délivrer leurs nationaux et d'établir un poste à la prison. Toute la noire avalanche se porta sur la ville basse qui, le soir venu, avait à loger et à héberger 2,000 hommes environ.

Dès lors commença pour les habitants de cette malheureuse ville une série interminable d'humiliations de toutes natures. N'ayant aucune convention à opposer aux arbitraires exigences de cette soldatesque, ils étaient dès lors exposés à toutes les avanies et à tous les outrages qu'il plaisait à celle-ci de leur infliger. De par la coupable insouciance de ceux qui avaient traité de la reddition de Montmédy, la population était dès lors la chose des Prussiens, c'est-à-dire taillable et corvéable à merci par les plus impitoyables ennemis qui se virent jamais.

Avant de poursuivre le cours de ce récit, et d'en finir avec cette triste page de notre histoire locale, nous allons, de concert avec nos lecteurs, étudier les moyens d'attaque de nos ennemis et les ressources dont ils disposaient.

Les troupes d'investissement se composaient, si nous sommes bien informés, de quatre régiments d'infanterie, dont le 74me (hanovrien), le 39me (rhénan), le 57me, et le 59me.

Toutes ces troupes, à raison de 3,000 hommes par régiment (composé de trois bataillons, renfermant chacun quatre compagnies de 250 hommes) formaient ainsi un effectif de 12,000 hommes et étaient d'abord placées sous les ordres du colonel Pannewitz, établi à Marville. Plus tard le quartier général fut transféré au château de Louppy et le commandement des opérations passa entre les mains du général von Kamecke.

Si l'on ajoute au chiffre précédent celui que fournissaient les diverses compagnies d'artillerie qui faisaient le service des batteries, les détachements de pionniers, les escadrons de cavaliers (hussards, cuirassiers blancs, uhlans, etc.) chargés d'assurer les communications et de faire des reconnaissances, on comprendra qu'il n'y a point d'exagération à évaluer à 16 ou 18,000 hommes l'effectif total des troupes prussiennes stationnées autour de Montmédy, du 16 novembre au 14 décembre 1870.

Le général von Kamecke, dont nous venons de prononcer le nom, commandant général de l'artillerie, l'une des illustrations militaires de la Prusse, vint, dès le 4 décembre, présider de sa personne aux opérations du siége, voulant se rendre un compte précis de l'efficacité des grosses pièces Krupp, dont la malheureuse ville venait de faire l'étrenne. Telles étaient ses préoccupations à ce sujet qu'il en fit immédiatement l'objet d'un entretien avec l'envoyé de la place, qui était allé le trouver à son quartier général de Louppy, pour régler les derniers points de la capitulation. Entouré de son état-major, il s'informa des effets causés par ses gros mortiers, ne doutant pas, disait-il, « qu'ils n'aient produit un *excellent* résultat. » Il fit part aussi au parlementaire français de l'étonnement profond où il était qu'aucun des projectiles envoyés par la place à certaines batteries, qu'il avait visitées la nuit, n'eût éclaté. Le parlementaire lui fit remarquer qu'il n'y avait à cela rien de miraculeux, puisque les projectiles en question étaient des boulets pleins envoyés par des canons à âme lisse. Cela fit rire le général prussien, qui termina la conversation en disant qu'il ne comprenait point qu'on eût eu seulement l'idée de répondre à ses canons avec d'aussi antiques engins.

Il était accompagné sous Montmédy, dit-on, d'un certain nombre d'élèves de l'école militaire de Berlin, sous les yeux desquels Montmédy devait être soumis à l'épreuve de ces redoutables projectiles. Ces jeunes gens purent en constater les désastreux effets et en même temps assister au spectacle alléchant d'une ville détruite par le fer et le feu. Admirable occasion d'inculquer à leurs âmes novices les premiers éléments de cette férocité qui doit constituer la qualité primordiale d'un officier prussien, et de former aux idées civilisatrices et humanitaires, telles qu'on les entend à Berlin, tous ces fils de hobereaux allemands, l'espoir et l'orgueil de la Prusse !

Tous les projectiles destinés au bombardement avaient été emmagasinés dans l'église de Juvigny, qu'ils remplissaient, paraît-il. Le transport en avait été effectué au moyen des habitants du pays, réquisitionnés avec tous leurs attelages; ces malheureux se voyaient contraints, par les menaces et les coups, de marcher, par les plus grandes rigueurs de l'hiver, pour aider de leur travail à l'abaissement de leur patrie et à l'anéantissement d'une ville où presque tous comptaient des parents ou des amis. Il n'y a que dans des cervelles germaniques que puissent se faire jour de semblables idées de froide cruauté. Retenus ensuite malgré eux à Juvigny, éloignés de leurs familles, en proie aux souffrances aiguës de la faim et du froid, ils furent, de plus, obligés d'aller conduire les munitions des Prussiens, au travers de mille dangers, jusque sur l'emplacement même des batteries ennemies, sous le feu des défenseurs de Montmédy, de telle sorte que des pères se trouvèrent exposés aux balles de leurs fils, des frères aux coups de leurs frères, des domestiques à ceux de leurs maîtres.

Il avait été lancé 2,985 projectiles divers sur Montmédy. Ce furent les journaux allemands qui nous l'apprirent. C'en était plus qu'il n'en fallait pour faire de toute la ville un amas de ruines.

Les coups partaient de quinze batteries différentes, comprenant environ soixante pièces. Voici quelle était leur disposition autour de la place:

1° Au Nord-est, à l'angle le plus avancé du bois qui se trouve au-dessus du village de Fresnois, il en avait été construit une de quatre pièces, à

3,200 mètres à vol d'oiseau des remparts de la forteresse.

2° A l'Est, il en existait une autre de quatre pièces au-dessus de Villécloye, distante de 3,400 mètres de la place.

3° A quelques centaines de mètres de cette dernière s'en trouvait une autre d'égale puissance, à 3,500 mètres de la place.

Ces derniers ouvrages avaient ceci de commun qu'ils étaient tous deux établis à l'intérieur du bois, à quelques pas en arrière de la lisière. Ainsi dissimulés par un rideau d'arbres et de taillis qui, malgré l'absence de feuillage, n'en masquaient pas moins les travailleurs, ils avaient pu être élevés sans que la place les aperçût et en pût entraver l'exécution. Pendant la nuit qui précéda l'attaque, quelques coups de hache et quelques traits de scie eurent raison des arbres et taillis qui auraient pu gêner le tir. De plus, ainsi rejetés sur le revêtement extérieur des batteries, troncs d'arbres et branchages opposaient une barrière de plus aux boulets de la ville.

A partir de ce point, s'étendait un large espace dépourvu de tous moyens d'attaque. Soit que les Prussiens aient pensé qu'il n'y avait rien à entreprendre de ce côté, soit que, fidèles à leurs principes de prudence habituelle, ils eussent appréhendé de s'exposer à trop de dangers en venant se porter sur la hauteur découverte qui domine les vignes de Villécloye, soit que d'un autre côté ils eussent considéré comme trop éloignée la montagne de Saint-Montan, distante d'au moins 4,000 mètres, ils s'étaient abstenus de prendre aucune autre disposition de ce côté que l'établissement d'un petit camp volant sur le plateau, et de plusieurs postes, tant sur ses revers que le long de la lisière des bois qui descendent de ce point sur Rameré. Mais dorénavant nous allons voir leurs travaux se presser les uns sur les autres.

4° Une nouvelle batterie de 4 canons de 15 existait au Sud-sud-est, en arrière des bois de Montmédy, au point où confinent les trois territoires de Montmédy, Han et Vigneul. Sa distance de la ville était de 3,000 mètres.

5° Tout auprès de celle-ci, en avait été installée une autre renfermant un égal nombre de pièces.

Toutes deux étaient dans des conditions identiques. Construites presque au sommet du plateau élevé qui sépare les deux vallées profondément encaissées de la Chiers et de la Loison, distantes seulement d'un kilomètre l'une de l'autre sur ce point, elles étaient protégées par l'étage le plus élevé des bois de Montmédy, qui les garantissait des regards indiscrets de la ville. Quelques abattis faits pendant la nuit d'avant le bombardement, ainsi que cela se passait en même temps au-dessus de Villécloye, devaient permettre au tir du lendemain de se faire en toute liberté.

6° Une batterie de deux petites pièces de campagne couronnait le sommet de la côte dite de Chaumont, à 3,200 mètres de Montmédy, à droite du chemin de Vigneul à Han, au-dessus du bois. Ces canons ne servaient pas au bombardement, paraît-il. Leur rôle s'était borné à inquiéter les soldats qui allaient faire du bois au Mont-Cé.

7° A l'Ouest de Montmédy, à 2,500 mètres était disposée une autre batterie de cinq pièces de siège de 15. Elle était tapie dans un angle rentrant de la forêt, au-dessus du village de Vigneul, à gauche de l'ancien chemin de Quincy. Contrairement aux ouvrages précédents, pour lesquels nos ennemis avaient su profiter des plis de terrain pour rendre leurs travaux invisibles et la position moins dangereuse pour les servants de leurs pièces, celle-ci, bien qu'un peu abritée par un retour du bois, se trouvait placée sur un revers dans une situation qui l'exposait en plein aux coups de la place.

8° A peu de distance de celle-ci, en avant du bois du Hodge, à 3,000 mètres environ de la ville, il y avait une autre batterie de cinq pièces de siège de 15. Elle était placée au lieu dit le Champ-du-Roi. Ce terrain avait servi de campement à Louis XIV et à son armée, lors du siège et de la prise de Montmédy par les Français, en 1657 ; de cette circonstance historique lui est venue l'appellation qu'il a conservée jusqu'à ce jour.

9° En avant des précédentes, au cœur même du village de Vigneul, avait été établie, à 1,800 mètres des murs de Montmédy, la formidable batterie dont nous avons parlé déjà, et qui fit tant de mal à la ville. Elle était composée de quatre mortiers rayés de 21 (1).

---

(1) Au sujet de ces redoutables engins de guerre, on lit ce qui suit dans l'ouvrage : *L'Armée allemande*, par de MOLTKE, *Traduction de Gunsett et de Boutellier* :

« Dans aucune armée le système rayé n'a jusqu'à présent été appliqué aux mortiers ; l'initiative de ce progrès, qui donne au tir une justesse peu commune et fera disparaître peu à peu les mortiers lisses, est due à l'artillerie prussienne. Ces mortiers, se chargeant par la culasse, peuvent lancer leurs lourds obus à une hauteur de près de 3,000 pieds (1000 mètres). D'après cela, que l'on juge de l'effet de leur chute ! »

10° Plus au Nord, de l'autre côté de la Chiers, sur le plateau d'entre Chauvency-Saint-Hubert, Chauvency-le-Château et Thonne-les-Prés, à la distance de 3,000 mètres, était une nouvelle batterie de quatre pièces de siége de 12.

11° A 200 mètres en avant de cette dernière, en avait été dressée une autre de même force. Toutes deux s'adossaient presque au bois de Géronvaux et occupaient l'emplacement même où déjà les Prussiens avaient établi leurs batteries volantes lors du bombardement du 5 septembre.

12° Une autre batterie de même force avait été construite à 2,600 mètres de la place, un peu plus au Nord que les précédentes, dans un angle saillant formé sur ce point par la forêt, qui la protégeait ainsi contre les investigations de la place.

13° Encore plus au Nord, c'est-à-dire au Nord-Ouest de Montmédy, à 2,200 mètres au-dessus du village de Thonne-les-Prés, se voyait un autre ouvrage de deux pièces de campagne, à l'entrée même du bois, en travers du chemin qui conduit à Saint-Valfroid.

14° En remontant toujours la lisière de la forêt, vers le Nord, à 400 mètres de là, et à la même distance des remparts, dans un angle du bois, non loin d'un petit massif de sapins situé sur le revers de la colline, avait été placée une nouvelle batterie de quatre pièces de campagne.

15° Enfin un dernier ouvrage de six pièces de campagne avait été construit au Nord de Montmédy, le long du même bois dont, à partir du point précédent, la lisière tourne brusquement sur Thonnelle. Celle-ci se trouvait au-dessus de ce village auprès du chemin qui conduit aux fermes d'Harauchamp et du Véru, et qui porte le nom de Chemin des Vaches.

Tous ces ouvrages, sauf celui de Vigneul, situé dans la vallée, presque au niveau du sol de la prairie, offraient ce caractère commun qu'ils avaient été construits sur des hauteurs d'altitude égale ou même supérieure à celle de la place ; ce qui est du reste conforme aux traditions stratégiques. Ils étaient reliés par des postes d'observation et des sentinelles dont les noires silhouettes se détachaient dès longtemps avant le bombardement sur le tapis de neige qui couvrait alors la terre.

La batterie de Vigneul, dont nous avons donné précédemment la description, présentait le type le plus complet des travaux de ce genre exécutés autour de Montmédy. Il nous semble donc inutile de donner de nouveaux détails sur les autres, qui, moins parfaitement construites, consistaient surtout en travaux de déblais destinés à donner une assiette plane et horizontale aux pièces et à fournir par suite des terres pour les revêtements extérieurs ; elles étaient toutes flanquées, sur une extrémité d'abris casematés pour les munitions, qui se reliaient aux batteries par un étroit et sinueux chemin creux, destiné à livrer passage au servant à qui incombait le soin de porter les charges.

Nous avons aussi retrouvé une de ces petites casemates, dont les terres étaient supportées par de massifs troncs d'arbres, dans un bouquet de bois appelé le Bois-Rond, au-dessus de Vigneul. C'était sans doute un magasin de réserve.

Tous les bois ainsi que les hauteurs voisines portaient des traces du séjour qu'y avaient fait les Prussiens. C'était ici un bivouac où avaient piétiné et campé des chevaux. Plus loin, des espèces de fosses-abris, creusées en terre et garnies de paille indiquaient la place qu'avaient occupée des sentinelles à poste fixe, chargées d'épier sans cesse, dans l'immobilité, les mouvements de la place. Ailleurs des amas de paille et des traces de feu, presque toujours le long des chemins, à la croisière des sentiers ou en des points d'où l'on pouvait observer facilement les approches de Montmédy sans être aperçu, témoignaient du séjour qu'y avaient fait les avant-postes ennemis. Enfin quelques baraques en bois blanc, assez spacieuses, dont des planches et même des croisées volées dans les villages voisins avaient fait les frais, avaient été construites en certains endroits, notamment entre Grand-Verneuil et Ecouviez, le long du bois entre Chauvency et Thonne-les-Prés, entre Han et Landzécourt.

Cette dernière offrait, dans ses abords, une particularité remarquable. Destinée sans doute à abriter un poste chargé de l'entretien de sentinelles sur des points environnants, elle était reliée à une hauteur voisine, d'où l'on dominait Montmédy, (la seconde des côtes dites de Chaumont, à droite du chemin de Vigneul à Han) par un sentier gravissant la montée et bordé d'une double rangée de pierrailles. Les Prussiens avaient-ils simplement épierré le chemin qu'ils parcouraient et qui traversait un sol inculte et rocailleux, poussés par les mêmes soins de précautions personnelles qui les avaient déterminés à creuser des escaliers dans les parties trop déclives, ou bien avaient-ils voulu, au moyen de ces rebords de pierrailles, qui s'étendaient sur une longueur de plusieurs centaines de mètres, établir des lignes de repère blanchâtres, qui pussent les empêcher de s'égarer au milieu des ténèbres de la nuit? Avaient-ils cherché tout simplement à tromper leurs ennuis et à combattre l'oisiveté par un travail quelconque? C'est ce qu'il nous a été impossible de tirer au clair. En tous cas, sachant les Prussiens gens pratiques et utilitaires avant tout, nous sommes persuadés que ce petit détail, insignifiant en apparence, avait de plausibles raisons d'être, quelles qu'elles fussent.

Un autre stratagème que nous avons constaté *de visu* et dont nous avons pu pénétrer les motifs est celui-ci. Avant d'établir leurs batteries à l'entrée du bois de Villécloye, ils avaient essayé d'en construire sur des points plus rapprochés de la place, à 400 mètres environ en avant de la forêt. Pour se mettre à l'abri des attaques de la forteresse, qui pouvait parfaitement surveiller leurs mouvements sur ce point, ils avaient choisi, pour ouvrir leurs travaux, un terrain situé derrière des rangées de buissons. Mais comme ces haies dépouillées de leur verdure, en raison de la saison, étaient transparentes et ne cachaient qu'imparfaitement les travailleurs, ils avaient, probablement à la faveur de la nuit, coupé dans les fourrés voisins des brassées de branchages qu'ils étaient venus entrelacer dans ceux dont ils voulaient se faire d'épais rideaux. Grâce à cette tactique, l'aspect des lieux n'était nullement changé pour des observateurs à longue distance, aucun soupçon ne pouvait s'élever chez les défenseurs de la place, quelque active que fût leur surveillance, et pionniers et artilleurs, ainsi mis à l'abri, avaient beau jeu d'exécuter leurs préparatifs en toute sécurité.

Mais cette ruse ne leur servit point. A vingt ou trente centimètres de profondeur leurs outils se heurtèrent contre le roc vif et ils durent renoncer à leurs tentatives de ce côté, après les avoir renouvelées sur plusieurs points. Ces obstacles imprévus les déterminèrent à reporter leurs travaux plus en arrière, à l'entrée du bois de Villécloye, où existe une couche de terre plus profonde.

Durant le siége, les Prussiens campés autour de Montmédy échangèrent plusieurs fois, de nuit, des signaux d'un point à un autre de leurs lignes d'investissement.

Pendant les quelques heures que la place avait pu répliquer au feu ennemi, elle lui avait causé des pertes assez sensibles. Les deux batteries établies au-dessus de Villécloye, avaient été fortement endommagées. Dès les neuf heures du matin, le lundi 12, les huit pièces qui composaient ces ouvrages, étaient toutes renversées ou démontées, une seule exceptée.

L'ouvrage établi au-dessus de Vigneul, à l'angle du bois, vis-à-vis de l'église, parut avoir également beaucoup souffert. Ses abords étaient littéralement criblés de traces des projectiles français. On eût dit d'une terre fraîchement labourée. Mais de ce côté encore, même incertitude en ce qui concerne les pertes de l'ennemi.

La batterie du bois de Fresnois, celles d'entre

Han et Montmédy, l'une de celles élevées au-dessus de Thonne-les-Prés, avaient aussi été fortement endommagées. Les premiers habitants du pays qui les visitèrent y constatèrent de nombreuses traces de sang bien apparentes. Il s'était en outre produit quelques explosions de caissons, notamment au-dessus de Villécloye.

Quant aux autres batteries, elles n'éprouvèrent aucun mal, paraît-il. Du reste, plusieurs d'entre elles dont on ne soupçonnait pas l'existence, notamment celle établie dans Vigneul même, la plus rapprochée et la plus puissante de toutes, ne prirent pas part immédiatement au bombardement et échappèrent ainsi à la riposte de la place, qui, comme on l'a vu, resta complètement muette dès le lundi soir.

Les deux batteries situées au-dessus de Chauvency, en face du pont dit de Neuville, étaient servies par des artilleurs de la landwehr. Soit que leur matériel ne fût pas aussi perfectionné que celui des autres ouvrages d'attaque, soit que les hommes qui s'en servaient ne fussent pas complètement initiés aux manœuvres de la nouvelle artillerie, la canonnade partie de ces points demeura sans effets. Les projectiles que lançaient ces pièces allaient se perdre bien avant d'arriver sur Montmédy. En outre, la culasse de l'une d'elles, mal refermée, fit explosion et de ses éclats tua deux servants.

En ce qui concerne les pertes de l'ennemi, on apprit, par les habitants des villages voisins, que le même jour beaucoup d'artilleurs partis le matin n'étaient pas rentrés le soir, et que leurs camarades semblaient tristes et mornes.

Là se borna tout ce que l'on put savoir. La différence des idiomes et la réserve mystérieuse des Prussiens ne permirent point d'obtenir des renseignements plus précis. Quelques indices recueillis de côté et d'autre autorisent à croire que le chiffre de ces pertes fut relativement considérable. Des évaluations basées sur les indiscrétions de quelques-uns de nos ennemis allèrent jusqu'à en porter le nombre à plusieurs centaines. En tout cas on ne put jamais découvrir ce qu'ils avaient fait de leurs morts. Ont-ils été enterrés dans les tranchées des batteries dont nous avons vu quelques-unes toutes bouleversées, ou bien ont-ils été évacués au loin, ainsi qu'il est arrivé si souvent en d'autres circonstances? Quant aux blessés, on n'en vit pas trace, et ils furent immédiatement dirigés sur des ambulances fort éloignées de Montmédy.

Le bruit courut que 14 voitures réquisitionnées à Iré-le-Sec, avaient servi à leur évacuation vers l'Allemagne.

Quant aux malades, et il y en eut beaucoup d'atteints de ces affections épidémiques qui s'attachent aux pas des armées en temps de guerre, typhus, dyssenterie, etc.; ils furent en grande partie soignés à l'hospice de Marville. Cet établissement et une ambulance comptèrent jusqu'à 80 Prussiens malades. Huit y moururent.

Les rapports officiels prussiens relatifs à la prise de Montmédy n'accusèrent que des pertes insignifiantes. Certains journaux allemands parlèrent d'un seul mort et de deux blessés; d'autres avouèrent un mort et neuf blessés; ailleurs on prétendit que les pertes étaient nulles. Ces déclations, empreintes évidemment d'atténuation excessive, conformément aux traditions prussiennes, furent démenties par des aveux postérieurs. Nous avons mentionné déjà la *Gazette de Cologne*, qui, en parlant de Montmédy, déplorait amèrement les pertes que coûtait la prise de ces petites places en victimes tombées sous les coups des garnisons ou mortes de congélation. Nos réflexions au sujet des mensonges officiels de l'état-major prussien sont d'ailleurs parfaitement justifiées par ce qui s'était passé antérieurement en tant de circonstances différentes. N'a-t-on pas vu en effet ses télégrammes prétendre que l'armée qui faisait le siège de Strasbourg n'avait eu que 903 tués et blessés pendant les quarante-quatre jours pleins qu'avait duré la résistance de cette ville. N'a-t-on pas vu des rapports publiés à la fin de mars 1871, affirmant que toutes les pertes subies par les armées allemandes précipitées sur le territoire français, ne s'élevaient qu'au total de 10,000 tués, alors qu'on savait pertinemment que cette guerre avait déjà fait plus de 20,000 veuves en Prusse seulement.

En rendant la ville, l'autorité militaire avait argué des dégradations causées aux remparts par le feu de l'ennemi. On avait invoqué les brèches prêtes à s'ouvrir, les poudrières sur le point de faire explosion, les casemates percées, l'impossibilité d'atteindre les batteries ennemies, qui se seraient reculées et mises hors de portée, enfin les dégâts occasionnés aux propriétés privées et la crainte d'un bombardement de la ville basse. En tout cela, il y avait beaucoup d'exagération. En effet, les remparts, en dehors de quelques travaux de terrassement culbutés, étaient demeurés à peu près intacts. Seule la courtine située en face de Vigneul, entre les bastions Saint-André et des Connils, avait fortement souffert. Sous l'effet des projectiles nombreux qui s'étaient logés dans ses flancs, une partie du revêtement extérieur s'écroula avec fracas quelques semaines plus tard. Mais le terre-plein, supporté par la roche vive, était demeuré inébranlable. Les Prussiens, en choisissant ce point pour le foudroyer, savaient-ils que c'était précisément de ce même côté, le plus vulnérable de l'enceinte au temps où on livrait assaut, que Louis XIV avait pratiqué la brèche et voulait faire emporter la place quand la mort de l'héroïque gouverneur espagnol vint mettre fin à la résistance de Montmédy?

Les prétendues brèches n'existaient donc pas : de plus, aucune poudrière n'était encore sérieusement en danger, aucune casemate n'avait été percée. Des soldats, il est vrai, avaient été tués comme nous l'avons dit dans une casemate, mais le projectile était entré par une baie d'aération pratiquée dans la muraille.

Quant à ce qui avait été rapporté du recul des batteries ennemies, qui auraient été reportées à 5 ou 6,000 mètres de la place, et auraient échappé ainsi à l'atteinte de son artillerie, on devait se convaincre bientôt, par le seul examen des lieux, du caractère erroné de cette assertion.

Voici ce qui induisit soldats et chefs en erreur. Une fois que le brouillard eut envahi la vallée, on continua cependant à apercevoir la lumière que produisait chaque décharge partie des batteries placées sur les côtes qui environnent Montmédy.

Soudain, le lundi soir un coup partit du côté de Vigneul, mais d'un point inconnu ; à ce coup en succédèrent d'autres sans que l'observateur le plus attentif pût apercevoir aucune lueur produite par la détonation. On en conclut tout naturellement que ces pièces de l'ennemi étaient placées au loin derrière les autres, et que l'éloignement seul empêchait la lumière du canon de parvenir à travers le brouillard aux yeux des défenseurs de la place. Ce qui les confirma dans leur erreur fut l'énorme grosseur des projectiles qu'envoyait cette batterie invisible. On se disait que si une pièce de 24 envoie un projectile de 50 livres environ à cinq kilomètres, les canons qui lançaient des obus du poids de 78 kilos et plus, d'une longueur de 55 centimètres, du diamètre de 22, pouvaient parfaitement être placés à 6 et même à 7 kilomètres. Enfin le long intervalle qui s'écoulait entre le bruit de la détonation et l'arrivée du projectile était une preuve de plus.

Voilà ce que l'on crut, voici la vérité. Cette batterie que l'on supposait la plus éloignée était la plus proche. C'était celle de Vigneul. Si on n'apercevait pas la lueur de la détonation c'est que cette batterie était, comme nous l'avons dit, enfouie à trois mètres de profondeur, derrière une triple rangée de maisons, et au fond de la vallée, non loin de la rivière, c'est-à-dire à l'endroit où le brouillard était le plus opaque et l'obscurité la plus épaisse.

Si malgré la proximité de cette batterie il s'écoulait un intervalle assez long entre la détonation et l'arrivée du projectile, c'est par la raison bien simple que les obus géants lancés par les mortiers rayés placés à Vigneul décrivaient comme les bombes françaises un trajet parabolique et s'élevaient à une immense hauteur pour retomber de leur propre poids sur les maisons qu'ils écrasaient.

Du reste il est certain que c'est cette batterie invisible que l'on croyait placée si loin qui lançait ces énormes projectiles de 78 kilos. Or, il est non moins certain que la seule batterie de Vigneul a lancé des boulets de ce poids. On nous pardonnera de nous être étendus sur ce point, car il était nécessaire de dissiper l'erreur accréditée parmi bon nombre des défenseurs de la place à cet égard.

Quant aux dégâts occasionnés aux maisons particulières, la ville offrait, il est vrai, le spectacle de la plus complète désolation. Mais sachant que les défenses étaient demeurées à peu près dans leur état primitif, c'est avec stupeur, nous le rappelons, que les habitants avaient appris la nouvelle de la capitulation. Sans se faire illusion sur l'issue de la lutte engagée, on croyait que la résistance aurait été plus longue, n'eût-ce été que pour l'honneur du drapeau. En effet, la petite forteresse, fièrement campée sur son assise de rochers semblait défier tout assaut.

A cette occasion, les sentiments les plus divers se firent jour. Tout en regrettant le parti imposé par ce qui semblait être une inévitable nécessité, les uns, — c'était le plus petit nombre, — trouvaient tout naturel que l'on mît fin par une reddition prématurée à une œuvre de destruction à laquelle on ne pouvait résister et à une lutte dans laquelle les éléments eux-mêmes conspiraient contre nous. Mais d'autres trouvaient étrange que l'on eût rendu la place, alors que le vandalisme prussien avait infligé à la ville haute à peu près tout le mal qu'elle pouvait attendre, tandis que remparts et bastions n'avaient que peu souffert. D'autres enfin se flattaient qu'une longue résissistance aurait découragé les assaillants et les aurait déterminés à lever le siége, après quelques jours d'attaque infructueuse.

Ils se trompaient. Des feuilles prussiennes, la *Gazette de Cologne* entre autres ont fait connaître du reste l'importance que l'on attachait au quartier général de Versailles à la prise de Montmédy, en raison de la situation de cette forteresse qui en fait la clef du chemin de fer des Ardennes et conséquemment la porte d'accès dans tout le Nord de la France.

De plus, les mouvements de l'armée de Bourbaki qui se portait sur l'Est et qui menaçait de couper la ligne de Strasbourg, base d'opération des armées sous Paris, rendaient absolument nécessaire à la sécurité de nos ennemis la prise des forteresses situées sur la ligne de Thionville à Mézières. En cas de rupture de la grande ligne de l'Est, les Prussiens, grâce à la possession du réseau des Ardennes, devaient continuer à pouvoir entretenir leurs communications avec leur pays et leur centre d'approvisionnement.

Selon nous, la plus grande objection que l'on pût faire à la prolongation de la résistance se basait sur les périls qu'une défense à outrance eût pu faire courir à la ville basse, restée à peu près saine et sauve et à ses habitants abrités tant bien que mal jusqu'alors. En effet, l'enceinte bastionnée qui environne cette partie de la ville et les fossés qui l'entourent, en en faisant un semblant de forteresse, offraient à un ennemi apte à saisir les plus futiles prétextes de donner libre cours à ses instincts de barbarie, des raisons suffisantes de la considérer comme ville de guerre et de la bombarder à son aise. C'eût été, il est vrai, un acte inqualifiable de férocité. Mais les Prussiens ne sont pas gens à s'arrêter pour si peu.

En résumé, si l'on rendit la place le 14 décembre au matin, ce fut plutôt à cause de dangers éventuels, de malheurs possibles, qu'en raison des accidents peu graves, au point de vue de la défense, qui s'étaient produits jusqu'alors. Sans pouvoir peut-être braver l'ennemi de longs mois, comme le prétendaient les optimistes, Montmédy eût pu du moins tenir quelques jours encore. La vérité est qu'il y eut méprise, grâce aux ténèbres et à la myopie de certains chefs qui crurent la forteresse prête à sauter et qui virent la nuit des brèches effrayantes que l'on chercha en vain le lendemain. Cela seul peut expliquer la reddition de la place, faite si précipitamment, qu'on négligea même de détruire le matériel.

Le commandant, en capitulant, ne fit que devancer de quelques instants l'arrêt inévitable de la destinée; il eût été plus glorieux pour lui de savoir l'attendre.

Les habitants de la ville, ceux des villages environnants, les soldats, eux-mêmes, portèrent un jugement fort sévère sur le commandant en chef et quelques officiers dont ils avaient à se plaindre. Les arrestations arbitraires, les dédains, les rebuffades, les vexations ont été trop souvent le lot des habitants pendant toute la durée du siége. Certains sous-intendants, un soi-disant lieutenant de francs-tireurs et quelques autres officiers, fort rares, il est vrai, indignes de l'uniforme qu'ils portaient, encouragés par l'impunité, se distinguèrent surtout, soit par leurs brutalités ou leur arrogance, soit par leur rapacité ou leur intempérance durant toute cette période agitée. Et voilà pour la ville.

Nous ne mentionnerons que pour mémoire les arrestations faites sous de légers motifs à Chauvency-le-Château, notamment les contributions imposées à cette commune (1), et les propos outrageants tenus à certains maires et autres notabilités du pays, qu'on taxait de lâcheté, que l'on accusait de manquer de patriotisme, et à qui l'on reprochait comme un crime de lèse-nation de loger et de nourrir les Prussiens, tout comme s'ils eussent été libres de s'y refuser. Notre cadre restreint ne comporte pas de plus longs détails sur ces tristes sujets. Et voilà pour les villages voisins.

Nous rappellerons enfin les privations infligées à la garnison alors que les bâtiments publics regorgeaient d'objets de literie, de vêtements et de provisions de toute nature. On refusait à de malheureux soldats, qui croupissaient sur une litière infecte, en proie à la vermine et aux affections épidémiques, quelques maigres bottes

---

(1) Un de nos plus spirituels publicistes, M. Edmond ABOUT, a fait justice des actes qui se sont commis à Chauvency-le-Château. *Les Otages de Chauvency*, tel est le titre de cet article qui a été publié au journal *le XIXme Siècle*, (15 *août* 1872, et reproduit le 20 août par le *Journal de Montmédy*.

de paille pour renouveler leur couche, par l'excellente raison « qu'il n'y en avait pas de trop pour les chevaux. » (Textuel). On marchandait chemises et effets militaires à de malheureux évadés de Sedan, qui n'avaient pu s'échapper qu'en se déguisant sous les haillons de la misère, qui ne possédaient que leurs guenilles et qui, pour la plupart, tremblaient la faim et la fièvre.

Que l'on nous pardonne d'évoquer ces douloureux souvenirs et de mettre ainsi à nu les plaies de notre malheureux pays. Si nous signalons le mal, c'est dans l'intention et l'espoir qu'il y soit porté remède et non pour obéir à de vains sentiments de récrimination. Aussi bien l'heure de la justice et de la vérité a-t-elle sonné, et, au prix des amères souffrances que nous avons essuyées, avons-nous acquis le droit de flétrir tous ceux, petits et grands, qui ont contribué pour une part quelconque à nos désastres. Ce n'est d'ailleurs qu'en sondant du doigt la profondeur des plaies que l'on en connaît la gravité. Ce n'est qu'en en exposant publiquement toutes les hideurs que l'on parviendra à les guérir et à les cicatriser.

CHAPITRE VI

MONTMÉDY PENDANT L'OCCUPATION ALLEMANDE

Montmédy, comme nous l'avons vu, fut envahi dès le 14 décembre, par une soldatesque nombreuse. Toutes les casernes étant devenues inhabitables, ces troupes durent être, en totalité, logées chez les bourgeois. La ville haute n'étant plus guère qu'un affreux monceau de débris fumants ou de maisons percées à jour, toute la charge des logements militaires reflua sur la ville basse, qui ne comprend que 172 maisons. Encore de celles-ci y en avait-il plusieurs fortement endommagées qui étaient elles-mêmes devenues hors d'état d'abriter personne.

Entrés en vainqueurs dans une ville dont les clefs leur avaient été remises sans compensation d'aucune sorte, nos peu généreux ennemis, sans vouloir rien comprendre de la situation tout à fait exceptionnelle que créaient à Montmédy ses faibles ressources, son peu d'étendue et les désastres qu'il venait d'éprouver, formulaient impérieusement des exigences auxquelles il était de toute impossibilité de satisfaire. La municipalité sentit la première le poids de la tyrannie prussienne. L'adjoint, M. Célice, qui remplissait alors les fonctions de maire, eut de rudes assauts à essuyer. Il sut s'acquitter de cette tâche pénible avec une prudence et une modération qui n'excluaient ni la fermeté ni le patriotisme. A défaut d'autre récompense, pourtant bien méritée, la reconnaissance de la ville entière lui fut dès lors acquise pour les avanies sans nombre qu'il eut à subir au nom de tous ses concitoyens, pour l'attitude digne et calme qu'il sut conserver en ces douloureuses conjonctures, pour les services qu'il rendit à la population et pour la justice et l'équité qu'il sut toujours faire prévaloir dans la répartition des logements et des charges. Les Prussiens eux-mêmes, gens peu prédisposés à l'attendrissement, ne devaient pas tarder à être subjugués par ce parfum de respectabilité qui se dégage de la personne de l'honnête homme et par ses procédés toujours empreints d'un patriotisme calme et réfléchi qu'il ne prenait pas la peine de dissimuler. Après lui avoir infligé vexations sur vexations, l'avoir à plusieurs reprises menacé de fortes amendes au compte de la ville, menaces dont sa sagesse parvint toujours à conjurer l'exécution, après lui avoir imposé un labeur de tous les instants, ils finirent par rendre hommage à son honorabilité et à proclamer hautement les sentiments d'estime que leur arrachait la force éclatante de la vérité.

Que l'on nous pardonne cette petite digression. Mais il nous a semblé juste, en une époque où l'on oublie si facilement les services rendus, de conserver pieusement le souvenir d'une attitude qui a contrasté si honorablement avec les honteuses défaillances dont la France, en cette époque néfaste, n'offrit que trop souvent le spectacle affligeant.

Le premier corps qui dut être logé en ville fut un bataillon du régiment d'infanterie n° 39. A peine était-il casé qu'arrivaient successivement trois compagnies d'artillerie. Bientôt toutes les habitations regorgeaient de Prussiens. Néanmoins, chaque instant en amenait de nouveaux. Il fallut doubler le chiffre des hommes attribués à chaque maison. Les premiers occupants se voyant mis à l'étroit par les nouveaux venus, s'en prenaient aux habitants plus morts que vifs en présence de cette interminable invasion. Ils les maltraitaient, pillaient les vivres qui leur restaient, s'emparaient du mobilier, de la vaisselle, de la literie, s'inquiétant peu s'il restait quelque recoin où les malheureux pussent se blottir. Combustible, lumière, tout était accaparé par eux.

Et le flot montait, montait toujours. Après les artilleurs, ce fut le tour d'une compagnie de pionniers, d'un escadron de cuirassiers blancs, de uhlans, de hussards, d'employés militaires et de compagnies d'ouvriers de chemins de fer, d'officiers de toutes armes, d'ingénieurs, de fonctionnaires des postes, du télégraphe, etc., etc. Dès le 14 au soir, la ville qui comptait à peine 500 habitants dans ses murs, était envahie par plus de 2,000 hommes qu'il fallait nourrir, abreuver et entretenir, et Dieu sait quelle est la capacité des estomacs et des gosiers germaniques.

Les officiers prétendaient avoir des chambres confortables et bien meublées qu'on ne pouvait leur fournir, vu leur grand nombre, — il y en avait bien une centaine, — et vu l'évacuation sur la Belgique de la plus grande partie des mobiliers. On doit à la vérité de dire que certains d'entre eux parurent touchés des misères des habitants et se prêtèrent de fort bonne grâce à l'hospitalité plus que précaire qui leur fut donnée.

Finalement, tant bien que mal, on parvint à caser tout ce monde. Les maisons abandonnées par leurs habitants, et en général c'étaient les plus spacieuses, firent en grande partie les frais de cette installation. Telles d'entre elles reçurent 80, 100 et jusqu'à 150 garnisaires. Toutes celles qui étaient dans ce cas furent soumises à un pillage en règle. Les caves en furent vidées et le mobilier saccagé. A défaut de combustible, portes, tables, chaises, persiennes, volets, etc., furent brisés et brûlés. Au mois de décembre, la consommation du bois marche vite et les Prussiens n'étaient pas hommes à s'en priver.

Ce fut même là une des questions qui suscitèrent le plus d'embarras à la municipalité. En effet, au bout de quelques jours, les maisons étaient à court de ressources en fait de moyens de chauffage et ces hôtes incommodes en voulaient à toute force. Pour parer à cette difficulté, la commandature royale prussienne qui s'était installée en ville dès le premier jour de l'occupation, ayant appris que le bois du Mont-Cé avait été en partie abattu pour les besoins de la défense, requit la ville de faire transporter et débiter les arbres restés sur place, à raison d'un nombre déterminé de voitures par jour. Cette source d'approvisionnement qui venait si à propos soulager la population de ce côté devait néanmoins être bientôt épuisée. Elle était en effet à peu près tarie lors de la conclusion des préliminaires de paix.

Indépendamment des troupes qui logeaient en ville, il ne cessa d'en passer des colonnes serrées pendant toute la nuit du 14 au 15 décembre et pendant toute la matinée du lendemain. Ces détachements qui avaient fait partie du corps d'investissement, marchaient sur Mézières, dont le siége était dès lors résolu et qui allait bientôt subir un sort plus affreux encore que Montmédy.

Dès le 15, lendemain de la prise de possession de Montmédy, les ingénieurs allemands s'occupèrent de la réparation des ouvrages détruits du chemin de fer. Ce jour même, les ouvriers se mettaient à l'œuvre par escouades de plusieurs centaines. Ces individus, recrutés un peu partout, en Allemagne et ailleurs, furent logés dans les villages de Fresnois, Thonne-les-Prés et Villécloye. N'étant contenus par le frein salutaire d'aucune discipline, ils étaient encore plus gênants que les troupes régulières. A eux se joignirent quelques habitants du pays que l'appât de forts salaires et l'absence de tout autre moyen d'existence déterminèrent à cette douloureuse extrémité.

Dès ce moment les travaux ne cessèrent pas d'un seul instant, même la nuit. Les chantiers étaient éclairés au moyen de grands feux dont les rougeurs se profilaient sur les ombres de la nuit comme autant de vastes foyers d'incendie.

Les réparations se faisaient simultanément au viaduc de Thonne-les-Prés, aux deux extrémités du tunnel et au pont sur la Chiers, vis-à-vis de Fresnois. Les travaux furent faits en charpente, n'étant destinés qu'à un service provisoire. Ce mode de reconstruction était en outre plus expéditif.

Par des procédés analogues, le pont de Vigneul mettant en communication cette commune avec Montmédy fut également, au bout de quelques jours, rendu à la circulation. Restait le pont situé à l'entrée de la ville basse de Montmédy. S'en prenant aux habitants de la destruction de ce pont, accomplie, comme nous l'avons dit, la veille de la capitulation, les Prussiens enjoignirent à la municipalité d'avoir à fournir dans les vingt-quatre heures, 30 poutres de 14 mètres de longueur au moins sur 30 centimètres d'épaisseur, menaçant en cas de non livraison dans le délai assigné, de frapper la ville d'une forte contribution. Autant eût valu la sommer de donner la lune. En effet il fut bientôt reconnu que non-seulement il était impossible de se procurer de telles pièces de bois, mais encore que nos forêts ne recélaient point d'arbres réunissant ces proportions. On demanda du temps. Enfin, après bien des pourparlers et des réquisitions de plus en plus comminatoires, il put être amené quinze jours plus tard, non pas 30, mais 8 troncs d'arbres ayant à peu près les dimensions voulues. Une fois ces arbres déchargés dans le voisinage du pont, ils y demeurèrent fort tranquillement sans emploi jusqu'à la paix.

En effet, le pont tel qu'il était sorti de la tentative de destruction faite par les Français, avec trois arches intactes et la quatrième dépouillée seulement d'une partie de sa voûte en amont, pouvait encore parfaitement servir, moyennant quelques précautions. Il livra passage à d'immenses transports de canons, matériel, etc. Plus tard, toute l'artillerie conquise à Sedan, qui était restée dans cette ville, par suite de l'impossibilité où étaient les Prussiens de l'évacuer sur leur pays tant que Thionville, Montmédy et Verdun résistaient encore, passa sur ce pont, qui supporta sans se rompre ni fléchir les plus énormes charges.

Quelques jours après la prise de possession de Montmédy, on put enfin, moyennant réquisition de tous les ouvriers en bâtiments, remettre en état la caserne de la ville basse et y loger de 200 à 300 hommes, ce qui diminua quelque peu l'encombrement des maisons. Mais il avait fallu auparavant que la municipalité la munit de lits, fourneaux et ustensiles de toute nature. Ce fut un véritable travail de Pénélope à recommencer chaque jour. En effet, toutes les nuits, les soldats qui habitaient les maisons particulières s'introduisaient dans la caserne, qui n'était point gardée et allaient y prendre tout ce qui était à leur convenance. Ils emportaient dans leurs logements fourneaux, marmites, couverts, couteaux, etc., objets qu'en l'état actuel des choses et vu l'absence de tout moyen de communications, on avait toutes les peines du monde de se procurer. En vain la municipalité se plaignait. Ses remontrances restaient sans effet. Un jour, toutes les fenêtres ayant été laissées ouvertes, un vent violent vint pendant la nuit briser toutes les vitres qui venaient d'être posées. Ce fut à recommencer.

Une caserne de la ville haute, séparée des autres et qui avait moins souffert, fut également restaurée tant bien que mal et affectée au logement d'une compagnie d'artillerie. Quant aux autres, loin de penser à leur réparation, les Prussiens en enlevèrent pendant tout l'hiver portes, tables, poutres, etc., qu'ils mirent en pièces et brûlèrent. Une de ces casernes avait même été incendiée en partie le 15 décembre par les Prussiens eux-mêmes.

Pendant la nuit du 15 au 16, sans avis préable, arrivèrent encore des détachements qui, trouvant la ville occupée, firent un vacarme froyable, forçant les entrées de plusieurs maisons, brisant la devanture de celle de l'adjoint au maire qui n'arrivait pas assez vite au gré de leur brutale impatience. Il dut battre la ville toute la nuit, par un froid des plus rigoureux, pour les établir comme il le put dans les habitations déjà envahies, où l'accueillaient les murmures et les rognements des premiers occupants.

Le 18, passa, sans s'arrêter, l'état-major du régiment d'infanterie n° 39, se dirigeant sur Mézières. Quelques jours plus tard, les hommes de ce régiment qui occupaient la ville prirent la même route et furent tout aussitôt remplacés par un bataillon du régiment de landwehr n° 69, qui tenait précédemment garnison à Etain. Comme les hommes qu'ils venaient relever, ces landwehrs appartenaient à la Prusse rhénane.

Cependant les habitants que la crainte des horreurs d'un siége avait déterminés à s'expatrier rentraient peu à peu dans leurs logis dévastés, dont ils disputaient la possession aux Prussiens qui y avaient pris leurs quartiers. La population civile, diminuée de plus de moitié, reprit bientôt à peu près son chiffre normal, ce qui rendit un peu d'animation à la malheureuse petite ville. En outre, des nuées de curieux, belges pour la plupart, voire même des touristes anglais, s'en vinrent contempler ce qui restait de Montmédy. Quelques-uns rendirent compte de leur visite dans les journaux étrangers en des récits parfois singulièrement fantaisistes. Tous emportaient à l'envi des photographies des ruines de la forteresse et des souvenirs du siége tels qu'éclats de bombes et autres débris.

Le peuple allemand a le génie des réquisitions. Elles se présentaient sous toutes les formes. Outre celles relatives aux logements sans cesse renaissantes, Montmédy eut à pâtir de demandes incessantes de chevaux et voitures. Chaque jour, tout ce que la ville en renfermait était mis à contribution pour des courses sans nombre. La ville ne suffisant plus aux arbitraires exigences des Prussiens, les villages voisins de Fresnois, Grand-Verneuil, Villécloye furent mis à leur tour en coupe réglée. C'étaient continuellement nouveaux trajets à faire, sans autre but apparent que de vexer et de pressurer les habitants. Le simple bon plaisir de MM. les officiers prussiens, qui semblaient éprouver une jouissance extrême à se faire voiturer, faisait loi rigoureuse et malheur à qui se fût soustrait à ces pénibles corvées, d'autant plus amères que le propriétaire de l'attelage était toujours tenu de le diriger et de subir ainsi l'odieux contact de nos ennemis. Heureux quand à cette humiliation ne s'ajoutaient pas les coups et les injures!

Puis vinrent le transport de tout le matériel conquis à Sedan, les charrois de bois, le service de la poste, etc., etc. Et, comme si ce n'était pas encore assez, les réquisitions de paille, de foin, de farines, de bougies, de tabac, de cigares à raison de 2000 par semaine, d'objets de literie, de fournitures de bureaux, d'objets perdus à remplacer, plurent dru comme grêle. C'étaient chaque matin de nouvelles demandes impérieu-

ement énoncées : enlèvement des glaces et du
[v]erglas des rues, nettoyage des immondices en[t]assées dans les maisons et les cours par les
[P]russiens, dont la malpropreté inqualifiable est
[d]evenue proverbiale, fourniture de fours pour la
[c]uisson dn pain de la garnison, de boutiques de
[m]aréchal, d'ateliers de serrurerie, et enfin dé[fr]ayement très onéreux des ambulances française
[e]t prussienne à la fois, voilà sommairement le
[t]enu des exigences quotidiennes.

Une des premières réquisitions, et ce ne fut
[p]as la moins cruelle, consista dans la fourniture
[d]e l'étoffe nécessaire à la confection d'immenses
[d]rapeaux, mi-partie blancs, mi-partie noirs, dignes
[é]tendards d'une nation qui semait partout le deuil
[e]t la mort sur ses pas. Ces sinistres bannières
[fl]ottèrent bientôt sur les principaux bâtiments
[p]ublics.

Le 29 décembre, un honorable habitant de
[M]ontmédy, M. Billard, chef de section des che[m]ins de fer de l'Est et membre du conseil muni[c]ipal, fut mis en état d'arrestation, sous l'inculpa[ti]on d'avoir provoqué une grève en détournant les
[h]ommes d'équipe de la Compagnie de concourir à
[la] réparation de la voie pour le compte des Prus[si]ens. Après une enquête rigoureuse, supportée
[a]vec dignité et fermeté, M. Billard fut interné
[d]ans sa maison, sous la caution de trois de ses
[c]ollègues, puis dirigé sur la maison d'arrêt de la
[v]ille haute, et enfin, quelques jours plus tard,
[e]mmené en Prusse, à Mayence d'abord, à Colberg
[(]Poméranie) ensuite. Il ne fut rendu à la liberté
[q]u'au mois de juillet suivant, après une détention
[d]e six mois. Des propositions lui ayant été faites

de participer aux travaux de réparation de la voie, concours moyennant lequel il aurait obtenu un élargissement immédiat, il repoussa de telles ouvertures avec indignation. Un des piqueurs de la Compagnie, M. NEFF, éprouva le même traitement. La plupart des employés et ouvriers de la voie avaient été l'objet de sollicitations analogues. Mais presque tous s'honorèrent en déclinant les offres prussiennes, bien que cette courageuse abstention les exposât à toutes sortes de vexations et bien que les salaires qui leur étaient offerts fussent de nature à les tenter à une époque où les conditions de la vie matérielle étaient très pénibles. Il est juste de dire que la Compagnie de l'Est, malgré l'interruption complète de son service, ne cessa de leur payer demi-solde tout le temps que dura la non exploitation de son réseau.

Tout à la fin de décembre, une compagnie d'artillerie quitta Montmédy pour aller prendre part aux attaques contre Mézières. Ce fut le premier soulagement sensible qu'éprouva la malheureuse petite cité.

Vers le 10 janvier, une autre compagnie partit pour Longwy, dont le bombardement venait d'être résolu.

A peine celle-ci avait-elle évacué ses logements qu'elle y fut remplacée par un détachement de 80 artilleurs bavarois. Mais ceux-ci ne séjournèrent que quelques jours et partirent pour aller servir d'escorte aux convois de canons français pris à Sedan que l'on dirigeait sur la Prusse.

Enfin l'achèvement des travaux de consolidation du tunnel, des tabliers en charpente disposés au-dessus de la brèche faite par la mine au viaduc de Thonne-les-Prés et de celle pratiquée au pont entre Fresnois et Villécloye, débarrassa Montmédy, Fresnois, Villécloye et Thonne-les-Prés d'un contingent nombreux d'ouvriers, soldats et employés qu'occupait le laborieux travail de la réparation de ces ouvrages d'art. Commencés le 15 décembre, ces travaux se terminèrent le 15 janvier, soit un mois plus tard jour pour jour, ainsi que l'avaient prédit les ingénieurs prussiens. Pendant la restauration du tunnel, un de leurs employés avait été tué par la chute d'une pierre détachée de la voûte ; en outre, une dizaine d'ouvriers avaient été en plusieurs fois plus ou moins grièvement blessés.

Le premier emploi que les Prussiens firent de la ligne des Ardennes, qui se trouvait ainsi rétablie et dont ils étaient maîtres dans tout son parcours, fut d'achever l'évacuation de l'immense attirail de guerre capturé à Sedan. Une fois Montmédy entre leurs mains, ils avaient utilisé d'abord la voie de Sedan à Chauvency et avaient emmagasiné dans les dépendances de cette dernière station tout ce qui restait du matériel si fatalement tombé en leur pouvoir. Quelques jours auparavant, un parc considérable de nos canons, obusiers et mitrailleuses, avait été aussi établi entre Fresnois et Montmédy. Puis, sur le simple caprice d'un chef prussien, il avait tout fallu ramener en ville, sur la grande place, d'où toute cette artillerie fut conduite sur Vezin, pour être de là emmenée en Allemagne par chemin de fer. Il n'en restait plus qu'une faible partie lorsque la ligne fut rendue à la circulation à partir de Montmédy. Il va de soi que, comme toujours, c'étaient les habitants du pays et leurs attelages, qui faisaient les frais de toutes ces allées et venues.

Un mois plus tard devait venir le tour du matériel capturé à Montmédy même et des boulets, bombes et obus provenant de cette place, qui avaient été vendus comme ferraille pour le compte de l'état-major prussien à des trafiquants allemands. Préalablement, nos ennemis avaient eu soin de mettre tous nos projectiles creux hors d'usage, en les faisant éclater au moyen de masses et de coins. Quant à ce qui ne pouvait être enlevé ou aurait été sans emploi, affûts, caissons, mobilier de caserne, tout fut brisé ou brûlé. Il semblait que ces scènes de destruction ne dussent jamais cesser. Tout cela était navrant, et il nous souvient d'avoir vu des officiers prussiens déplorer eux-mêmes amèrement la triste besogne qu'on les contraignait de faire exécuter. L'un d'eux, capitaine d'artillerie, nous avouait un jour, les larmes aux yeux, qu'un tel métier lui déplaisait souverainement et qu'il en avait « très assez » (sic) de cette désagréable mission.

Dès le commencement de janvier, sur la nouvelle de la marche vers l'Est de l'armée de Bourbaki, dont les premières opérations avaient été heureuses, les Prussiens parurent concevoir des craintes sérieuses. Ils avaient fait à cette occasion replacer sur les remparts tous les canons dont l'évacuation avait commencé. Les inquiétudes qu'ils éprouvaient semblaient du reste justifiées par les succès de l'armée de Faidherbe et les espérances que donnait celle de Chanzy. Déjà la confiance renaissait et les bruits optimistes reprenaient de plus belle. Bourbaki, disait-on, avait débloqué Belfort ; ses avant-postes avaient repris Nancy et s'approchaient de Verdun. D'un autre côté l'armée du Nord descendait sur Mézières, par Rocroi, venant tendre la main à celle de l'Est et isolant ainsi les armées prussiennes dont les communications allaient être interrompues et la base d'opération coupée. Il en advint encore, hélas ! de ces illusions comme des précédentes. On ne sait que trop en effet comment les heureux débuts de ces deux armées furent suivis, grâce à la fatalité toujours acharnée à notre perte, des funestes journées de Saint-Quentin et du Mans, et de la déroute complète des troupes de Bourbaki, qui n'eurent d'autres ressources que de se réfugier en Suisse, avec armes et bagages.

Non contents d'avoir remis la forteresse en état de défense, les Prussiens avaient en outre pris le parti de miner ses principaux ouvrages, dans l'intention de la faire sauter, s'ils étaient obligés de battre en retraite. Ils avaient depuis longtemps déjà pris les mêmes mesures à Sedan. A Montmédy, l'ouvrage qui semblait le plus directement menacé de destruction était la poterne, ainsi que le bastion qui la surmonte.

Toujours défiants et précautionneux à l'excès, ils s'étaient réservé le passage exclusif par cette poterne dès les premiers jours de leur entrée en ville. Les habitants, pour communiquer d'une partie de la ville à l'autre, étaient contraints de prendre la grande route, ce qui nécessitait de longs détours et doublait l'étendue du trajet. Cet état de choses gênant se prolongea jusqu'au mois d'avril suivant.

A la même époque, c'est-à-dire vers le 10 janvier, ayant appris qu'un certain nombre de jeunes gens s'étaient dirigés vers l'armée française du Nord, ils se mirent en mesure de faire exécuter un arrêté déjà pris par eux en Alsace et en Lorraine en semblables circonstances. Ordre fut publié à son de caisse que tous les hommes de 20 à 40 ans étaient tenus, sous la responsabilité de leurs familles et sous les peines les plus sévères, de se faire inscrire, dans un bref délai, à leurs mairies respectives et de ne point s'absenter plus de quarante-huit heures sans causes légitimes et sans dispense de l'autorité militaire allemande. Les états dressés dans les mairies devaient être remis entre les mains des Prussiens. Tous ces ordres avaient pour interprète à Montmédy un certain sieur Vollmar, du nom duquel on se souviendra longtemps, tellement il apportait de rigueur et d'exigence dans leur exécution. Cet individu, qui n'a laissé derrière lui que haine et exécration, était le type accompli de la morgue et de l'insolence prussiennes. Se piquant de belles manières et d'une politesse obséquieuse dans les relations particulières, il se montrait dans son service d'une raideur et d'un absolutisme sans égal. A propos des réquisitions de denrées de toutes sortes dont étaient frappées les campagnes avoisinantes et principalement au sujet des fameuses réquisitions de tabac et de cigares devenues légendaires, depuis l'occupation de Francfort en 1866, il n'eut que trop l'occasion d'exercer ses instincts haineux à l'égard du nom français. Sans examen préalable, il refusait tout, prétextant de la mauvaise qualité des articles fournis et enjoignant aux malheureux maires, qui avaient eu toutes les peines du monde à réunir les objets réquisitionnés, d'avoir à verser séance tenante un équivalent en espèces, sous peine de se voir infliger de fortes amendes. Puisse cet être sans cœur rencontrer dans un avenir prochain, la récompense que lui ont méritée ses exploits à Montmédy !

Dans la mesure prise par l'autorité militaire allemande relativement à l'inscription des jeunes gens valides, l'esprit si riche en cautèle des Prussiens fut pourtant mis en défaut. Les résultats en furent en effet diamétralement opposés à ce qu'ils en attendaient. Une foule de mobiles et de soldats évadés, qui avaient regagné leurs foyers où ils attendaient des jours meilleurs, craignant de se voir appréhendés et emmenés prisonniers par les Prussiens, sur la connaissance qu'auraient eue ceux-ci de leur situation, grâce à la confection de ces listes, choisirent de deux maux le moindre et gagnèrent la Belgique, d'où ils se dirigèrent sur les armées en voie d'organisation.

Une fois le branle donné, beaucoup d'autres jeunes gens qui étaient libres de tout engagement, redoutant de se voir incorporés de force dans les armées prussiennes, comme le bruit en avait circulé, prirent à leur tour le même parti. D'un autre côté, ceux-là même qui restaient au pays n'apportèrent pas un vif empressement à se rendre à la peu aimable invitation de nos ennemis. Aussi ne reçurent-ils que des états très défectueux et fort incomplets.

Le 19 janvier, tous les malades ou blessés que contenait l'ambulance française étant morts ou rétablis, les médecins et infirmiers qui en composaient le personnel quittèrent la ville et gagnèrent le Nord. On sait qu'en vertu de la Convention de Genève, toutes les personnes attachées au service des ambulances et qui sont munies du signe de la croix rouge, dûment contrôlé et vérifié, sont neutralisées et échappent à la captivité.

A ce propos, nous croyons devoir mentionner ici que chaque fois que des militaires français sont morts à Montmédy, pendant l'occupation, les Prussiens se sont fait un devoir de les faire accompagner au cimetière par une escorte et de leur faire rendre les mêmes honneurs qu'à leurs propres soldats.

Jusqu'alors, les bâtiments de l'ancien hôpital militaire, convertis en ambulance depuis le commencement d'août 1870, étaient restés exclusivement affectés au traitement des Français. Les Prussiens s'emparèrent pour l'usage spécial de leurs malades et blessés, d'une des plus spacieuses maisons de la ville basse qui conserva cette destination pendant plusieurs mois.

D'autres amertumes toutes prochaines nous étaient encore réservées! En effet, malgré la bravoure et la discipline de l'armée du Nord, malgré les talents et l'activité du général Faidherbe qui la commandait, la campagne entreprise par cette armée, qui s'était annoncée sous de si heureux auspices avait, comme nous l'avons dit, abouti à la défaite de Saint-Quentin, nom déjà marqué dans le passé par une date néfaste pour la France. Les 23, 24 et 25 janvier, passèrent en gare de Montmédy de nombreux convois de prisonniers faits dans cette bataille, si funeste à nos armes.

Pour compléter la somme d'affliction que causaient ces douloureux tableaux, un terrible accident se produisit. Pendant la nuit du 25 au 26 janvier, deux trains arrivant en sens inverses, l'un chargé de soldats prussiens venant du côté de Longuyon, l'autre plein de prisonniers français arrivant du côté de Carignan se heurtèrent sous le tunnel de Montmédy, avec une violence d'autant plus grande qu'ils étaient lancés à toute vapeur. Les deux locomotives et les premiers wagons se broyèrent en produisant un horrible fracas. Deux officiers français des mobiles du Lot, qui faisaient partie du train de prisonniers, furent tués du coup, et cinq autres officiers et soldats plus ou moins fortement blessés. Ces malheureux furent conduits pendant la nuit, à la lueur des torches, à l'ambulance militaire, par les Prussiens, qui avaient été immédiatement appelés d'urgence par leur poste de service à la gare.

Un grand nombre d'habitants de la ville, à la nouvelle de ce nouveau malheur, s'étaient portés sur les lieux, prêts à offrir leur concours. A l'autre extrémité du tunnel, du côté de Thonne-les-Prés, plusieurs habitants de ce village en avaient fait autant. Mais les officiers prussiens, toujours amateurs de mystère en ce qui les concerne, firent occuper les deux entrées du souterrain par leurs hommes qui avaient tous été mis sur pied et firent écarter tout le monde. On ne sut jamais quelles furent leurs pertes dans cette sanglante rencontre. Quelques personnes dignes de foi qui avaient pu pénétrer dans le tunnel dès le premier instant assurèrent avoir vu entasser dans des wagons un grand nombre de morts et de mourants, qui furent ensuite évacués sur l'Allemagne. On parla d'une cantinière prussienne affreusement mutilée. Le lendemain, l'air de tristesse de certains officiers, leurs réticences, les quelques mots qui leur échappaient au sujet des scènes affreuses dont ils avaient été témoins laissèrent entrevoir que ce cruel accident leur avait causé des pertes sensibles.

Des notables de Sedan, qui faisaient partie de ce train à titre d'otages, eurent le bonheur de sortir sains et saufs de l'effroyable bagarre. A la faveur des embarras inséparables d'un semblable événement, un certain nombre de prisonniers parvinrent à s'échapper de la queue du train, du côté de Thonne-les-Prés; de là, ils purent gagner la Belgique.

Le 27 janvier eut lieu l'enterrement des deux officiers français victimes de cette collision. Plusieurs notabilités de la ville, se firent un devoir d'accompagner le convoi que suivaient également plusieurs officiers prussiens et un nombreux détachement de landwehrs, délégués pour leur rendre les honneurs militaires. A défaut d'humanité pour les vivants, les Prussiens pratiquent du moins le respect envers les morts. De ceux-ci, au moins, ils n'ont plus peur.

Depuis quelques jours, il s'était déjà produit sur le chemin de fer plusieurs accidents dont aucun heureusement n'avait eu encore de suites fâcheuses. Il y avait eu plusieurs déraillements toujours suivis d'enquêtes ayant pour objet de constater si ces faits étaient ou non le résultat de tentatives de la part des habitants du pays.

Ce qui rendait l'ennemi soupçonneux, c'est

que quelques jours auparavant, 1,200 francs-tireurs des Vosges, dirigés par le brave commandant BERNARD, avaient pu se glisser jusqu'entre Toul et Nancy et faire sauter, le 22 janvier, deux arches du magnifique viaduc de Fontenoy-sur-Moselle. On sait avec quelle férocité les Prussiens châtièrent cet acte qui leur causait un tort considérable. Les villages de Fontenoy et de Flavigny furent incendiés froidement. La Lorraine fut frappée d'une contribution de dix millions de francs. Enfin la ville de Nancy et les localités environnantes furent l'objet des plus affreuses menaces. Les écorcheurs et les grandes compagnies du moyen-âge n'employaient pas d'autres procédés pour semer partout la terreur.

Dans cette énorme contribution de guerre, la part à verser par Montmédy était de 16,000 francs.

Ici encore l'implacable fatalité se tourna contre nous. Si cette explosion du pont de Fontenoy s'était produite quelques jours plus tôt, c'est-à-dire avant que la ligne des Ardennes pût être rendue à la circulation, les communications des armées allemandes avec leurs pays eussent été gravement compromises ou, du moins, fortement entravées. Mais de ce jour, les Prussiens purent se servir de la ligne Thionville-Montmédy-Mézières-Reims, pour remplacer celle qui venait si brusquement leur faire défaut. Aussi les trains s'étaient-ils mis dès le 23 et le 24 janvier à passer nuit et jour presque sans interruption, ne s'arrêtant qu'aux stations principales. Telle fut aussi une des causes déterminantes des nombreux déraillements qui eurent lieu sur la ligne des Ardennes.

Le 29 janvier, encore un dimanche!!! (1), on reçut la douloureuse nouvelle de la capitulation de Paris. C'était le digne couronnement des jours d'épreuve qui s'étaient écoulés depuis la déclaration de guerre. Dès lors la mesure de nos malheurs était comble. Le sort en avait décidé, l'humiliation et la défaite de la France étaient consommées.

Le lendemain, 30, les Prussiens, ivres de joie, insultèrent à notre trop légitime affliction en faisant tonner le canon sur les remparts, en l'honneur de cette grande nouvelle qui les comblait d'allégresse et qui nous accablait de tristesse.

Pendant le mois de février, la mort frappa à coups redoublés parmi la population de Montmédy, s'en prenant de préférence aux adolescents et aux enfants, qui succombaient à des attaques presque foudroyantes. Ces malheurs particuliers ajoutaient encore à la désolation générale.

C'est à cette époque que s'éteignit M. Guiot, maire de la ville depuis 1863. Malade dès avant les évènements de juillet 1870, M. Guiot avait donné sa démission alors qu'il n'était pas question de la

---

(1) Encore une fois nous venons de faire allusion au rôle fatal et en quelque sorte prédestiné que jouaient les dimanches en cette lamentable guerre. C'est une coïncidence qui fut partout douloureusement remarquée. Voici ce que nous lisons à cet égard dans un ouvrage, *Les Tablettes d'un Mobile*, qui a trait au siége de Paris:

« Que nous avons de tristes dimanches depuis quelques mois! C'est un dimanche que les Parisiens ont appris la défaite de Forbach et de Reichshoffen; c'est un dimanche qu'il a fallu avouer le désastre de Sedan; c'est un dimanche que nous avons connu la capitulation de Strasbourg; c'est un dimanche qu'on a repris le Bourget et que le bruit de la chute de Metz, officiel le lendemain, s'est répandu dans Paris; c'est un dimanche enfin que la rupture des négociations vient brusquement détruire les espérances trop facilement et trop vite échafaudées sur l'armistice. »

guerre. La marche rapide des événements n'ayant pas permis de lui désigner un successeur, il demeura ainsi maire titulaire de la ville jusqu'à sa dernière heure. En présence des périls dont Montmédy était menacé, cet honorable magistrat s'était retiré en Belgique, sur les vives instances de sa famille et de ses amis. S'il eut la douleur de survivre à nos désastres, il eut du moins la consolation de pouvoir venir exhaler son dernier souffle dans sa maison, au sein de sa ville natale qu'il avait tant aimée. Une assistance nombreuse l'accompagna à sa dernière demeure. M. Célice, son adjoint, qui l'avait si dignement suppléé pendant ces longs jours d'angoisse, prononça sur sa tombe de nobles et patriotiques paroles, tout à fait appropriées aux circonstances pénibles dans lesquelles se trouvait alors la ville de Montmédy.

L'armistice.

Sur ces entrefaites, on apprit les dures conditions de l'armistice qu'après la capitulation de Paris les vainqueurs avaient daigné octroyer aux vaincus. En raison de cette suspension d'armes, on vit bientôt passer des trains de vivres à destination de Paris affamé, qu'il fallait ravitailler à tout prix. Ces convois avaient été organisés par les soins des Prussiens qui, après avoir extorqué à la grande ville une contribution de guerre de deux cent millions, pouvaient à peu de frais se donner aux yeux de l'Europe de faux airs de philanthropie et d'humanité. Le malheur qui poursuivait toujours la France, même après sa chute, voulut qu'un de ces trains, chargé d'animaux de boucherie, déraillât entre Montmédy et Grand-Verneuil. Ce fut non seulement un retard pour ce convoi lui-même ; mais la voie se trouvant obstruée par suite de cet accident, ce retard s'étendit à d'autres trains qui suivaient le premier d'assez près.

La ligne des Ardennes continuant à être la seule dont on pût se servir pour le transport des denrées venant d'Allemagne, on conçoit que cette interruption momentanée sur l'une des grandes artères qui donnaient accès dans Paris était encore de nature à prolonger les souffrances des habitants de la grande ville. Après enquête, il fut heureusement établi que ce nouvel accident, ainsi que la plupart de ceux de même nature qui l'avaient précédé, avait pour cause l'usure et la vétusté des rails ; sans quoi on ne sait à quelles conséquences l'esprit soupçonneux de nos ennemis eût exposé Montmédy et les localités voisines.

A la suite de la conclusion de l'armistice, des préliminaires de paix avaient été posés. Certaines feuilles prétendaient que les Prussiens voulaient s'annexer tout le pays compris entre le Rhin et la Meuse. On conçoit quelles anxiétés nouvelles faisaient naître ces rumeurs, d'autant plus fondées en apparence que nous étions à la complète merci des Allemands et que nous savions d'avance à combien peu de modération on devait s'attendre de leur part. Enfin les bases formelles de la paix furent connues et, au milieu de nos douleurs, ce nous fut un immense soulagement d'apprendre que Montmédy échappait au sort cruel de nos infortunés compatriotes de l'Alsace et de la Lorraine prétendue allemande.

Les premières conséquences des stipulations de l'armistice amenèrent les élections, faites par toute la France, de 750 représentants chargés de composer une Assemblée nationale, appelée à se réunir à Bordeaux, pour y décider de l'adoption de la paix ou de la reprise de la lutte. Le service des postes et des télégraphes, que les Prussiens avaient eu soin de se réserver, fut remis entre des mains françaises pour quelques jours, afin de faciliter les opérations du vote et de permettre aux candidatures de se produire en toute liberté. C'est le 8 février qu'eurent lieu ces élections qui se firent dans chaque chef-lieu de canton par scrutin de liste. Les six élus de la Meuse furent MM. Bompart, Grandpierre, Billy, Benoit, Ernest Picard et Paulin Gillon.

On s'était bercé, mais à tort, de l'espoir que la signature de l'armistice mettrait fin aux réquisitions ; les Prussiens continuaient, comme par le passé, leur système d'extorsion à outrance. De plus, ils étendaient leurs préparatifs de destruction de la forteresse. Une compagnie de pionniers se livrait sans relâche au creusement de nouvelles mines destinées à faire sauter, à un moment donné, toutes les principales défenses de la place, bastions, demi-lunes, etc., etc. La grande explosion, préparée par des explosions partielles, qui se répétaient à chaque instant, était fixée au 17 février. Ce jour-là, ordre devait être donné à tous les habitants de la ville haute, à peine réinstallés dans leurs habitations, d'avoir à les quitter de nouveau avec leurs mobiliers. Les difficultés que la roche sur laquelle repose Montmédy haut opposait à l'avancement des travaux firent ajourner l'exécution de cette menace. Plusieurs fois elle fut annoncée, puis contremandée. Les Prussiens, comme de véritables félins, continuaient à s'amuser avec leur proie. Finalement, elle devait avoir lieu sans faute le 1ᵉʳ mars, pendant la nuit. Mais l'adoption des dures conditions de la paix par l'Assemblée de Bordeaux, transmise au dernier instant par le télégraphe, vint fort à propos arracher la ville haute au sort affreux qui la menaçait.

Le 14 février, on reçut la nouvelle de la nomination par le Gouvernement de Bordeaux, de M. BOUSQUIER, inspecteur des forêts, en qualité d'administrateur provisoire de l'arrondissement de Montmédy. Un des premiers actes de ce magistrat intérimaire, qui, pendant tout le cours de sa délicate mission, ne cessa d'apporter le plus grand tact, le plus entier dévoûment, le plus vif patriotisme dans l'exercice de ses fonctions, fut de confirmer les pouvoirs du conseil municipal existant.

Les Prussiens qui, en fait d'exigences, sont passés maîtres depuis leurs faciles triomphes en Danemark et en Autriche, s'avisèrent un beau jour, le 23 février, croyons-nous, d'exiger que l'horloge de la ville fût réglée désormais sur l'heure de Cologne. L'écart ainsi causé par la différence des méridiens était d'une demi-heure environ. On se figurera facilement quelle perturbation une semblable mesure devait apporter dans les habitudes. Nous ne nous souvenons plus trop de quelle manière fut accompli cet ordre ni combien de temps il fut maintenu en vigueur.

Une exigence nouvelle d'une autre nature avait

consisté à donner l'ordre au maire de faire rétablir les reverbères et de les entretenir allumés toutes les nuits, sous peine d'amende pour chaque fanal éteint. Comme pour comble d'ennuis on ne pouvait disposer que de très mauvaise huile, cet ordre fut pour la municipalité une cause intarissable de vexations et d'avanies.

Depuis quelque temps on voyait passer dans les rues de Montmédy d'interminables convois de marchandises venant de la Belgique et se dirigeant vers l'intérieur du pays. On venait se ravitailler aux villes et villages de la frontière belge, non seulement du département de la Meuse, mais encore de ceux des Ardennes, de la Marne, des Vosges et de la Haute-Marne. En effet, épiceries, tabacs, tout faisait défaut à la fois dans ces pays qu'avaient sillonnés et pillés tout à l'aise tant de détachements ennemis.

La Paix???

Comme nous l'avons dit plus haut, ce fut le 1er mars qu'arriva la nouvelle de la ratification par l'Assemblée nationale, dans sa séance du 28 février, des préliminaires de paix arrêtés à Versailles, entre MM. Thiers et Jules Favre et les diplomates prussiens. L'armistice, qui devait expirer le 19 février, avait été successivement prolongé jusqu'au 23, jusqu'au 25, puis jusqu'au 1er mars. A partir de cette époque, il fit place à l'état de paix. L'Assemblée nationale avait adopté par 546 voix contre 107 l'ultimatum de la Prusse, exigeant l'annexion à l'Allemagne de l'Alsace et de la Lorraine dite allemande, avec Metz et Thionville, et le payement d'une indemnité de cinq milliards. Sur les six députés de la Meuse, MM. Benoit, Bompart, Ernest Picard et Paulin Gillon avaient voté pour la conclusion de la paix; MM. Billy et Grandpierre avaient voté pour la continuation des hostilités.

De cette même date prit fin une fois pour toutes le ruineux système de réquisitions qu'avaient établi les Prussiens. Ils cessèrent également d'exiger le versement entre leurs mains des contributions régulières qu'ils avaient triplées et de poursuivre le recouvrement des amendes qu'ils avaient infligées pour l'explosion du viaduc de Fontenoy et autres de ce genre.

Nous venons, dans ce qui précède d'exposer les pertes matérielles qui avaient pesé sur Montmédy pendant cette désastreuse période. Que si nous voulons maintenant rechercher les pertes en morts et tués qu'éprouva la population pendant cette époque néfaste, nous verrons que du 1er septembre 1870 au 1er avril 1871, soit pendant une période de sept mois, il était décédé à Montmédy 102 personnes, tant civiles que militaires. Dans ce chiffre ne sont pas compris les soldats tués au combat de Chauvency (28 août), ni ceux qui succombèrent en dehors du territoire de Montmédy, dans les divers engagements qui eurent lieu en vue de ses murs, non plus que ceux des habitants, au nombre d'une dizaine, qui moururent sur le sol étranger pendant la durée de leur expatriation. Durant le même laps de temps, il ne s'était produit que 13 naissances. Voici comment se répartissent les chiffres que nous venons de citer :

Septembre 1870..	2 naissances	13 décès (y compris les victimes du bombardement du 5).
Octobre 1870....	0 —	17 —
Novembre 1870...	1 —	13 —
Décembre 1870...	1 —	27 — (y compris les victimes du bomb^t des 12 et 13).
Janvier 1871.....	3 —	11 —
Février 1871....	4 —	12 —
Mars 1871.......	2 —	7 —
Totaux	13 naissances	102 décès.

A partir du 1er avril, l'équilibre se rétablit à peu près entre les naissances et les décès.

L'énorme disproportion entre les chiffres qui précèdent, disproportion qui se reproduisit d'ailleurs dans tout le Nord et l'Est de la France et qui se prolongea pendant presque toute l'année 1871, donne une idée exacte des pertes qu'a subies, même en dehors des champs de bataille, la population de la France pendant ces temps calamiteux.

Durant la même période, le typhus bovin ou *Rinderpest,* que les armées allemandes avaient amené à leur suite et qui avait éclaté avec une grande violence dès le mois de septembre, à Mouzon, Pouilly, Autréville, Létanne et autres villages voisins des champs de bataille de Beaumont et Sedan et qui, en quelques jours, avait dépeuplé toutes les étables de ces localités, se mit à sévir dans tout le pays. Les lois sanitaires n'étant plus observées en ces moments où il n'existait plus de pouvoir d'aucune sorte, nulle mesure de précaution ne fut opposée à la marche du fléau qui causa des pertes considérables dans tous les environs et à Montmédy même. Pendant toute l'année, cette terrible épizootie devait exercer ses ravages dans la France septentrionale ; il semblait que tous les fléaux se fussent donné rendez-vous pour consommer la ruine de notre malheureuse patrie !

Emu des nouvelles qui lui parvenaient de l'inexécution des mesures sanitaires, M. Bousquier, administrateur de l'arrondissement, s'empressa, dès que les divers services furent un peu reconstitués, de provoquer des mesures destinées à faire disparaître les causes d'infection qui pouvaient provoquer et entretenir épidémies ou épizooties. Tous les maires reçurent des instructions leur prescrivant de faire effectuer des perquisitions sur les territoires de leurs communes respectives, à l'effet de faire enterrer immédiatement à des profondeurs suffisantes tous les cadavres d'hommes, d'animaux et toutes les matières putrides et fermentescibles qui pourraient séjourner sur le sol ou bien être mal enfouies. Les gardes forestiers, les seuls agents de la force publique qui existassent encore, par suite de la dispersion de la gendarmerie, furent requis d'aider à ces recherches. Cette précaution était d'autant plus rationnelle que les bois surtout semblaient de nature à recéler de ces foyers d'insalubrité. Une mesure considérée comme étant des plus propres à arrêter les progrès de la contagion des bestiaux et consistant dans l'interdiction du transport du bétail sur les foires et marchés fut aussi prise par les soins de l'administration à la même époque.

Le 6 mars enfin, on apprit d'une manière certaine qu'il ne serait pas donné suite aux projets de destruction des remparts de la ville haute. En attendant, les mines qui étaient chargées et prêtes à faire explosion au premier signal, restèrent jusqu'à nouvel ordre en cet état. Pendant tout ce temps, la ville haute continua à être littéralement assise sur un volcan, en péril incessant d'être anéantie.

Le 7 mars, passa en gare de Montmédy le duc de Meklembourg, le trop digne neveu de S. M. Guillaume. Quelques jours plus tard, ce fut le tour du général de Werder, le vainqueur de Bourbaki. Ce dernier mit pied à terre en ville.

A partir du 9, le service de l'exploitation du chemin de fer devint mixte. Dès lors, les habitants purent quelque peu s'en servir pour leur usage particulier. Néanmoins le service des voyageurs fut longtemps encore limité à un seul train montant et à un seul descendant, ne desservant que les stations principales de Mézières-Charleville, Sedan, Carignan, Montmédy, Longuyon, Audun-le-Roman et Thionville. Ce ne fut que le 10 août qu'il put être étendu aux stations intermédiaires.

Le 12 avril, eut lieu l'adjonction d'un nouveau train à l'aller et au retour, qui, borné dans le principe au service des stations principales susnommées, comprit, à partir du 25, même mois, celui des stations d'importance inférieure.

Au 3 mai, il y eut trois trains montants et trois descendants.

Enfin, à la date du 5 août, le service à grande vitesse fut réorganisé complètement et porté à cinq trains par jour dans chacune des deux directions de Thionville et Charleville, soit un de plus qu'avant la guerre. Mais tout transport par petite vitesse continua à demeurer interdit au public jusqu'à nouvel ordre. Ce ne fut qu'un ou deux mois plus tard que l'expédition des marchandises put reprendre son cours à peu près normal.

En même temps que le service des chemins de fer rentrait peu à peu dans sa marche régulière, l'administration des postes se réorganisait à son tour et remettait ses courriers en marche au fur et à mesure de la reconstitution des trains de la Compagnie de l'Est.

Le 11 mars, les pionniers mandés un mois auparavant pour pratiquer les fouilles nécessaires à l'établissement de mines sous la forteresse, quittèrent la ville haute et Thonne-les-Prés, où ils étaient cantonnés, pour regagner l'Allemagne. En partant, ils laissaient, comme nous l'avons dit plus haut, les fourneaux de mines chargés.

Le lendemain, 12 mars, l'église de la ville haute fut rendue au culte. Ses cloches muettes depuis cinq mois purent enfin être remises en branle et convier les habitants de cette fraction de la ville aux prières et aux offices religieux.

En ce moment commencèrent les passages de nos soldats prisonniers revenant d'Allemagne. Hélas! combien ils différaient de ces brillants militaires que l'on avait vus passer en gare à Montmédy, sept mois auparavant! Hâves, maigres, décharnés, les vêtements en lambeaux, tels étaient maintenant ces malheureux. Que de choses en effet s'étaient accomplies depuis le moment où ils partaient pour la frontière, pimpants, joyeux et bouillants du désir de se mesurer avec l'ennemi, aux enthousiastes acclamations de la foule! Toujours loustics, néanmoins quelques-uns d'entre eux trouvèrent encore moyen, de jouer de bons tours aux Prussiens qui se trouvaient en gare lors de leur passage. Si c'étaient les seules petites vengeances qu'ils pussent tirer de leurs récentes infortunes, au moins ne s'en faisaient-ils pas faute.

Le 16 mars, arrivèrent des cavaliers de toutes armes regagnant l'Allemagne, ainsi que de longs convois d'artillerie. Montmédy et les villages voisins eurent encore à défrayer tous ces gens-là pendant vingt-quatre heures.

Le 22 mars était le *Geburtstag* (anniversaire de la naissance) du roi Guillaume. Cette fête fut annoncée la veille par des illuminations et une retraite aux flambeaux, exécutée par les tambours et les fifres de la garnison. Le lendemain, après le réveil, eurent lieu les bans d'usage en Prusse, accompagnés de hurrahs retentissants. A l'occasion de cet anniversaire, une grande partie des maisons de la ville avaient dû, bon gré mal gré, se voir enjolivées d'énormes guirlandes de verdure, de couronnes, d'inscriptions, de drapeaux aux couleurs allemandes, de trophées et d'emblèmes de tous les styles. Rien de l'attirail ordinaire de ces sortes de réjouissances ne manquait, pas même le portrait du héros de la fête, qui se détachait en buste de grandeur naturelle, sur une toile occupant toute une fenêtre d'une maison qui servait de logement à des sous-officiers. La joie des landwehrs prussiens, causée par leurs succès et accrue par l'espoir d'un retour prochain, contrastait singulièrement avec les sombres pensées de la population, dont la tristesse était encore aggravée par les fatales nouvelles qui venaient d'arriver de Paris. La populace de cette capitale, aigrie par les souffrances du siége, l'insuccès de ses efforts et agitée par des énergumènes, complices occultes de Bismarck, qui rêvait l'anéantissement de la France, venait de s'emparer de toute l'artillerie qui avait servi à la défense de la grande cité et avait proclamé la Commune, après avoir assassiné les généraux Clément Thomas et Lecompte ; le gouvernement avait dû céder devant l'insurrection en abandonnant complètement la capitale. Et tandis que ces saturnales hideuses se passaient à Paris, Annibal campait à ses portes !!!

Nous venons de voir que la pourtraicture du pieux Guillaume était exposée à l'admiration de ses fidèles soldats. Il fut mis terme à cette écœurante exhibition quelques jours plus tard, à la suite d'un badigeonnage tant soit peu saugrenu infligé à son auguste face par quelque citoyen attardé. L'auteur de cette plaisanterie commise à la barbe même de la sentinelle prussienne, n'eut garde de s'en vanter. Les noirs cachots de Spandau eussent seuls été dignes de lui faire expier un tel forfait et on le lui eût bien fait voir. Les Prussiens eux-mêmes n'en soufflèrent mot.

Le 24 mars, le service français ayant été à peu près réorganisé à la gare, on vit disparaître le drapeau noir, blanc et rouge (couleurs impériales d'Allemagne), qui, depuis quelque temps flottait au sommet de la prise d'eau de la gare. Ce malencontreux étendard avait été maintes fois pris de loin pour le drapeau français.

Le même jour, le tribunal ou ce qui en restait faillit être incendié par suite de l'incurie des Prussiens qui se souciaient fort peu des dégâts qu'ils pouvaient causer par leur négligence. Frileux à l'excès, malgré les rigueurs naturelles de leur pays, ces landwehrs, pendant tout leur séjour à Montmédy, qui eut lieu, du reste, pendant un long et dur hiver, ne cessaient d'allumer, sans daigner écouter aucune représentation, des feux immenses, qui, plusieurs fois, déterminèrent des commencements d'incendie et causèrent de nombreux feux de cheminée. Chaque jour ramenait de nouveaux sujets d'alarmes.

Enfin, le 27 mars, le bataillon de landwehr qui occupait Montmédy, reprit le chemin de la Prusse pour rentrer dans ses foyers. Ce corps, qui fut peu regretté, fut remplacé par un bataillon du régiment d'infanterie n° 73, composé de hanovriens. Ces hommes, dont la tendresse pour la Prusse était loin d'être excessive, se comportèrent généralement mieux que leurs devanciers. Malheureusement, par suite du mauvais état et de l'insuffisance des casernes, ils durent être logés encore chez les bourgeois, ce qui constitua une nouvelle prolongation des charges auxquelles on avait espéré échapper. Une des premières mesures du commandant de cette garnison fut de lever l'interdit qui pesait sur le passage par la poterne et de décider qu'en raison de la confiance que lui inspirait la population de Montmédy, les portes de la ville ne seraient plus fermées à l'avenir. Ce lieutenant-colonel, dont les bons procédés ne devaient pas se démentir par la suite, s'appelait von Coburg. C'est le nom d'un honnête homme que nous recommandons au bon souvenir des habitants de Montmédy.

Le 29, une nouvelle collision sans autres conséquences heureusement que des dégâts matériels, se produisit dans le tunnel.

Le 8 avril, arriva à destination des nécessiteux de Montmédy, un envoi de mille francs, fait par la *Société du Pain*, association philanthropique qui s'était organisée en Belgique et qui rendit de signalés services dans cette guerre malheureuse.

Par les soins d'autres associations bienfaisantes, nées des circonstances, des distributions de grains et de pommes de terre de semence se firent également à la même époque, dans toutes les communes de nos environs.

Rien de particulier ne se produisit jusqu'au 19 avril, jour où deux compagnies du bataillon du 73me quittèrent Montmédy pour aller tenir garnison à Stenay. Ce départ permit de libérer de tous logements militaires bien des pauvres ménages et d'alléger les charges qui pesaient sur les autres. L'effectif de la garnison se trouvait ainsi réduit d'environ 500 hommes.

Le 30 avril 1871, eurent lieu de nouvelles élections municipales. Quelques jours après, parut au *Journal officiel* un décret nommant M. De Baecker maire de Montmédy, et M. Cailleteau, adjoint.

L'hôtel de ville ayant été détruit complètement, la mairie fut provisoirement établie dans un local obligeamment mis à la disposition de la ville par M. De Baecker.

Sur ces entrefaites, un détachement de pionniers chargés d'opérer le déchargement des mines creusées sous la ville haute, revint occuper Thonne-les-Prés. Ces travaux, très-difficiles et fort dangereux, durèrent plusieurs semaines. Ils touchaient à leur fin, quand le dimanche 14 mai, vers huit heures du matin, un bruit violent se fit entendre tout à coup. Le bastion dit des Connils, le plus bel ouvrage de la place, venait de s'écrouler en partie. Sur les plaintes qui furent faites, une enquête sommaire fut ouverte et la conclusion en fut qu'il n'y avait pas eu explosion, mais bien simplement éboulement naturel de ce bastion, fort endommagé par le bombardement. Néanmoins, l'opinion publique s'obstina à attribuer cet accident à la malveillance des Prussiens. On prétendit que le bruit d'une détonation avait été distinctement perçu, que d'Iré-les-Prés, de Vigneul et de Thonne-les-Prés on avait parfaitement vu la fumée et les pans de murs lancés en l'air, ce qui constituait autant d'indices certains d'explosion et non de simple effondrement. S'il en eût été autrement, ajoutait-on, les pionniers occupés à ce travail auraient été immanquablement tués ou blessés pour la plupart. Or, il semblait avéré qu'ils avaient tous eu le temps de se garer.

D'un autre côté, il nous est revenu depuis lors que des officiers prussiens se seraient plaints d'avoir perdu des hommes en cette circonstance. C'est ce que la reconstruction du bastion et le déblayement des décombres qui emplissent le fossé permettront seuls de vérifier un jour.

En présence de ces appréciations contradictoires, notre devoir est de ne point émettre de jugement nettement décisif. Pour nous, jusqu'à plus ample informé, *adhuc sub judice lis est*.

Si nous avons quelque peu développé cet incident, c'est en raison du retentissement qu'il eut alors. En effet, il en fut fortement question dans les journaux et dans les cercles politiques. On avait donné à ce fait des proportions bien plus considérables qu'elles n'étaient en réalité.

Quelques jours plus tard eut lieu la chute, toute naturelle cette fois, d'un long espace du mur extérieur de la courtine comprise entre ce bastion et celui dit de Saint-André. Cette partie des remparts avait été criblée de boulets lors du dernier bombardement. Dès lors, rien d'étonnant qu'elle s'écroulât.

C'est le 18 de ce même mois de mai que fut définitivement ratifiée, à Francfort-sur-le-Mein, la conclusion de la paix. En vertu de ce traité, il fut introduit quelques modifications à la contexture primitive de la convention de Versailles. La plus importante consista dans un changement relatif aux cessions territoriales. La Prusse nous rétrocédait autour de Belfort, une cinquantaine de communes représentant une population de 40 ou 50,000 âmes, en échange de 17 communes de l'arrondissement de Briey (cantons d'Audun-le-Roman, Briey et Longwy) d'une population totale de 8 à 10,000 âmes. Ce faisant, la Prusse qui n'obéissait pas, comme seraient tentés de le penser ceux qui la croient susceptible de quelque générosité, à un mouvement chevaleresque à notre égard, obtenait les avantages suivants: 1° elle étendait sa frontière jusque dans le canton de Longwy, auquel elle enlevait deux communes et nous isolait ainsi presque complètement du Grand-Duché de Luxembourg, sur lequel on connait de longue date ses visées ambitieuses; 2° elle s'adjoignait de riches minières en même temps que des forêts domaniales considérables. Nul doute donc qu'en cela comme en toute autre chose, elle n'ait exclusivement pris son intérêt pour guide et mobile unique. De notre côté, nous gagnions à cet échange de voir rentrer une trentaine de mille de nos concitoyens dans le giron de la mère-patrie. Une pareille considération valait la peine d'être mise à l'étude et finalement adoptée.

Cette modification dans les clauses de la délimitation territoriale eut pour effet de rapprocher de quelques lieues de Montmédy la nouvelle frontière. La première station allemande sur la ligne des Ardennes, qui, d'après les premières stipulations, avait été fixée à Hayange, fut dès lors ramenée à Fontoy. Audun-le-Roman devenait ainsi notre dernière station du côté de Thionville.

Pendant toute cette partie de l'année qui précède la fenaison, les officiers de la garnison, tous Prussiens, bien que le régiment fût hanovrien, s'obstinèrent à faire manœuvrer leurs hommes dans la principale prairie, au grand détriment de la prochaine récolte. Ce fut en vain qu'on leur objecta qu'il y avait à leur disposition une esplanade, un Champ-de-Mars, de vastes places publiques, rien n'y fit. Toutes les remontrances demeurèrent infructueuses devant la raison péremptoire, selon eux, que c'est ainsi qu'ils en agissaient chez eux et que le gouvernement français désintéresserait les propriétaires lésés. Il devait, du reste, en être de même l'année suivante et pendant toute la durée de l'occupation.

Au commencement de juin eut lieu, après la répression de l'insurrection communarde et par suite du payement d'une portion de l'indemnité des cinq milliards, l'évacuation successive de plusieurs départements. Les 6, 7 et 8 de ce mois passa à Montmédy et dans ses environs un corps d'armée saxon regagnant Metz et l'Alsace.

Ces passages n'étaient que le prélude de ceux, beaucoup plus nombreux, qui allaient avoir lieu. En effet, du 18 au 22, il arriva de tous côtés des troupes retournant en Prusse. Toutes les routes en étaient couvertes, et pendant quatre ou cinq jours, tous les villages du pays en furent inondés. Montmédy et Stenay, que la présence d'une garnison permanente logée chez l'habitant semblait devoir exempter de ces nouvelles charges n'en furent pas garantis. Quoique l'on fût alors en pleine paix, cette soldatesque signala son passage par d'odieux actes de brutalité. Bien que la nourriture lui fût fournie aux frais du Gouvernement français, elle n'en exigeait pas moins impérieusement des vivres pour elle et du fourrage pour ses chevaux. Il se passa alors bien des scènes de violence et de pillage dont furent victimes bon nombre d'habitants, notamment à Montmédy, Stenay, Chauvency-le-Château, Iré-le-Sec, Avioth, Grand-Verneuil et Thonnelle et en d'autres communes plus éloignées de Montmédy. En certains endroits, les pompes durent être plusieurs fois requises pour éteindre des incendies que ces soudards allumaient à chaque instant. En plein solstice d'été, ils entassaient fagots et bûches dans les cheminées, sans s'inquiéter le moins du monde de ce qui en pourrait résulter. Des rixes éclatèrent, toujours suivies de cruelles représailles envers les malheureux français, dont plusieurs furent garrottés inhumainement et conduits prisonniers à Nancy. Aux plaintes qui étaient adressées par les victimes de ces actes, il était répondu par des paroles ironiques ou d'insolentes bravades. Certains officiers donnèrent l'exemple des violences et des profanations de domicile. A Signy-Montlibert (canton de Carignan, Ardennes), deux jeunes gens qui avaient voulu protéger leur mère insultée furent emmenés comme otages. De plus, le village fut menacé d'incendie. A Villécloye, un vieillard fut saisi et attaché à un chariot en marche.

Les régiments appartenant à la Prusse rhénane, que l'on croyait animés généralement de bons sentiments envers la France, se signalèrent entre tous par leurs exactions, et nos villages conserveront douloureusement le souvenir du passage des 65me, 68me et 69me régiments prussiens, appartenant à ces provinces.

Tous ces détachements apparaissaient couverts des dépouilles qu'ils avaient enlevées dans les divers pays par eux parcourus, ce qui était pour les témoins de leur retour la cause d'horribles serrements de cœur.

La presse, soumise aux rigueurs de l'état de siége, qui avait été maintenu malgré la conclusion de la paix, était impuissante pour protester contre de semblables procédés. Le silence le plus absolu était imposé aux journaux et ils devaient s'interdire rigoureusement toute appréciation des faits et gestes de nos ennemis. Différents journaux de la région furent l'objet de persécutions dans lesquelles eut l'honneur d'être comprise la feuille périodique montmédienne. Des amendes leur étaient infligées et ils avaient en outre l'humiliation de voir tous leurs numéros soumis, avant tirage, à la censure des chefs de corps qui en autorisaient l'impression seulement lorsque rien n'effarouchait leurs soupçonneuses susceptibilités. La loi du mutisme pesait de tout son poids, de par les dispositions de l'état de siége français que les Prussiens s'étaient appropriées pour les besoins de leur cause, nous fustigeant ainsi de nos propres verges.

En présence de toutes ces avanies, des plaintes furent adressées à diverses feuilles publiées en pays non occupés, principalement à celles de la capitale. Le *Petit Moniteur*, l'*Opinion nationale*, le *Progrès libéral de Seine-et-Oise* et autres organes de publicité se firent l'écho de ces justes réclamations. Le Gouvernement s'en émut et fit à cet égard à la chancellerie prussienne des représentations qui, tout en ne remédiant en rien au passé, eurent du moins pour effet de provoquer des mesures de nature à éviter pour l'avenir le retour de semblables procédés et à substituer un système quelconque de juridiction à l'arbitraire qui avait régné jusqu'alors.

D'autres corps encore regagnèrent la frontière. Nos populations les voyaient s'approcher avec terreur; mais ils furent rapatriés par chemin de fer.

Entretemps, la garnison allemande de Montmédy se livrait à des promenades militaires qui la conduisaient parfois jusqu'aux premiers villages belges, où officiers et soldats prussiens fraternisaient avec les officiers et les soldats belges. Il y avait en effet tout le long de la frontière de ce pays un cordon de troupes destiné à empêcher l'entrée en Belgique des têtes de bétail provenant de France, qui eussent pu y importer la peste bovine. Lamorteau, le premier village sur la route de Virton, fut plusieurs fois le théâtre de ces scènes de camaraderie qui nous affligeaient profondément. Nous nous attendions en effet à plus d'égards pour nos malheurs de la part des militaires d'un pays voisin, qui parle notre langue et professe nos mœurs. Nous sommes d'autant plus à l'aise ici pour exprimer notre façon de penser qu'en toutes circonstances nous avons témoigné hautement de notre gratitude pour les preuves incontestables d'humanité et de sympathies que les Belges avaient données aux Français en tant de circonstances pénibles. Nous nous souviendrons toujours avec émotion, entre autres faits, que la fête patronale de Virton, si brillante d'ordinaire, qui devait avoir lieu le 21 août 1870, fut contremandée et n'eut pas lieu en raison de nos récents désastres.

Dans ces entrevues avec les officiers belges, leurs collègues prussiens se plaignaient beaucoup de l'isolement dans lequel les laissait la population de Montmédy. Ils auraient beaucoup désiré être admis dans l'intérieur des familles ou dans les sociétés publiques. Mais toujours il avait été répondu à leurs instances à cet égard par des refus polis, mais formels. Du petit au grand, chacun semblait s'être donné le mot de tenir à l'écart tout ce qui portait l'uniforme allemand. Dans ces tristes circonstances, les habitants de Montmédy, comme ceux de Stenay et autres petites villes voisines, surent observer strictement l'attitude digne et réservée que leur commandaient les événements. Ils évitèrent soigneusement de se commettre en quoi que ce fût avec les militaires allemands, n'entretenant avec eux ni rapports ni contact d'aucune sorte. Aussi, tandis que des rixes éclataient tout autour de nous, notamment dans les centres industriels et dans les grandes villes, à Reims, à Charleville, à Nancy, à Saint-Quentin, à Amiens, à Vouziers, ainsi que dans les pays annexés et que ces conflits amenaient toujours de douloureuses représailles pour les Français, soumis au régime du sabre, nous eûmes la consolation de ne rien voir de semblable à Montmédy. La jeunesse de cette ville, en s'abstenant, par patriotisme, de toutes réjouissances publiques, eut le bon esprit de couper court ainsi à toute occasion de querelle.

La bonne entente qui semblait exister en ce moment entre militaires prussiens et miliciens belges fut troublée par un incident dont, vu le mutisme habituel des Prussiens en ces sortes d'occurrences, on ne sut jamais le fin mot. A la suite d'une de ces excursions en Belgique, un officier prussien rentra blessé d'un coup de feu. Ses collègues essayèrent de mettre cette blessure sur le compte d'une chute de voiture. Mais on ne fut pas dupe de cette petite comédie. Des informations venues de Belgique rétablirent la vérité des faits, et il fut avéré que ce coup de feu était parti d'une main belge, probablement à la suite de quelque insolence prussienne.

A peine la formidable insurrection parisienne fut-elle domptée, ce qui avait pris plus de deux mois, du 18 mars au 24 mai 1871, que le gouvernement dut aviser aux mesures à prendre pour faire honneur à ses engagements envers ses impitoyables créanciers. Un emprunt de deux milliards fut décrété par l'Assemblée nationale et émis dans les derniers jours de juin. On se rappelle le succès colossal de cette opération financière, la plus vaste qui eût jamais été conçue. Cet irréfutable témoignage de la vitalité et des ressources de la France frappa les Prussiens d'une rage et d'une fureur qu'ils ne se donnèrent pas la peine de dissimuler. Ils exprimaient hautement leurs regrets que leur diplomatie n'ait point imposé un fardeau plus lourd encore à cette France abhorrée, qui semblait se relever si vite de ses désastres. D'aucuns allèrent même jusqu'à accuser Bismarck de trahison!!! à cause de la modération relative de ses exigences!!!

Dans les premiers jours de juillet, par suite d'une troisième évacuation partielle, qui s'étendit à six départements, la garnison prusso-hanovrienne de Montmédy fut remplacée par une garnison saxonne d'égale force. Ces nouveaux occupants, qui professaient pour les Prussiens des sentiments d'inimitié analogues à ceux de leurs devanciers, irrités qu'ils étaient de se voir devenus les marchepieds de l'ambition effrénée de leurs anciens adversaires de Sadowa, se comportèrent généralement d'une manière convenable pendant tout leur séjour à Montmédy, bien que la population ne frayât pas plus avec eux qu'avec ceux qui les avaient précédés. Comme les hanovriens, ils prirent quartier dans les maisons particulières, tant à la ville haute qu'à la ville basse. Depuis la capitulation, les habitants de Montmédy n'avaient point encore passé une seule journée sans voir leurs maisons peuplées de ces hôtes incommodes qui, trop souvent, aux premiers jours de l'occupation surtout, avaient apporté avec eux vermine et ordures. Les hanovriens, du moins, voisins des hollandais, peuple renommé comme l'on sait pour son excessive propreté, et les saxons qui les remplacèrent avaient des habitudes de propreté qui leur faisaient honneur. Chez eux, les ablutions étaient d'usage très-fréquent.

Sur la fin d'août, le typhus bovin, qui semblait avoir à peu près disparu de nos contrées, tout en s'y reproduisant néanmoins de temps à autre à l'état de cas isolés, se remit à sévir dans les environs de Montmédy. Quelques cas qui s'étaient produits à Montmédy même, furent suivis de mesures énergiques, grâce auxquelles cette terrible épizootie fut étouffée dans ses germes. Elle continua néanmoins à exercer ses ravages à Beaufort, Montigny, Chauvency-Saint-Hubert, Arrancy, Amel et Senon.

Le 15 septembre, arriva en ville le roi Jean de Saxe (1), qui venait de faire une excursion en France et qui visitait à son retour toutes les villes où ses troupes tenaient garnison. Ce souverain, que ses soldats et ses sujets entourent d'une vénération dont il est, du reste, digne à tous égards, pour son éloignement de tout faste, son humanité et sa bonté, se présenta à ses troupes sans aucun apparat. Il occupait une voiture peu luxueuse qu'accompagnaient deux autres véhicules fort modestes dans lesquels se trou-

---

(1) Ce souverain est mort sur la fin de 1873, et a eu pour successeur son fils aîné.

vaient quelques hauts personnages de sa cour. Il mit pied à terre sur la place de la ville basse où l'attendaient les compagnies logées à Montmédy auxquelles s'étaient réunies celles qui tenaient garnison à Stenay et à Marville et les passa en revue. Après les hourrahs d'usage, il se fit conduire à la ville haute, où un déjeûner l'attendait dans une tente érigée dans celui des bastions de la forteresse qui domine la ville basse au Sud-ouest. De ce point, l'œil embrasse un magnifique panorama, raison qui l'avait probablement fait choisir. Dans l'après-midi, il partit pour Longuyon, siége de l'état-major du régiment dont un détachement constituait la garnison de Montmédy. A Longuyon, il dina et passa la nuit.

Pour la réception du roi, les Saxons s'étaient mis en frais de guirlandes, d'oriflammes, d'écussons. Ils en avaient décoré la porte d'entrée de la ville, du côté de la gare, la caserne, l'hôpital et de plus quelques bâtiments publics de la ville haute. En cette circonstance, la population de Montmédy, tout en étant prête à rendre hommage aux vertus privées du roi de Saxe et à reconnaître même que c'était seulement sous la contrainte prussienne que ses troupes nous avaient fait la guerre, n'en devait pas moins le considérer comme un ennemi venant visiter nos ruines et assister à notre humiliation. Aussi sut-elle se distinguer par son tact et sa dignité. Malgré les incitations d'une curiosité permise d'ailleurs, rues et places publiques restèrent désertes toute la journée, et ce fut au milieu d'une morne solitude, animée exclusivement par la présence des soldats allemands, que le cortége royal fit son entrée en ville. Un certain nombre de maisons de commerce s'étaient même fermées sur son passage. A la gare du chemin de fer, le même silence et la même absence de curieux avaient marqué son arrivée.

Constatons en passant que les Saxons nous ont paru être les Français de l'Allemagne. Leur stature, leurs allures, leur vivacité et jusqu'à leur chevelure, ordinairement noire, ce qui les différencie des autres Germains, les rapprochent beaucoup de nos types méridionaux. Il n'y a pas jusqu'à leurs habitudes qui ne soient quelque peu françaises. Ils ont à peu de chose près nos sonneries militaires et nos roulements de tambours. Est-ce à leur ancienne alliance avec la France qu'ils sont redevables de ces traits de similitude? Nous l'ignorons. En tous cas, cette alliance, nous espérons la voir renaître un jour, quand l'Allemagne sera lasse de l'omnipotence prussienne. Les Saxons nous semblent en effet dignes de nos sympathies. Durant toute cette déplorable campagne, leurs procédés ont généralement différé avantageusement de ceux de leurs puissants alliés et maîtres.

Le 21 septembre, après de longs pourparlers et des attermoiements sans fin, les militaires qui tenaient garnison dans les deux villes furent enfin casernés. Il y avait plus de neuf mois que les divers détachements qui s'étaient succédé n'avaient cessé de tenir quartier chez les bourgeois. C'est dire suffisamment combien ces mois ont semblé longs à ceux-ci et quel soulagement leur apporta cette si tardive mesure.

En octobre, eut lieu l'évacuation anticipée de

sept nouveaux départements, ce qui réduisit à six le nombre de ceux qui restaient occupés et devaient demeurer en gage entre les mains de l'ennemi jusqu'à paiement intégral de l'indemnité de guerre. Cette anticipation était le prix d'avantages douaniers et commerciaux concédés temporairement à l'Alsace-Lorraine. Ces concessions, qui avaient l'unique inconvénient de léser ou plutôt de priver de sources de bénéfices immédiats certains industriels, offraient, outre le profit d'une libération partielle plus hâtive qu'on ne l'espérait, l'avantage de nous conserver l'attachement et l'affection de nos frères d'Alsace. En effet, les quelques sacrifices pécuniaires que la France s'imposait permettaient aux industriels de ce pays d'assurer pendant un certain laps de temps l'écoulement de leurs produits et ménageaient ainsi les transitions, au grand avantage des fabricants alsaciens, qu'un brusque passage à un état de choses nouveau eût infailliblement ruinés.

Les six départements qui restaient ainsi occupés et devaient l'être jusqu'à paiement complet du cinquième milliard étaient, outre la Meuse, les Ardennes (moins Givet et ses environs), la Marne, la Haute-Marne (moins Langres et ses environs), les Vosges, ce qui restait des départements de la Moselle et de la Meurthe, dont on venait de former le département de Meurthe-et-Moselle, et l'arrondissement de Belfort.

En conséquence de cette nouvelle rapatriation de soldats allemands, qui limitait à 50,000 le nombre de ceux qui devaient rester en Champagne et en Lorraine, il se produisit encore plusieurs passages de troupes, au grand effroi des habitants du pays. Dans les derniers jours d'octobre, Montmédy et ses environs eurent à loger en plusieurs fois, trois ou quatre mille hommes de l'armée saxonne, dont le passage et le séjour ne donnèrent lieu à aucun excès.

Enfin le 31 octobre, arriva une compagnie d'artillerie bavaroise, qui se cantonna immédiatement dans la caserne de la ville basse, tandis qu'une compagnie d'infanterie, également bavaroise, allait occuper celles de la ville haute. N'ayant ainsi jamais cohabité avec la population civile, cette nouvelle garnison entretint avec elle moins de relations encore que la précédente. Nous devons à la vérité de dire que, malgré la sinistre réputation qu'avaient faite aux soldats de cette nation les scènes d'atrocités commises à Bazeilles les 1er et 2 septembre 1870, à l'instigation des Prussiens, les hommes des détachements envoyés à Montmédy, firent preuve généralement en toutes circonstances, de réserve et d'une discipline sévère. Les officiers, qui étaient logés en garni dans des maisons de la ville, évitaient tout ce qui eût pu amener des conflits, en consignant leurs soldats dans les casernes chaque fois que des fêtes rurales, des foires, des solennités religieuses ou patriotiques produisaient à Montmédy et dans ses environs immédiats des affluences tant soit peu extraordinaires.

Par exemple, en raison de cette mauvaise tournure d'esprit, qui est un des traits essentiels du caractère allemand, ils ne toléraient pas la moindre plaisanterie. Des enfants s'étant permis de leur faire quelques farces insignifiantes, ils donnèrent à ces futiles incidents des proportions considérables et en firent pâtir la population, en se refusant à abandonner à la ville la libre jouissance de la totalité de la grande place, lors de la tenue des foires.

Le bruit ayant couru en 1871 que les chefs français qui avaient commandé à Montmédy justifiaient la prompte reddition de cette place en en rejetant la responsabilité sur la pression qu'aurait exercée sur eux la population civile, le conseil municipal s'émut de cette rumeur et crut de son devoir d'y couper court en rédigeant une énergique protestation adressée à la commission d'enquête sur les capitulations. En même temps, une autre protestation, conçue dans le même sens et due à l'initiative d'un habitant, qui avait eu beaucoup à souffrir des procédés sommaires et autocratiques de l'autorité militaire française, fut colportée en ville et s'y couvrit rapidement de signatures. Par les soins de M. Billy, député de la Meuse, ces deux documents furent transmis au maréchal Baraguey-d'Hilliers, président de la commission d'enquête.

Pendant toute l'année 1871, l'administration des ponts-et-chaussées s'était employée à faire disparaître les traces des dégâts causés par cette horrible guerre. Les dégradations faites au pont de la Chiers, à l'entrée de la ville basse, furent réparées et l'arche endommagée reconstruite de fond en comble. En outre, les routes fortement défoncées, en raison du défaut d'entretien et par suite de l'usure excessive que leur avaient causée les transports d'artillerie et de munitions, furent remises peu à peu en bon état. Le pont de Vigneul, seul, en raison de l'insuffisance des ressources départementales disponibles, ne put être relevé de suite et dut être maintenu dans son état de viabilité provisoire. Ce fut seulement à la fin de 1872, que l'on devait pouvoir adjuger les travaux de réparation de cet ouvrage d'art, évalués à 13,000 francs.

Dans les derniers jours de 1871, aux approches du douloureux anniversaire de la capitulation de Montmédy, quelques citoyens patriotes jugeant avec raison qu'il ne fallait pas laisser passer inaperçue cette date lugubrement mémorable, prirent l'initiative d'une souscription destinée à faire les frais de monuments qui devaient rappeler le souvenir des victimes du siége. Cette proposition reçut un accueil favorable ; bientôt une somme relativement considérable fut recueillie parmi cette population si éprouvée ; au moyen de ces ressources deux monuments funéraires semblables purent être inaugurés, l'un dans le cimetière de la ville haute, où reposaient les victimes du dernier bombardement, le second dans celui de la ville basse, où avaient été inhumés les soldats tombés à Chauvency le 28 août, ceux qui avaient été tués dans les divers engagements sous Montmédy, et enfin les malades et blessés morts à l'ambulance.

Pour la consécration de ces monuments on avait choisi la date du 14 décembre, qui rappelait l'entrée des Prussiens en ville. L'anniversaire de cette journée, plus triste pour les habitants de Montmédy que celles mêmes où la mitraille ennemie semait la mort et l'incendie tout autour d'eux, était ainsi vouée au deuil. Aussi, dès le matin, magasins et boutiques étaient-ils fermés.

Un service solennel, auquel assistaient toute la population de Montmédy et bon nombre d'habitants des communes voisines et des officiers et soldats de la mobile eut lieu à cette occasion dans l'église de la ville haute. Après une touchante allocution de M. l'archiprêtre de Montmédy, la foule se mit en marche pour le cimetière de la ville haute, où se fit la bénédiction du premier monument tumulaire. L'imposant cortége se dirigea ensuite vers la ville basse qu'il traversa au chant des psaumes sacrés, alternant avec les graves accords des symphonies exécutées par la *Montmédienne*, et assista à la bénédiction du second monument. Un patriotique et énergique discours de M. Derbigny, sous-préfet de Montmédy, prononcé à la station que l'on fit au cimetière de la ville basse, vint couronner cette pieuse manifestation en l'honneur des soldats morts pour la défense de Montmédy.

Pendant l'été de 1871, la ville haute se releva peu à peu de ses ruines. A l'exception de l'hôtel de ville, de la sous-préfecture, de l'hôtel du Gouvernement (demeure du Commandant de place), dont les décombres gisent toujours sur le sol et dont il ne reste que des pans de murs rougis par le feu ou noircis par la fumée, qui menacent à chaque instant de s'écrouler, à l'exception encore du pâté de maisons situées à gauche de la Grande place, dont une seule, fortement avariée elle-même, avait échappé à l'incendie lors du premier bombardement, à part quelques autres habitations brûlées isolément, tous les bâtiments publics et maisons particulières qui n'avaient été que partiellement endommagées furent rétablis et réparés. Les brèches se fermèrent peu à peu, les plaies béantes se cicatrisèrent; l'église, le presbytère, les maisons d'école, le tribunal, plus spécialement détériorés par les projectiles, furent restaurés, du moins dans les parties dont la réparation était la plus urgente. Ce ne fut que plus tard que les travaux d'aménagement intérieur purent être terminés.

Quant à la ville basse, qui n'avait que peu souffert proportionnellement, les deux seules maisons qu'y eussent détruites les boulets et les incendies furent rebâties. Toutes celles qui avaient souffert de la chute de projectiles égarés furent complètement rétablies. A la fin de 1871, à part l'affreux corps de garde situé auprès de la porte de Sedan, dont la destruction avait été considérée comme un bienfait et dont les débris jonchent toujours l'emplacement, à part aussi quelques trous ou brèches dans le mur d'enceinte, il n'existait plus aucune trace dans cette partie de la ville des tristes incidents des terribles journées des 5 septembre et 12 et 13 décembre 1870.

Les premiers jours de l'année 1872 furent marqués en France par un grand élan patriotique. Dans le but d'accélérer la libération du territoire, d'honorables publicistes s'inspirant des nobles exemples des villes d'Alsace qui, oublieuses de leurs propres infortunes, s'imposaient des cotisations pécuniaires importantes pour contribuer à notre délivrance, prirent l'initiative d'une colossale souscription qu'ils placèrent sous les auspices des Femmes de France. Nos patriotiques contrées ne pouvaient rester sourdes à de tels appels. Aussi bientôt les sommes affluèrent-elles de tous côtés, et la population de Montmédy, tout épuisée qu'elle était par le siége et l'occupation, trouva encore moyen de consacrer une quinzaine de mille francs à cette grande œuvre nationale. Les plus pauvres surtout se signalèrent par leur libéralité.

Malheureusement les espérances qu'avaient fait entrevoir les heureux débuts de cette campagne ne devaient pas se réaliser. On se rappelle l'effet fâcheux que produisirent les déclarations faites à la tribune de l'Assemblée nationale par M. Victor Lefranc, ministre de l'intérieur, qui, invité par les députés de l'Est à favoriser par un concours simplement moral l'idée généreuse qui avait présidé à ce grand mouvement, lui refusa même cet appui purement platonique, en invoquant des raisons d'Etat et en ajoutant que, du reste, la souscription ne pouvait aboutir au succès. En vain des voix énergiques protestèrent-elles, prétendant que le total des offrandes, n'allàt-il qu'à une centaine de millions, n'en constituerait pas moins un éloquent témoignage de solidarité nationale, et qu'à tout prendre, un tel don n'était pas à dédaigner. Le coup de grâce, parti de haut, était porté et l'enthousiasme général paralysé. Tous les comités organisés à cet effet se déclarèrent dissous, et les sommes recueillies furent remises à leurs donateurs à la grande indignation de la plupart d'entre eux, qui se refusaient à les retirer.

Quelques mois après, l'Assemblée nationale ayant demandé communication des procès-verbaux de la commission d'enquête sur les capitulations, il fut décidé dans les conseils du Gouvernement que ces procès-verbaux seraient publiés au *Journal Officiel*. Le rapport relatif à la capitulation de Montmédy, fort anodin pour le commandant supérieur, rendait du moins un légitime hommage à l'attitude courageuse et pleine d'abnégation de la population pendant ces jours d'épreuve. C'était beaucoup qu'un tel témoignage de la part d'une commission peu favorable en général aux populations civiles. Diverses villes, moins bien traitées que Montmédy, exhalèrent leurs plaintes en termes amers, réclamant à grands cris des contre-enquêtes qui n'eurent jamais lieu.

Voici au surplus le texte de ce procès-verbal, tel qu'il parut au *Journal Officiel* (n° du 9 mai 1872) :

CONSEIL D'ENQUÊTE SUR LES CAPITULATIONS

MONTMÉDY

(Extrait du procès-verbal de la séance du 18 avril 1872.)

Le Conseil d'enquête,
Vu le dossier relatif à la capitulation de la place de Montmédy,
Vu le texte de la capitulation,
Sur le rapport qui lui en a été fait,
Ouï M. le chef de bataillon Tessier, commandant de la place de Montmédy,
Après en avoir délibéré,
Exprime comme suit son avis motivé sur ladite capitulation :

La place de Montmédy était armée de 65 pièces en batterie, dont 8 rayées ; ses approvisionnements en munitions consistaient en 33,330 projectiles, 45,000 kilogrammes de poudre à canon, 6,300 kilogrammes de poudre à fusil, 803,000 cartouches de différents modèles. Elle était abondamment pourvue en vivres.

La garnison, forte de 2,042 hommes, était composée de gardes nationales mobiles de départements limitrophes ; elle s'augmenta d'environ 700 hommes provenant de l'armée de Châlons et qui, faits prisonniers à Sedan, avaient réussi à s'échapper.

L'ennemi se présenta devant la place les 2 et 3 septembre, la somma de se rendre et, sur le refus du commandant, la bombarda le 5. La place riposta avec avantage et, par les pertes qu'éprouva l'ennemi, le força à s'éloigner.

Le capitaine Reboul, qui commandait la place, en organisa très-bien la défense, fit faire des sorties fréquentes très hardies et qui eurent un plein succès. Cependant M. Testelin, commissaire de la Défense nationale à Lille, le révoqua sur la dénonciation de trois officiers qui avaient abandonné la ville et le remplaça par un capitaine incapable, que, plus tard, il destitua à son tour, pour rendre le commandement à M. Reboul. Le 18 octobre, le Gouvernement de Tours nomma M. Tessier, chef de bataillon du génie, commandant supérieur de Montmédy. Le 16 novembre, l'ennemi investit la place. Le 11 décembre, il somma le commandant de se rendre, et, sur son refus, recommença le bombardement le 12; la place capitula le 14.

Les dégâts causés dans la ville et aux bâtiments militaires par le feu de l'ennemi, l'impossibilité où se trouvait la place d'y répondre avec les deux seules pièces de 24 qui étaient en batterie et avaient une portée suffisante, la crainte de voir sauter les magasins à poudre, déterminèrent le commandant Tessier à rendre la place sans qu'aucune demande ait été faite dans ce but par le conseil municipal ni les habitants de Montmédy.

Le conseil d'enquête est d'avis que le commandant Tessier a prolongé la résistance autant que ses moyens le lui permettaient, mais qu'il a eu tort de ne pas détruire, avant la signature de la capitulation, son artillerie, les armes, les munitions de toute nature renfermées dans la place.

Pour extrait conforme:
Le Président du Conseil d'enquête,
Signé: BARAGUEY-D'HILLIERS.

Ce document renferme une erreur. Il y est dit que « la garnison était composée de gardes nationales des départements limitrophes. » Il n'y avait, en fait de gardes mobiles, à Montmédy, que le 3me bataillon de la Meuse, exclusivement formé de jeunes gens des arrondissements de Montmédy et de Verdun.

Vers la même époque se fit par toute la France le recensement quinquennal de la population, qui eût dû avoir lieu en 1871. La population de

Montmédy qui était, lors du dénombrement précédent, de 1,967 habitants, s'était élevée en juin 1872 au chiffre de 2,001 habitants. Cette augmentation, légère en apparence, mais assez considérable en réalité, si l'on se rappelle combien en 1870-1871, la mortalité avait exercé de ravages parmi la population civile, provenait de l'établissement à Montmédy d'un certain nombre de familles qui avaient quitté Metz et Thionville, pour échapper à la domination prussienne.

Cet accroissement qui se prolongea, du reste, au-delà de l'époque du recensement, eût été bien plus sensible encore si la rareté des logements ne fût venue l'entraver. Les servitudes militaires ne permettant pas l'érection de nouvelles constructions aux approches de la ville, furent cause que Montmédy perdit d'excellentes occasions de s'étendre et de s'agrandir. Des demandes tendant à obtenir la suppression de ces zones de servitude autour de la ville basse furent faites et réitérées plusieurs fois par la municipalité. Mais, soit lenteur traditionnelle de la bureaucratique administration que l'Europe nous envie, soit difficultés de la part des Prussiens, qui ne toléraient aucune modification essentielle dans le régime des places occupées, ces légitimes sollicitations restèrent sans solution immédiate. Ce ne devait être qu'en 1873 qu'il fut fait droit à ces justes réclamations par un décret du maréchal Mac-Mahon, Président de la République, qui supprimait les servitudes militaires autour de la ville basse, tout en maintenant provisoirement l'enceinte bastionnée qui entoure cette section de Montmédy.

De cette immigration, résulta un renchérissement considérable des loyers. Ce qui ajoutait encore à la gêne des habitants peu aisés, c'est le prix élevé des objets de première consommation causé par l'insuffisance des récoltes de la campagne précédente, pendant laquelle, chose inouïe jusqu'alors, il n'avait pas été récolté de blé en nos contrées; les semailles avaient en effet été gelées pendant l'hiver 1870-1871.

Le remboursement par l'Etat du huitième environ des dégâts matériels qu'avait causés la guerre vint un peu soulager la détresse de ceux des habitants qui avaient éprouvé de fortes pertes.

En juillet 1872, fut signée entre la France et l'Allemagne une convention nouvelle réglant le mode de paiement des trois milliards, dont à cette époque, notre pays restait débiteur envers ses vainqueurs. En vertu des stipulations de cet autre acte diplomatique, le Gouvernement français obtenait l'évacuation anticipée des départements de la Marne et de la Haute-Marne, une fois le premier demi-milliard versé.

Mais la Prusse abusant comme toujours du droit que lui conférait la force, se montra intraitable sur la question de réduction de son armée d'occupation, colorant ses refus de prétextes hypocrites. Il en résulta que la libération partielle du sol constituait un redoublement de charges pour les quatre derniers départements occupés; de ceux-ci, deux autres, les Ardennes et les Vosges devaient être évacués à leur tour lorsqu'il ne resterait plus qu'un milliard à verser à nos implacables créanciers. La Meuse, la Meurthe-et-Moselle ainsi que Belfort étaient destinées, par leur situation géographique, à rester à titre de gages entre les mains des Prussiens, jusqu'à paiement intégral du dernier terme de cet énorme capital et à supporter ainsi jusqu'au bout tout le poids de la présence de l'ennemi.

Ce mépris de toute pensée d'humanité nous laissa du moins le droit d'entretenir dans toute leur plénitude les sentiments de réciprocité que nous nourrissons envers les hommes de Berlin. C'est un droit dont, libres de tout lien de gratitude, si léger qu'il soit, nous prétendons user en toute liberté, le cas échéant. Franchement nous aimons mieux cela.

Pour atténuer autant que possible les charges que l'évacuation d'une partie de la Champagne allait faire refluer sur les autres départements, le Gouvernement français déploya la plus louable activité à faire construire des baraquements dans toutes les villes appelées à recevoir une nouvelle garnison. A Montmédy, par suite de difficultés suscitées comme à plaisir par certains officiers bavarois, relativement à l'emplacement des locaux à construire, la question des baraquements traîna quelque temps en longueur, et ce ne fut qu'après d'assez longs pourparlers que l'accord finit par s'établir entre les représentants des deux gouvernements. Le nouveau contingent assigné à cette ville consistait en une compagnie du service de santé comprenant environ 150 hommes et 50 chevaux. Pour les recevoir, des constructions en briques et en planches furent élevées entre la ville basse et la gare, en lieu dit *la Pièce-la-Dame*. Les travaux de ces baraquements, formés de trois bâtiments pour les hommes, deux pour les chevaux, hangars pour les voitures, ateliers de maréchalerie et de sellerie, cuisine, abreuvoir, bornes-fontaines, voies d'accès et autres accessoires furent entrepris sur la fin d'août et purent être terminés pour les premiers jours d'octobre. Ce ne fut que sur la fin de ce mois que cette garnison supplémentaire put venir prendre possession des casernements qui lui avaient été préparés. Il en fut fait pour environ dix millions de francs dans les quatre derniers départements occupés.

Comme conséquence du nouveau traité, l'Assemblée nationale avait voté d'emblée un nouvel emprunt de trois milliards, dont l'émission fut fixée aux 28 et 29 juillet. Cette gigantesque opération fut couronnée d'un succès formidable. Près de QUARANTE-CINQ MILLIARDS furent offerts à la France par les capitalistes du monde entier, jaloux de témoigner de la foi qu'ils avaient en notre avenir et en notre réhabilitation. Ce merveilleux résultat causa chez nous tout autant d'enthousiasme et d'allégresse qu'il provoqua de rage sourde et de redoublement de haine chez nos ennemis. C'était la première joie pure dont il nous était permis de jouir depuis bien longtemps !

Le 28 août, second anniversaire du combat de Chauvency, un service solennel en l'honneur des victimes de cet engagement malheureux fut célébré en l'église de la ville basse, en présence d'une foule aussi nombreuse que recueillie. Toutes les autorités de la ville s'étaient fait un devoir d'y assister et de prendre part à la procession qui alla déposer, sous forme de couronnes d'immortelles, l'hommage de ses sympathiques regrets sur le monument érigé au cimetière, en l'honneur de ces braves enfants de la France.

Sur ces entrefaites, la mise en accusation du maréchal Bazaine à propos de grands et douloureux événements auxquels Montmédy s'était trouvé mêlé, vint vivement préoccuper l'opinion publique. L'affaire, grâce aux énergiques efforts de personnages influents qui avaient assisté au drame de Metz, ou qui en avaient suivi de près les fatales péripéties, ne tarda pas à sortir des limbes qui semblaient l'obscurcir. Des émissaires envoyés dans nos régions par d'honorables citoyens qui s'étaient imposé la pénible mais patriotique mission de faire jaillir la vérité du choc des opinions contradictoires, parvinrent, à force de recherches, à retrouver les agents qui avaient été mis en campagne en août 1870, pour échanger les dépêches de Mac-Mahon et de Bazaine. De ces agents, plusieurs étaient de Montmédy même et des environs. Leurs dépositions furent d'abord recueillies sur place. Puis, quelques jours plus tard, ils furent mandés à Versailles pardevant le général Seré de Rivière, qui était chargé de l'instruction. Ces personnes s'y rendirent, et, par leurs témoignages, ajoutèrent de nouvelles charges à celles qui pesaient déjà sur Bazaine.

Toutefois ce ne fut qu'en octobre 1873, après la libération complète du territoire, que ce grand procès put être jugé. Les longs et intéressants débats auxquels cette mémorable affaire donna lieu devant le Conseil de guerre, présidé par le duc d'Aumale, sont encore trop présents au souvenir de tous pour que nous ayons besoin de les rappeler.

En Lorraine, le verdict solennel de ce tribunal de l'honneur ne surprit personne ; il satisfit tout le monde, en démontrant que l'impunité n'existait en France pour aucun coupable, et en prouvant que nos revers étaient dus surtout aux déplorables défaillances de quelques-uns.

Pendant le mois de septembre 1872, la division bavaroise qui occupait les Ardennes, l'arrondissement de Montmédy, dans la Meuse, et celui de Briey, dans les Moselle, exécuta de grandes manœuvres aux environs de Beaumont et de Sedan. Ce fut là une occasion de longs et nombreux déplacements de troupes, qui infligèrent de nouveau la charge des logements militaires aux habitants de ces pays. A cette occasion, la ville de Montmédy et quelques villages avoisinants eurent plusieurs fois à recevoir des militaires allemands.

Rien de particulier ne signala l'hiver 1872-1873. L'occupation continua de peser sur les quatre départements de l'Est avec son long cortége de souffrances morales.

Les Bavarois tenus à l'écart par la population, semblaient aspirer avec avidité après le jour où ils reverraient la nébuleuse Germanie. En cela, du moins, ils étaient en communauté d'opinions avec nous. L'isolement dans lequel on ne cessa de les maintenir eut en outre cet excellent résultat d'empêcher tout conflit.

En mars 1873, des bruits relatifs à une libération anticipée se firent jour tout à coup. Le gouvernement français qui, jusqu'alors, avait devancé tous ses termes de paiement, et se trouvait ne plus devoir que quinze cent millions sur l'indemnité de guerre, put s'occuper d'entrer en arrangement avec l'Allemagne concernant le versement du dernier milliard. Des *on dit* favorables se répandirent dans le pays. Mais, instruit par tant de déceptions et comptant peu sur les bonnes dispositions d'ennemis soupçonneux et malveillants tels que les Prussiens, on se tenait avec raison en défiance contre des espérances prématurées. Néanmoins le bénin Guillaume ayant déclaré, dans son discours d'ouverture du Parlement allemand, que son gouvernement se montrait disposé à hâter l'évacuation du sol français, la France se crut dès ce moment autorisée à compter sur une délivrance prochaine.

Rien de positif ni de formel n'avait encore transpiré dans le public et l'on en était encore aux conjectures et aux probabilités. Les plus optimistes osaient à peine se flatter de voir la France entièrement libre des hordes tudesques pour le 1er janvier 1874, quand le dimanche, 16 mars, on reçut tout à coup une dépêche annonçant que la veille au soir, une convention avait été signée à Berlin, entre M. de Gontaut-Biron, notre ambassadeur, et le prince de Bismarck. Aux termes de ce traité, le reliquat du quatrième milliard devait être payé vers le 15 mai, et le cinquième et dernier milliard échelonné en quatre échéances égales fixées au 5 juin, 5 juillet, 5 août et 5 septembre 1873. Les quatre départements de la Meuse, de Meurthe-et-Moselle, des Ardennes et des Vosges, ainsi que la ville et l'arrondissement de Belfort seraient évacués simultanément dans les quatre semaines qui suivraient le 1er juillet. La place de Verdun seule demeurerait occupée jusqu'au 5 septembre.

Cette grande nouvelle fut accueillie avec d'autant plus d'allégresse qu'on était bien éloigné de compter sur une solution aussi prochaine. Rien ne la faisait encore pressentir la veille et tout le monde se montra d'accord pour féliciter M. Thiers et son gouvernement d'avoir si rapidement et si discrètement mené les négociations. Aussi ce fut en France une explosion d'enthousiasme qui, en certains endroits se traduisit par des illuminations et des réjouissances publiques. Toutes les villes des départements qui allaient être ainsi délivrées du joug étranger, s'empressèrent d'adresser leurs félicitations au Président de la République. La ville de Montmédy n'eut garde de manquer à ce devoir de reconnaissance et, le 20 mars, le conseil municipal décida à l'unanimité l'envoi d'une adresse de remercîments. Ces manifestations spontanées durent consoler l'illustre vieillard des amertumes dont s'était plu à l'abreuver une fraction minime, mais bruyante de l'Assemblée qui, en présence d'un si grand acte, s'était refusée à s'associer au vote déclarant « qu'il avait bien mérité de la Patrie. » Les acclamations de la France entière le vengèrent des mesquineries de quelques hommes chez lesquels la jalousie et les passions politiques parlaient plus haut que le patriotisme.

Quelques jours plus tard, on connut les stipulations définitives du traité. Ce n'est qu'à grande peine que le Président de la République avait obtenu de la Prusse que celle-ci renonçât à l'occupation de Belfort, que le parti militaire regrettait toujours de voir échapper des mains de l'Allemagne. C'est seulement après de longues résistances que la Prusse avait accédé à cette proposition et désigné la ville de Verdun pour servir de gage « jusqu'au paiement du dernier sou du dernier milliard. »

La prolongation d'occupation de Verdun comportait naturellement le libre usage pour les Allemands de la route qui de cette ville conduit à Metz. Aussi fut-il inséré dans le traité que la ville d'Etain et le bourg de Conflans, lieux d'étape entre Verdun et la nouvelle frontière, continueraient à être occupés aussi longtemps que Verdun lui-même. La garnison de chacune de ces localités devait être d'un demi-bataillon, soit de 300 hommes environ. Quant au chiffre de celle de Verdun, il ne devait en aucun cas excéder de plus de 1,000 hommes celui de l'effectif des troupes casernées en cette ville au moment de la signature du traité.

En outre, pendant tout le temps que durerait l'occupation de Verdun, le gouvernement français s'engageait, conformément aux stipulations établies lors des évacuations partielles précédentes, à ne point garnir les quatre départements libérés de troupes autres que celles nécessaires au maintien de l'ordre, à ne point construire de fortifications nouvelles et à ne modifier en rien l'état des places fortes existantes. Le gouvernement allemand s'engageait, de son côté, dans la même mesure, relativement aux fortifications de Verdun.

Malgré la situation fâcheuse que leur créait le nouveau traité, nos voisins de Verdun l'accueillirent avec enthousiasme. Ils regardèrent comme un honneur douloureux, mais considérable, de souffrir les derniers pour le rachat de la France et il n'y en eut pas un parmi eux qui ne se réjouît de voir ce rôle attribué à leur ville plutôt qu'à Belfort. Aussi ne furent-ils pas les derniers à envoyer des félicitations à M. Thiers. Du reste, les sympathies dont ils furent l'objet de la part de la France entière, les dédommagèrent de la position exceptionnelle qui leur était faite pour quelque temps encore.

Le 22 mars, les Bavarois fêtèrent par des salves d'artillerie, des exhibitions de drapeaux et des banquets, l'anniversaire de la naissance de l'empereur Guillaume. Tandis que la fête du roi de Bavière passait inaperçue et avait lieu en quelque sorte à huis clos, ses sujets célébraient à grand renfort de hourrahs et de solennité celle de leur vainqueur de 1866. Il est vrai que grâce à la connivence et à la faiblesse du gouvernement de Munich, le roi de Bavière n'est plus désormais qu'un préfet couronné.

Le traité du 15 mars n'était pas agréé et ratifié que, sous l'empire de cet optimisme, qui est toujours un des côtés du caractère français, des bruits couraient que les délais de la libération, déjà si rapprochés, seraient encore devancés, grâce aux bonnes intentions que le gouvernement allemand nourrissait pour M. Thiers.

Le 12 mai 1873, la compagnie d'infanterie bavaroise qui occupait la ville haute, regagna son corps à Longwy et ne fut point remplacée. Ce départ d'une portion de la garnison allemande parut être un commencement d'évacuation et, comme tel, fut favorablement accueilli. De ce moment, cette section de la ville se trouva à peu près livrée à elle-même. Une simple sentinelle placée auprès de la porte d'entrée y rappelait l'occupation étrangère.

Sur ces entrefaites, se produisirent à Versailles de graves incidents parlementaires qui amenèrent le renversement de M. Thiers et l'avènement au pouvoir du maréchal Mac-Mahon. Ces événements produisirent une vive et douloureuse émotion à Montmédy comme partout ailleurs. On craignait qu'ils ne fussent un obstacle ou tout au moins une cause de retard apportée au départ des Prussiens. Il n'en fut rien heureusement. Une des premières déclarations du nouveau gouvernement fut d'annoncer qu'il continuerait l'œuvre de la libération.

Pendant presque toute la durée du mois de juin, les troupes allemandes stationnées dans l'Est se livrèrent à de grandes manœuvres sur divers points des quatre départements occupés. Montmédy et son arrondissement eurent l'heureux privilége de ne point servir de théâtre à ces exercices militaires qui, pour la division bavaroise, se firent tous autour de Sedan. Semblant prendre à tâche de faire douloureusement peser son joug sur les populations jusqu'au terme extrême de l'occupation, l'autorité militaire prussienne exigea que, pendant toute la durée de ces manœuvres, c'est-à-dire pendant plus de trois semaines, les troupes fussent logées chez l'habitant.

En outre, sur plusieurs points des Ardennes, champs et prés couverts de récoltes furent indignement foulés aux pieds des hommes et des chevaux. Les propriétaires étaient indemnisés, il est vrai, mais par les soins de l'intendance française. C'était toujours notre trésor public qui faisait les frais de ces fantaisies tudesques!

A l'aller et au retour, les localités désignées

comme lieux d'étape, furent très-fatiguées par le passage des troupes allemandes. La petite ville de Marville eut à supporter pour sa part tout le fardeau du double passage de la garnison de Longwy, forte d'un millier d'hommes.

Dans le Midi du département de la Meuse, aux environs de Bar-le-Duc, ainsi du reste qu'à Nancy et autres villes, de semblables manœuvres se firent en même temps. Les Prussiens poussèrent les mesures de vexation au point d'interdire pendant plusieurs jours de suite le libre usage de plusieurs routes très-fréquentées.

Dans les derniers jours de juin, arriva, du ministère de la guerre, l'ordre de faire réparer les casernes de Montmédy. Une vingtaine de mille francs était affectée à cette destination, et les travaux d'appropriation de celles de la ville haute, devenues libres depuis le 12 mai, furent immédiatement entrepris. C'était là un heureux indice qui semblait présager à la population le retour prochain d'une garnison française. C'était en même temps une réfutation tacite des bruits qui avaient circulé sur le déclassement de Montmédy.

La Libération

Le 12 juillet, on connut l'itinéraire que devaient suivre les troupes d'occupation dans leur mouvement de retraite sur l'Allemagne. De ce moment on vit aussi les femmes des officiers bavarois repartir pour leur pays. Les bagages prirent bientôt la même route. L'évacuation était dès lors commencée et l'on voyait enfin poindre l'aurore du jour béni de la délivrance.

D'après l'itinéraire de la division bavaroise, tout le poids des passages tomba, dans l'arrondissement de Montmédy, sur les cantons de Montmédy, Stenay, Spincourt et sur quelques communes de celui de Damvillers. Les routes à peu près parallèles de Montmédy à Longuyon, et de Stenay à Jametz, Billy-les-Mangiennes et Pierrepont, virent défiler, du 20 au 27, les garnisons de Rocroi, Rethel, Vouziers, Charleville, Mézières, Villers-sur-Meuse, Sedan et Donchery. Les localités les plus éprouvées, outre Montmédy, étaient: Stenay, Marville, Jametz, Billy et Arrancy. Les cantons de Longuyon, Longwy, Audun-le-Roman et Briey (Moselle) eurent aussi beaucoup à souffrir quelques jours plus tard.

Ce qui rendait encore ces charges plus onéreuses, c'est que les Allemands faisaient généralement de très-courtes étapes, fréquemment entremêlées de séjours. Il semblait que les hordes germaniques ne pussent se résigner à quitter la France, à cesser de la pressurer.

Dès le dimanche 20, Montmédy fut traversé par un millier d'hommes, qui allèrent gîter à Iré-le-Sec et à Bazeilles.

Le 21 juillet, 200 hommes environ furent logés à Montmédy.

Le 22, il y en arriva environ 800, qui ayant voyagé par une chaleur tropicale, le corps lourdement chargé, étaient exténués de fatigues. Un grand nombre de ces malheureux tombaient de lassitude dans les rues, dans les maisons, où l'on s'empressait de les secourir sans s'arrêter à leur nationalité détestée.

Des scènes analogues se produisirent tout le long de leur route, notamment aux environs de Sedan. Entre Donchery et Sedan, sur les places publiques de cette ville même, sur le champ de bataille de Bazeilles, et jusqu'aux approches de Douzy, des centaines de soldats bavarois jonchaient le sol. Beaucoup périrent d'insolation; un plus grand nombre encombrèrent les hôpitaux de Sedan, où ils restèrent confiés aux soins des autorités françaises.

Oublieuses des barbaries accomplies trois ans auparavant en ces mêmes parages, par ces mêmes Bavarois, ces localités tant éprouvées se firent tout entières sœurs de charité. Sedan, en particulier, s'honora hautement en soignant ces malheureux comme on l'eût fait pour des Français. Ces actes de magnanimité arrachèrent des éloges et des larmes aux officiers allemands, qui ne comprenaient rien à de tels actes s'accomplissant en face des ruines de Bazeilles. Le commandant du corps d'occupation des Ardennes, général von der Thann, frère de celui qui avait fait incendier ce malheureux village, dut faire à ce sujet quelques rapprochements peu flatteurs pour ses compatriotes. Le vieux Guillaume de Prusse, lui-même, se crut obligé de transmettre ses remercîments à cette ville de Sedan, qui avait été témoin de tant d'odieuses cruautés commises par ses ordres ou sous son autorisation.

Le vendredi 25 juillet, eut lieu le passage de la dernière et plus importante colonne bavaroise. Montmédy eut à loger près d'un millier d'hommes, dont au moins une centaine de généraux, colonels, commis de bureau, etc. C'était l'état-major de la division, qui occupait précédemment Mézières et Charleville.

Aucun incident ne signala le passage de ces troupes qui, généralement, se montrèrent convenables, soit que leur nationalité bavaroise les eût prédisposées à se montrer moins exigeantes que ne l'eussent été de véritables Prussiens, soit que les ordres reçus de Berlin pour le maintien de la discipline eussent été très-sévères, soit enfin que les procédés récents des Français à leur égard eussent amolli leur rudesse native.

Le dimanche 20 juillet, étaient arrivés à l'improviste, dans l'après-midi, 21 gendarmes mobiles commandés par un lieutenant. Jusqu'à la gare de Chauvency, ils avaient voyagé de conserve avec dix autres soldats de la même arme, dirigés sur Stenay. Leur arrivée était annoncée pour le lendemain. Mais le Gouvernement, qui craignait à tort des conflits ou des manifestations intempestives, dans les villes occupées, avait avancé leur départ. La vue de ces premiers uniformes français fut saluée avec allégresse. Ces hommes se montrèrent très-sensibles au bon accueil qui leur fut fait par les habitants.

Pendant la semaine suivante, les autorités militaires allemandes remirent entre les mains des officiers du génie français attachés à la place les casernes, magasins et autres locaux par eux occupés.

Le départ de la garnison bavaroise de Montmédy se fit en deux fois. La compagnie sanitaire quitta le 22 juillet les baraquements, dont les gendarmes mobiles prirent possession aussitôt. Les écuries seules restèrent affectées au service de la batterie d'artillerie jusqu'à son départ, qui eut lieu le 25, dans la matinée.

Ce double départ se fit au milieu d'un silence glacial. Sans entente préalable, mais par un sentiment spontané de patriotisme commun à toute la population, les rues devenaient désertes sur le passage des Allemands et les magasins se fermaient. De leur côté, les Bavarois avaient une attitude morne, qui était loin de ressembler à l'exubérance d'allégresse qu'eût dû faire naître en eux l'idée d'un retour triomphal dans leur patrie. Ils semblaient pressentir qu'ils quittaient une terre libérale et généreuse, et que dans leurs foyers les attendait la servitude sous la livrée prussienne qu'ils avaient dû endosser avant de rentrer en Allemagne.

C'est vers le 20 juillet, en effet, que leur avaient été imposés la casquette, les parements et autres insignes prussiens. Cette mesure, qui consacrait en quelque sorte leur vassalité, arrachait des larmes de rage à ceux d'entre eux qui avaient conservé le culte de leur patrie et de leur religion et qui se voyaient avec indignation devenir les instruments de la politique de de Moltke et de Bismarck.

A l'occasion de la libération de Montmédy, le maire de cette ville avait fait publier et afficher l'avis suivant, dont l'esprit répondait de tous points aux sentiments qui animaient ses administrés :

La garnison allemande de Montmédy partira les 22 et 25 courant; du 21 au 27, auront lieu en cette ville de nombreux passages de troupes étrangères. A cette occasion, le Maire fait appel au patriotisme des habitants et les invite à ne point se départir de la dignité et de la réserve qu'ils ont montrées jusqu'ici.

La joie bien légitime qu'ils doivent éprouver en songeant que, dans quelques jours, ils seront rendus à eux-mêmes et reverront l'uniforme français ne se traduira pas par des manifestations hostiles; ils craindront d'aggraver la situation, bien pénible déjà, faite à une partie de l'arrondissement de Verdun, par le traité d'évacuation.

Au jour de la délivrance, la population montmédienne aura une pensée pour nos malheureux frères d'Alsace et de Lorraine, et, dans l'accueil tout sympathique qu'elle ne manquera pas de faire à nos chers et braves soldats, elle évitera des démonstrations bruyantes qui pourraient avoir ailleurs un douloureux retentissement.

Montmédy, le 19 juillet 1873.

Le Maire,

DE BAECKER.

La libération de Montmédy qui, suivant l'itinéraire primitif des Allemands, aurait dû être complète dès le 26, après le départ de la dernière colonne bavaroise, fut ajournée de quarante-huit heures environ. En effet, ce jour même arrivait une compagnie formant arrière-garde, qui séjourna en cette ville les samedi 26 et dimanche 27 juillet.

Ce dernier détachement composé de vrais prussiens, dont la mine revêche et refrognée dénotait la provenance et faisait regretter les physionomies moins repoussantes des Bavarois, quitta enfin Montmédy le lundi 28 juillet, dès les quatre heures du matin. A peine avait-il franchi les portes de la forteresse que les couleurs nationales étaient hissées sur une des tours de l'église de la ville haute, tandis qu'aux quatre bastions angulaires s'élevaient d'immenses oriflammes tricolores. Montmédy apprenait à toute la contrée, à cinq lieues à la ronde, qu'il rentrait en possession de lui-même.

Au moment même où ces derniers ennemis traversaient les rues de la ville basse, des drapeaux s'arboraient sur leur passage même, jusque sur le sommet du clocher. Sans attendre le signal convenu du coup de cloche, qui, de la ville haute, devait apprendre à tous la sortie de l'enceinte de la ville du dernier tudesque, les cloches de la ville basse étaient mises en branle. Celles de la ville haute étaient presque aussitôt lancées à toute volée. Partout, nos nobles couleurs, si longtemps proscrites, sortaient de leurs cachettes et c'est par centaines que les drapeaux flottaient aux fenêtres dans toute l'étendue des deux villes. Beaucoup d'entre eux étaient voilés de crêpes rappelant le deuil de la France ou ornés de devises en l'honneur de l'Alsace et de la Lorraine. Malgré l'heure matinale, les rues se peuplaient de monde. Coups de fusil se mirent bientôt de la partie, saluant le départ de nos hôtes peu regrettés, qui, du dehors de la ville, voyaient et entendaient ces démonstrations patriotiques.

L'enthousiasme débordait de toutes parts, la ville entière était en fête, la plupart des ateliers étaient fermés. Ces manifestations se prolongèrent pendant toute la journée.

Le soir venu, une magnifique retraite aux flambeaux, organisée par la *Fanfare Montmédienne*, qui, pendant toute la durée de l'occupation s'était scrupuleusement abstenue de paraître en public, sinon pour des cérémonies religieuses, partait de la gare et se dirigeait vers la ville basse, qu'elle traversait dans toute sa longueur. Une foule énorme, composée de toute la population et d'un grand nombre d'habitants du voisinage suivait cette marche imposante. Les vivats en l'honneur de la France, la fusillade, les drapeaux exhibés par les voitures publiques, les airs brillants qu'exécutait la musique, le brouhaha de la multitude donnaient à ce spectacle un aspect pittoresque et grandiose et un caractère de magnificence inouïs jusqu'alors dans les fastes de la petite cité. Du haut des remparts, de tous les points de la ville, partaient fusées, feux d'artifice, flammes de Bengale. Il faut avoir assisté à pareille fête pour se faire une idée suffisante du patriotisme que témoigna en cette circonstance la population montmédienne.

Cet imposant cortége se porta ensuite sur la ville haute où ces scènes d'enthousiasme se renouvelèrent avec tout autant d'éclat. L'exécution de la *Marseillaise* termina cette magnifique manifestation.

A l'heure la plus avancée de la soirée, l'animation régnait encore dans toutes les rues et les coups de feu se firent entendre pendant toute la nuit.

Le lendemain 29, dès la pointe du jour, les manifestations reprennent de plus belle. En effet, si la journée de la veille fut la fête du départ des Prussiens, celle-ci est la fête de l'arrivée des Français. Bien que le gouvernement, obéissant à des sentiments de défiance qui ont vivement froissé les patriotiques habitants de l'Est, ait semblé vouloir tenir secrète l'arrivée de la compagnie du 106me, qui doit venir reprendre possession de Montmédy, cependant des renseignements à peu près certains l'annoncent pour la journée du 29. Tout à coup le bruit se répand que ce détachement sera amené par le train-poste de cinq heures du matin; aussitôt la population entière, autorités, musique et drapeaux en tête, se porte à la gare pour l'arrivée de ce convoi. Il n'en est rien, cependant, et l'on en est pour une démonstration patriotique et une promenade matinale.

Sans se laisser décourager par cette déception, la foule plus compacte encore que le matin se précipite au passage du train de midi. Cette fois, du moins, on est certain de ne point éprouver de nouvelle déconvenue. Des mesures ont été prises pour que le passage des soldats français soit signalé télégraphiquement à l'avance, de Charleville.

Tout à coup la locomotive fait entendre un cri strident. Les wagons débouchent du tunnel. Des képis rouges se montrent aux portières. C'est le signal. Un frisson électrique parcourt cette fourmilière humaine. D'immenses acclamations partent, tous les fronts se découvrent, la musique fait entendre ses plus éclatants accords; des deux côtés de la voie, s'alignent des centaines de personnes, toutes parées de nœuds, de rosettes, de rubans aux couleurs françaises. Au premier rang sont des groupes d'enfants, porteurs de guidons tricolores. L'instant est solennel et l'aspect de la gare et de ses abords est vraiment splendide.

Le Sous-Préfet, le Maire, l'Adjoint, le Conseil municipal, les quelques officiers que renferme la ville, les fonctionnaires de tout ordre s'empressent de venir souhaiter la bienvenue aux officiers et soldats qui ramènent la France.

Les hommes se mettent peu à peu en ordre et se disposent sur deux rangs. Un coup de tambour, français celui-là, se fait entendre, bientôt suivi des sonneries retentissantes des deux clairons. Le petit détachement, précédé par la musique de la ville, se met en marche pour les baraquements, accompagné par une multitude avide de contempler l'uniforme français, depuis trois ans banni des départements de l'Est.

Il fait alors une chaleur tropicale. Le soleil darde à pic et inonde cette foule de ses rayons les plus ardents. Mais rien n'a pu retenir cette population, désireuse de faire fête à des compatriotes qui semblent revenir d'un lointain et douloureux exil.

Enfin la compagnie du 106me, jusqu'ici noyée dans la foule, pénètre dans la cour des baraquements, dont les gendarmes mobiles font respecter les barrières, n'en permettant l'accès qu'aux autorités et à la fanfare. Là, ces braves soldats, tout d'abord un peu ahuris de cet accueil auquel ils ne s'attendaient pas, se reconnaissent et acclament par de chaleureux bravos les morceaux exécutés en leur honneur.

Un dîner un peu plus copieux que l'ordinaire du troupier et des rafraîchissements avaient été préparés à leur intention par les soins de la municipalité. Ils y font honneur avec tout l'appétit qu'avait éveillé un long séjour en wagon. Ils se répandent ensuite en ville, où leur apparition est le signal d'incessantes ovations et de vifs témoignages de sympathie, de la part des jeunes gens surtout. « Faut-il, se disait-on, que ces pimpants soldats aient été vaincus par les lourdauds d'outre

Rhin? Faut-il que d'incapables généraux n'aient su mener ces braves enfants de la France qu'à la défaite? »

Le soir venu, des illuminations spontanées étincelaient à presque toutes les fenêtres de la ville, projetant de tous côtés leurs clartés sur des drapeaux bien plus nombreux encore que le matin. Comme la veille, la mousqueterie, les pétards et les chandelles romaines ne cessaient de faire retentir leurs détonations bruyantes ou de sillonner l'atmosphère de leurs feux multicolores.

Le Cercle de la ville basse avait convié à une brillante soirée les officiers du détachement et les officiers du génie ou d'administration qui étaient attachés au service de la place. La foule s'amassa sous les fenêtres du local où se tenait cette réunion, et au nombre de plusieurs milliers de personnes, ne cessa d'acclamer la France, l'armée et M. Thiers, le libérateur du territoire, sans que cet enthousiasme, bien que tenant du délire, donnât lieu à aucun acte de tumulte. L'ordre admirable qui ne cessa en effet de présider à toutes ces démonstrations fut peut-être le côté le plus magnifique et à coup sûr le plus louable de cette fête de la rédemption.

Après une nouvelle retraite aux flambeaux, exécutée dans les rues de la ville haute, la musique parcourut la ville basse, précédée des tambours et clairons de la garnison, battant et sonnant la retraite militaire. Combien cette brillante sonnerie française différait de la lugubre retraite prussienne! Combien ces airs nationaux frappaient délicieusement les oreilles!

Tandis que les réjouissances se prolongeaient ainsi, un orage s'était formé au loin, qui, de toute la soirée ne cessa d'illuminer les airs d'éclairs d'un effet saisissant, ce qui semblait encore ajouter à la magnificence de la fête. En d'autres endroits, on signala également l'éclat tout exceptionnel des fulgurations de cette soirée. Il semblait que le ciel fût en feu.

Après avoir longtemps contemplé ces merveilleux effets de lumière, qui faisaient l'effet d'un feu d'artifice céleste couronnant la fête, la foule se dissipa paisiblement et la petite ville, si belle en ces jours d'enthousiasme populaire, reprenait dès le lendemain sa physionomie habituelle.

Ainsi prit fin à Montmédy l'occupation allemande, ainsi cette ville se retrouva de nouveau rattachée au grand faisceau national dont pendant trois longues années elle avait été séparée.

Le détachement qui en reprit possession le 29 juillet n'était que l'avant-garde d'une garnison plus importante. Aux termes du traité du 15 mars 1873, les villes des quatre derniers départements occupés ne pouvaient, comme nous l'avons vu, recevoir que de faibles détachements jusqu'à l'évacuation complète.

Le départ des Prussiens qui tenaient garnison à Verdun s'étant effectué du 15 au 18 septembre, rien ne s'opposait plus à ce que les villes de l'Est reçussent des garnisons françaises aussi nombreuses que le comporte leur situation de sentinelles avancées de la frontière. Le corps d'armée commandé par le général Douay se mit peu à peu en marche et l'un des premiers régiments envoyés dans l'Est fut le 106me de ligne. Deux bataillons de ce régiment avec l'état-major et le dépôt étaient désignés comme devant aller occuper Montmédy tandis que les deux autres bataillons iraient tenir garnison à Longwy. Des contre-ordres furent donnés à la suite de la mesure prise par le ministère de la guerre aux termes de laquelle il devait être formé dix-huit nouveaux régiments d'infanterie, au moyen de l'incorporation d'un demi-bataillon de chaque régiment existant dans les cadres de ceux à créer. L'ordre de marche fut contremandé à plusieurs reprises pendant les étapes que faisait le 106me pour gagner sa destination. Finalement, le 29 septembre, le premier bataillon, déjà arrivé à Longuyon, reçut ordre de se rendre seul à Longwy. Le second, en séjour à Montmédy, fut avisé d'avoir à prendre quartier en cette ville au lieu de continuer sa route sur Longwy. Enfin le troisième bataillon resta à Châlons, tandis que le dépôt, qui avait dû être primitivement expédié du camp de Saint-Maur sur Montmédy par les voies rapides, était retenu au camp pour être envoyé quelques jours plus tard rejoindre le troisième bataillon à Châlons.

Dès le 29 septembre, jour de passage du premier bataillon du 106me, Montmédy avait repris ses airs de fête. Drapeaux et oriflammes étaient de nouveau arborés sur les clochers et les remparts, tandis que les maisons des deux villes se pavoisaient comme aux 28 et 29 juillet. Inutile de dire que les soldats français, dont le passage à travers la Marne, les Ardennes et la ville de Stenay avait été une longue ovation, étaient accueillis avec bonheur et en véritables amis dans toutes les maisons où ils se présentaient munis de billets de logement. Il en fut ainsi pendant les journées des 29, 30 septembre et 1ᵉʳ octobre.

Ce fut surtout le 2 octobre, où la garnison de Montmédy fut complétée par l'arrivée du colonel, suivi de son état-major, de la musique du régiment et des volontaires d'un an, que le patriotisme des habitants de Montmédy se donna libre cours. Une grande partie de la population, autorités civiles et militaires et musique en tête, se porta jusqu'à Tivoli à la rencontre de la colonne et y souhaita la bienvenue au régiment. Des bouquets furent offerts au colonel, au porte-drapeau et au chef de musique, et d'énergiques cris de *Vive la France! Vive l'armée!* se firent entendre.

Enfin la colonne, précédée par la *Montmédienne,* qui exécutait un de ses plus brillants pas redoublés et escortée par une foule considérable, se dirigea sur la ville haute dont les remparts étaient couverts de curieux.

Avant d'entrer en ville, tambours et clairons firent entendre la marche française, avidement accueillie par deux mille poitrines haletantes. A son tour la musique du régiment se mit de la partie et un éclatant morceau, où près de cent exécutants, musiciens, tambours et clairons luttaient d'entrain, porta au comble l'enthousiasme de la foule. C'est au milieu d'un véritable flot humain que l'état-major du 106ᵐᵉ effectua son entrée dans cette ville tant éprouvée par la guerre, qui, en ce jour de joie sans mélange pouvait se dire avec un légitime orgueil, qu'après avoir été à la peine elle était à l'honneur.

Le soir même, toute la ville haute était brillamment illuminée en l'honneur du 106me de ligne et pendant toute la soirée des groupes compactes stationnaient dans ses rues.

Deux jours après, un punch était offert par le Cercle de la ville haute aux officiers de la garnison qui, quelques jours plus tard, faisaient à leur tour les honneurs d'une semblable invitation aux membres des deux Cercles. Pendant toute la durée de cette dernière soirée, la musique du 106me fit entendre d'excellents morceaux, exécutés à la lumière des falots.

Bien des fois depuis les promenades militaires de la garnison et les concerts donnés par son excellente musique ont été pour la population montmédienne une source de bien douces jouissances qui lui ont fait quelque peu oublier les douloureux souvenirs de ses malheurs et les souffrances de l'occupation, mais non pas le ressentiment des injures exercées par les Tudesques, ni l'espoir de la vengeance. Ce sont là des sentiments qui ne s'effaceront jamais de nos cœurs et que la présence d'une garnison française adonnée au travail, cette première nécessité de notre époque, cette condition suprême de la revanche, ne fera au contraire qu'entretenir et aviver.

Enfin le 20 novembre 1873, l'état-major et le bataillon du 106me de ligne qui occupaient Montmédy depuis six semaines allèrent renforcer la garnison de Longwy. Ils furent remplacés à Montmédy par l'état-major et deux bataillons du 114me de ligne. La garnison de Montmédy se trouva ainsi sensiblement augmentée.

Un peu plus tard, l'hôpital militaire, supprimé

en 1863, fut rétabli par un arrêté du ministre de la guerre. A l'heure où nous écrivons ces lignes, il se réorganise. Le 14 avril 1874, des infirmiers militaires sont venus en reprendre possession, et le personnel médical et administratif de cet établissement est entré en fonctions.

On ignore encore quel sera l'avenir militaire de Montmédy, s'il sera déclassé ou maintenu comme place forte et augmenté de nouveaux travaux défensifs. Bien des bruits ont couru relativement à cette question, si importante pour la population. Le moment n'est pas éloigné où l'on saura définitivement à quoi s'en tenir à cet égard. Espérons encore que la solution sera conforme aux aspirations d'une localité qui a tant souffert pour la cause de la France.

ÉPILOGUE

Ici finit notre triste et laborieuse tâche. En retraçant ce tableau des souffrances d'une ville française, lugubre épisode des malheurs de la patrie, nous avons voulu faire œuvre d'historiens et de Français.

Historiens, nous avons cherché à être exacts et impartiaux.

Français, nous avons compati aux maux de notre pays sans excuser ses fautes, enregistré les victoires de l'ennemi sans lui pardonner ses excès et, les yeux fixés sur l'avenir, cherché à transmettre intacts et toujours vivaces à nos descendants, et les leçons sévères que nous ont données les évènements et la haine qui nous anime contre le nom prussien.

Ce qui nous console, au milieu des tristesses du présent, c'est que nous avons foi en un meilleur avenir; c'est que, chose étrange, nos milliards ont appauvri l'ennemi autant qu'ils l'ont démoralisé; c'est que nous voyons dans tous les vaincus de la Prusse nos futurs alliés; c'est que la vaillante Autriche a aussi une revanche à prendre, et la Bavière, la Saxe, le Hanovre, le Wurtemberg, le pays de Bade, des fers à briser.

Luise le jour du réveil pour ces races engourdies que le Prussien brutal se plaît à blesser dans leurs croyances, leurs traditions, leurs intérêts et leur dignité, et ce sera pour nous, Français, l'aurore de la vengeance! Déjà le levain fermente. A nous d'en activer les effets, et, en rappelant ces nations vassales au respect d'elles-mêmes, d'armer contre la Prusse les bras qui nous ont frappés.

En même temps que des haines furieuses s'accumulent contre la Prusse, la France semble renaître de ses cendres et relève avec fierté son front courbé jusqu'à terre. Elle se souvient que les Allemands ne nous firent ni crédit d'un écu, ni grâce d'une heure d'occupation, et puise dans son exécration pour cette nation implacable l'énergie qui fait les grands peuples. L'histoire de ses désastres à la main, elle met ses malheurs à profit et par les enseignements qu'elle en tire, apprend à panser elle-même ses blessures. Elle a su par un procès retentissant que pas plus à Metz que sur les bords de la Loire, ses plus humbles enfants n'ont démérité d'elle, que l'ennemi trembla maintes fois devant eux et que les déplorables défaillances du commandement en chef empêchèrent seules de réels succès de se changer en victoires éclatantes. Elle se souvient surtout que la Prusse ne nous a pas rendu tous nos prisonniers, que l'Allemand glouton, peu satisfait de sa triste patrie, se gorge de pain blanc dans deux de nos chères provinces, tout en en convoitant d'autres, et il est un adage que le soldat murmure en fourbissant ses armes, que la mère apprend à son fils et le maître à ses élèves, que le canon redira un jour, si nous sommes sages, aux échos d'outre-Rhin :

LA CONQUÊTE C'EST LE VOL.

APPENDICE

Pour compléter l'histoire de Montmédy pendant la malheureuse guerre de 1870-1871, il est nécessaire, nous semble-t-il, de donner la liste des enfants de cette ville, qui ont sanctionné de leur sang, sur divers champs de bataille, la cause sacrée de la défense de la patrie.

Nous avons cru également qu'il était de notre devoir de consigner les noms des soldats et mobiles qui ont payé de leur vie la résistance opposée par Montmédy aux envahisseurs de la France.

Enfin une troisième liste renfermera la nomenclature des récompenses accordées aux officiers et soldats de la garnison, à la suite de cette guerre néfaste.

1° Noms et qualités des enfants de Montmédy tués pendant la campagne 1870-1871.

1° ITHIER Henri, lieutenant au 8me bataillon de chasseurs à pied, décédé le 20 août 1870, à Wœrth, de suites de blessures reçues à Reichshoffen (6 août 1870), âgé de 29 ans.

2° RENARD Charles, lieutenant au 80me de ligne, mort à Metz des suites de blessures reçues à la bataille de Borny (14 août 1870), âgé de 40 ans.

3° DAUBY Jean-Baptiste, sergent au 47me de ligne, disparu à la bataille de Sedan (1er septembre 1870), âgé de 36 ans.

4º GÉNIN Jacob, sergent au 24ᵐᵉ de ligne, mort des suites de blessures reçues à Sedan (1ᵉʳ septembre 1870), âgé de 25 ans.

5º BERTINET Nicolas, soldat au 33ᵐᵉ régiment de marche, armée de l'Est, décédé à l'hôpital de Bourg (Ain), le 4 février 1871.

IIº Noms et qualités des soldats et bourgeois tués pendant le siége de Montmédy, ou décédés par suites de blessures ou maladies épidémiques.

1º FLEURANT Nicolas, jardinier, 34 ans, tué par un éclat d'obus, le 5 septembre 1870.

2º LOREAUX Joseph, cultivateur à Remoiville, 22 ans, tué par un éclat d'obus, le même jour.

3º LORIANT Thomas, de Bantheville, 22 ans, garde à la 2ᵐᵉ compagnie du 3ᵐᵉ bataillon de mobiles de la Meuse, blessé mortellement par un éclat d'obus, le même jour.

Loriant étant de faction auprès d'un magasin à poudre, n'avait pas été relevé ainsi que cela avait eu lieu pour les autres sentinelles, dès l'arrivée des premiers obus prussiens Quelques officiers l'ayant aperçu, l'engagèrent à se retirer. Mais ce courageux jeune homme s'y était refusé, ne voulant pas quitter le poste qui lui avait été confié avant d'avoir été relevé régulièrement. Il mourut donc victime de son respect pour la consigne.

4º BECHARIAS Antoine, de Meymac (Corrèze), 29 ans, cavalier au 11ᵐᵉ dragons, en subsistance au 57ᵐᵉ de ligne à Montmédy, décédé le 8 septembre 1870.

5º DENNELLE Pierre, de Fleury (Rhône), fusilier au 6ᵐᵉ de ligne, décédé le 9 septembre 1870.

6º MOUTEAUX Alexis, de Regret, écart de Verdun, 23 ans, caporal à la 8ᵐᵉ compagnie du 3ᵐᵉ bataillon de mobiles de la Meuse, décédé le 21 septembre 1870.

7º CHAISEN Emile, de Harville, 23 ans, caporal à la 7ᵐᵉ compagnie du 3ᵐᵉ bataillon de mobiles de la Meuse, décédé le 25 septembre 1870.

8º COPLO Marcel, d'Oisy-le-Verger (Pas-de-Calais), 22 ans, soldat à la 13ᵐᵉ compagnie du 2ᵐᵉ régiment d'infanterie de marine, décédé le 25 septembre 1870.

9º GIRARDIN Charles-Ferdinand, de Bellefontaine (Vosges), domicilié à Neuville sur-Orne (Meuse), décédé le même jour.

10º TAILFER Pierre, de Cabray (Lot), fusilier au 88ᵐᵉ de ligne, décédé le 28 septembre 1870.

11° FRYTER Jean, d'Ambert (Puy-de-Dôme), infirmier militaire, décédé le 29 septembre 1870.

12° CHAMPEAUX François, de Beaufort, 22 ans, garde à la 3me compagnie du 3me bataillon de mobiles de la Meuse, décédé le 1er octobre 1870.

13° CHAZET Jules, de Clermont-en-Argonne, 23 ans, garde à la 6me compagnie du 3me bataillon de mobiles de la Meuse, décédé le 2 octobre 1870.

14° MARCHAL Louis-Eugène, de Romagne-sous-Montfaucon, 25 ans, garde à la 2me compagnie du 3me bataillon de mobiles de la Meuse, décédé le 11 octobre 1873.

15° SUTEAU Pierre, de Charentilly (Indre-et-Loire), 24 ans, fusilier au 6me de ligne, décédé le 12 octobre 1870.

16° GASCHOT Pierre-Marie-Victor-Julien, de Gahard (Ille-et-Vilaine), 24 ans, fusilier au 50e de ligne, décédé le 16 octobre 1870.

17° CHINOURS Pierre, de Coursac (Dordogne), 23 ans, artilleur au 7e régiment d'artillerie monté, décédé le 17 octobre 1870.

18° MOUYNET, de Toulouse (Haute-Garonne), 23 ans, fusilier au 1er de ligne, décédé le 28 octobre 1870.

19° MADRAIE Joseph, 23 ans, fusilier au 79e de ligne, décédé le 30 octobre 1870.

20° BOUILLÉ Adrien, 33 ans, cavalier au 1er régiment de lanciers, décédé le 31 octobre 1870.

21° DENIS Gustave, de Jametz, 21 ans, garde à la 8e compagnie du 3e bataillon de mobiles de la Meuse, décédé le 11 novembre 1870.

22° VIRGAT Auguste, d'Ancemont, 23 ans, garde à la 8e compagnie du 3e bataillon de mobiles de la Meuse, décédé le 16 novembre 1870.

23° ROCHER Joseph Marie, de Saint-Michel-en-Maurienne (Savoie), fusilier au 45e de ligne, tué au combat de Géronvaux.

24° JACQUET Louis-Amédée, de Beaulieu (Meuse), 31 ans, sous-lieutenant au 51e de ligne, chevalier de la Légion d'honneur, décédé le 17 novembre 1870, des suites d'une blessure reçue au combat de Géronvaux.

25° OLIVIER Ernest, de Saint-Blaise (Vosges), 30 ans, soldat au 1er de ligne, décédé le 17 novembre 1870.

26° MOUTON Pierre, de Dannevoux, 21 ans, garde à la 2e compagnie du 3e bataillon de mobiles de la Meuse, décédé le 25 novembre 1870.

27° FAURE Nicolas, de Radalbe (Meurthe), 21 ans, soldat au 4e de ligne, décédé le 29 novembre 1870.

28° HANCE François, de Dannevoux, garde à la 2e compagnie du 3e bataillon de mobiles de la Meuse, décédé le 4 décembre 1870.

29° Pandolfi Vincent-Marie, infirmier militaire, né à Serra (Corse), décédé le 5 décembre 1870.

30° Crozet Auguste-François, infirmier militaire, décédé le 12 décembre 1870.

31° Goubillon, garde à la 3e compagnie du 3e bataillon de mobiles de la Meuse, tué le 12 ou le 13 décembre 1870.

32° Morel Louis, de Guny (Aisne), maréchal-des-logis au 14e régiment d'artillerie, tué le 12 décembre 1870, après avoir démonté par son tir plusieurs pièces à l'ennemi.

33° Leblan François, de Verry, garde à la 6e compagnie du 3e bataillon de mobiles de la Meuse, tué dans la nuit du 12 au 13 décembre 1870, en aidant à éteindre les incendies causés par le bombardement.

34° Corvisier Henri, soldat au 19e régiment d'artillerie, tué le 12 ou le 13 décembre 1870.

35° Tronchère, isolé incorporé au bataillon de Montmédy, tué le 12 ou le 13 décembre 1870.

36° Larguier Victor-Eugène, de Saint-Privat de la Vallongue (Lozère), maréchal-des-logis au 18e régiment d'artillerie, tué le 12 ou le 13 décembre 1870.

37° Tranjer (Basses-Pyrénées), fusilier au 36e de ligne, tué le 12 ou le 13 décembre 1870.

38° Saillères Jérémie-Athanase, d'Abbiez-le-Jeune (Savoie), 27 ans, soldat au 45e de ligne, tué le 12 ou le 13 décembre 1870.

39° Pierre Auguste d'Ecurey, 23 ans, canonnier à la batterie d'artillerie mobile, tué le 12 ou le 13 décembre 1870.

40° Cordier, maréchal-des-logis au 7e régiment d'artillerie, tué le 12 ou le 13 décembre 1870.

41° Cousin Arsène, soldat au 79e de ligne, décédé le 14 décembre 1870.

42° Chaillé Marguerite-Mélanie, épouse Lottel, de Montblainville (Meuse), 30 ans, cantinière au 1er régiment de hussards, décédée le même jour, des suites de blessures reçues dans un abri casematé.

43° Lahure Honoré, de Milly-devant-Dun, 22 ans, garde à la 1re compagnie du 3e bataillon de mobiles de la Meuse, décédé le même jour.

44° Jacquot Eugène-François, de Moranville, 25 ans, garde à la 5e compagnie du 3e bataillon de mobiles de la Meuse, décédé le 17 décembre 1870.

45° Dieudonné Jules, de Saint-Laurent, 21 ans, garde à la 4e compagnie du 3e bataillon de mobiles de la Meuse, décédé le 18 décembre 1870.

46° Un inconnu porté indûment sous le nom de Guyot Alexandre, soldat d'artillerie, décédé le 19 décembre 1870.

47° SAURE Joseph, de Verdaches (Basses-Alpes), 25 ans, soldat au 6e bataillon de chasseurs à pied, décédé le 20 décembre 1870.

48° ETIENNE Louis, de Han-les-Juvigny, 25 ans, canonnier à la batterie d'artillerie mobile de Montmédy, décédé le 21 décembre 1870.

49° LOTTEL Isidore, de Beaugency (Loiret?), 32 ans, cantinier au 1er régiment de hussards, décédé le 25 décembre 1870 des suites de blessures reçues en même temps que sa femme dans un abri casematé.

50° COLLIN Pierre-Ernest, de Peuvillers, 24 ans, garde à la 1re compagnie du 3e bataillon de mobiles de la Meuse, retrouvé le 26 décembre 1870, noyé dans les vannes du moulin de Montmédy, dans lequel il s'était probablement réfugié pour échapper à la captivité.

51° DUBRAY Jean-Marie, de Louvigné (Ille-et-Vilaine), 28 ans, fusilier au 7e de ligne, décédé le 28 décembre 1870.

52° BOUDIN Jean, de Véline (Dordogne), 21 ans, infirmier militaire, décédé le même jour.

53° MARSELLIER Emile, de Bagnols (Gard), 32 ans, fusilier au 49e de ligne, décédé le 30 décembre 1870.

54° BAUDIN Ferdinand, de Valmeinier (Savoie), 27 ans, fusilier au 45e de ligne, décédé le 31 décembre 1870.

55° LIMOUZIN Henri, de Vilosne (Meuse), 21 ans, fusilier au 64e de ligne, décédé le 31 décembre 1870.

56° JANOT Jean-François, de Liny-devant-Dun, 25 ans, canonnier à la batterie d'artillerie mobile de Montmédy, décédé le 8 janvier 1871.

57° MULON Magloire, de Laferté (Loir-et-Cher), 21 ans, fusilier au 50e de ligne, décédé le 18 janvier 1871.

58° DEGAT Jean, de Rocamadour (Lot), 51 ans, capitaine de la garde mobile du Lot, tué dans la collision des deux trains sous le tunnel, le 24 janvier 1871.

59° LAFAGE Guillaume, de Souillac (Lot), 22 ans, adjudant sous-officier de la garde mobile du Lot, tué dans les mêmes circonstances.

Outre ces victimes, dont les restes reposent dans les cimetières de Montmédy, le siége de cette ville ou les évènements qui se sont passés dans ses environs ont coûté la vie à d'autres militaires, savoir :

Combat de Chauvency (28 août 1870).

Sept victimes, savoir :

60° COLLOT Georges, de Bar-le-Duc, 57 ans, ancien sous-officier, engagé volontaire au 6e de ligne, pour la durée de la campagne.

61° AUBERT Ferdinand-Henri-Victor, engagé volontaire au même régiment.

62° PENARD Jules-Toussaint, de Villiers-le-Bel (Seine-et-Oise), soldat au 6ᵉ de ligne.

63° CIROU, de Nogent-le-Rotrou (Eure-et-Loir), soldat au 6ᵉ de ligne.

64° GÉRARD, de Glaires (Ardennes), soldat au 6ᵉ de ligne.

65° Un militaire du même régiment inconnu, (PROBST, de Lutter?) (Bas-Rhin).

66° Un militaire du même régiment, inconnu (LAMBERT?)

Combat livré près Brouennes (5 octobre 1870).

67° GUILBERT Paul-Joseph-Léon, d'Audruyck (Pas-de-Calais), 22 ans, caporal au 6ᵉ bataillon de chasseurs, tué de deux coups de feu, en faisant bravement son devoir.

Combat de Géronvaux (16 novembre 1870).

68° DUBAS, garde à la 7ᵉ compagnie du 3ᵉ bataillon de mobiles de la Meuse.

68° PECTOR, garde à la 7ᵉ compagnie du 3ᵉ bataillon de mobiles de la Meuse, retrouvés tous deux morts dans le bois de Géronvaux et ramenés par les Prussiens à Chauvency-le-Château, où ils furent inhumés provisoirement. Leurs familles firent exhumer leurs restes qui furent reconduits dans leurs villages respectifs.

Rencontre dans Thonne-les-Prés (le 11 décembre 1870, veille du bombardement).

Louis Joseph (?), originaire de l'arrondissement de Saint-Quentin (Aisne), soldat au 6ᵉ de ligne.

NOTA. — Pour plusieurs de ces nobles victimes des horreurs de la guerre, nous n'avons pu, faute de documents plus précis, que donner des indications assez vagues. Un bruit assez accrédité en ville porte qu'un certain nombre de soldats, non mentionnés sur les listes que nous avons pu recueillir, auraient été tués dans la casemate dite espagnole, où ils auraient été ensuite enterrés sur place par les Prussiens, après la prise de possession de la ville. La confusion des premiers instants et les allures habituelles de réserve des Allemands n'ont pas permis de vérifier ces on dit en temps opportun.

III° Liste des distinctions et avancements conférés à la suite du siége de Montmédy.

M. Tessier, commandant supérieur de la place, nommé lieutenant-colonel et promu au rang d'officier de la Légion d'honneur.

M. Reboul, capitaine-commandant la place, nommé chef d'escadrons.

M. Bertin, commandant du 3ᵉ bataillon de mobiles de la Meuse, promu au rang d'officier de la Légion d'honneur.

M. Penrot, capitaine commandant le génie de la place, promu au rang d'officier de la Légion d'honneur.

M. Loarer, capitaine-commandant la batterie d'artillerie mobile, nommé chef d'escadrons.

M. Tournois, sous-intendant militaire, promu au rang d'officier de la Légion d'honneur.

M. Lebon, lieutenant commandant la gendarmerie, nommé capitaine.

M. Camiade, lieutenant aux guides de la garde impériale, évadé de Sedan, nommé capitaine et chevalier de la Légion d'honneur.

M. Pillières, lieutenant au 59ᵉ de ligne, évadé de Sedan, nommé capitaine.

M. Aulio, lieutenant au 26ᵉ de ligne, nommé capitaine.

M. Leduc, sous-lieutenant sortant de Saint-Cyr, nommé lieutenant, et plus tard capitaine à l'armée du Nord.

M. Planté, beau-fils de M. le commandant Reboul, ancien élève du Prytanée militaire de la Flèche, sous-officier volontaire, au 3ᵉ bataillon de mobiles de la Meuse, nommé sous-lieutenant de chasseurs à pied à l'armée du Nord, puis plus tard au 106ᵉ de ligne.

M. Laurent, maréchal-des-logis aux chasseurs d'Afrique, évadé de Sedan, nommé sous-lieutenant.

M. Hamard, maréchal-des-logis aux dragons, évadé de Sedan, nommé sous-lieutenant.

M. Pasquin, de Verdun, lieutenant au 3ᵉ bataillon de mobiles de la Meuse, nommé capitaine et chevalier de la Légion d'honneur.

M. Simon, de Marville, lieutenant au 3ᵉ bataillon de mobiles de la Meuse, nommé capitaine et chevalier de la Légion d'honneur.

M. Rossignon, de Brieulles-sur-Meuse, lieutenant au 3ᵉ bataillon de mobiles de la Meuse, nommé capitaine et chevalier de la Légion d'honneur.

M. le comte Stanislas d'Imécourt, lieutenant au 3ᵉ bataillon de mobiles de la Meuse, nommé capitaine.

M. Chollot, adjudant à la batterie d'artillerie mobile, nommé sous-lieutenant et parti en cette qualité pour l'armée du Nord.

M. Schneider, sergent aux zouaves, évadé de Sedan, nommé chevalier de la Légion d'honneur, puis plus tard sous-lieutenant au 77e de ligne.

M. de Beylié, sous-lieutenant d'infanterie, nommé chevalier de la Légion d'honneur.

M. Destival, de Verdun, médecin aide-major au 3e bataillon de mobiles de la Meuse, nommé chevalier de la Légion d'honneur.

M. Petit, lieutenant de zouaves, originaire de Montmédy, nommé chevalier de la Légion d'honneur.

M. Rupin, portier-consigne de la place, nommé chevalier de la Légion d'honneur.

M. le docteur Hacherelle, médecin civil à Montmédy, nommé chevalier de la Légion d'honneur.

M. de Cortade, receveur des finances à Montmédy, nommé chevalier de la Légion d'honneur.

M. Billard, chef de section au chemin de fer de l'Est, nommé chevalier de la Légion d'honneur.

M. Baudson Jules, de Stenay, sergent au 3e bataillon de mobiles de la Meuse, décoré de la médaille militaire,

M. Baudson Emile, de Stenay, sergent au 3e bataillon de mobiles de la Meuse, décoré de la médaille militaire.

M. Noel, de Gercourt, sergent au 3e bataillon de mobiles de la Meuse, décoré de la médaille militaire.

M. Crucy, de Varennes, sergent au 3e bataillon de mobiles de la Meuse, décoré de la médaille militaire.

M. Davy, de   , sergent au 3e bataillon de mobiles de la Meuse, décoré de la médaille militaire.

M. Thomas, chef de gare à Montmédy, décoré de la médaille militaire.

M. Neff, piqueur au chemin de fer des Ardennes, à Montmédy, décoré de la médaille militaire.

MM. Husson et Lacroix, agents-voyers ordinaires à Montmédy, reçurent chacun une médaille d'argent pour services rendus pendant le siége.

Ces distinctions furent favorablement accueillies par l'opinion publique, sauf quelques-unes qui semblaient ne pas avoir de suffisantes raisons d'être. Par contre, certaines personnes qui avaient bien mérité de la ville et de la patrie furent totalement oubliées. Nous ne les nommerons pas pour ne pas offenser leur modestie, mais leurs noms étaient à Montmédy sur toutes les lèvres.

NOTES DIVERSES

I.

MONTMÉDY AU POINT DE VUE MILITAIRE

Tout nous fait présumer que Montmédy a acquis, à la suite des derniers événements, une importance stratégique plus considérable qu'autrefois. La question de son maintien comme forteresse et de son agrandissement étant une question d'intérêt général, nous n'avons pas hésité à la traiter ici. Nous ne l'envisagerons du reste qu'au point de vue stratégique. Nous ne parlerons donc pas des droits que pourrait lui avoir acquis son passé qui ne fut pas sans gloire, le patriotisme de ses habitants, leurs souffrances endurées pour la cause commune.

De nos jours, la politique de sentiment est passée de mode, et, du reste, rien n'est moins sentimental et ne doit moins l'être que le génie militaire français. On ne manquerait pas, non sans raison, de nous objecter l'intérêt général du pays primant de tout son poids les intérêts de clocher. On nous parlerait des grandes mesures à adopter pour remplacer notre ligne de forteresses tombée aux mains de notre implacable ennemi ; on nous opposerait la coordination des places fortes entre elles et la nécessité de les subordonner toutes à un plan général de défense ; on nous remémorerait les règles de la poliorcétique moderne, les progrès accomplis dans l'art de la destruction qui ont rendu inutiles,

— on va même jusqu'à dire nuisibles, ce qui n'est pourtant pas l'avis de tout le monde (1) — ces petites places du moyen âge qui ont fait leur temps et que l'on qualifie si dédaigneusement de nids à bombes, de bicoques.

Il est vrai que les Prussiens eux-mêmes ont traité Montmédy de « maudite bicoque » (textuel), mais en la maudissant, mais en maugréant et pestant contre le mal qu'elle leur donnait, le temps qu'elle leur faisait perdre, l'impuissance de leur artillerie sur ses remparts, et l'incertitude où ils étaient de pouvoir la réduire. Et c'est même au moment où ils allaient en recevoir les clefs qu'ils s'exprimaient avec tant de découragement sur son compte.

La question étant désormais portée sur le terrain de la stratégie, nous nous maintiendrons dans ces limites pour venir la discuter à ce point de vue exclusif. Si nous n'avons pas personnellement toute la compétence voulue pour traiter avec autorité des points de cette importance, nous avons du moins pour nous l'avis favorable de bien des personnes versées dans la science militaire et la connaissance exacte de la topographie du pays, de ses ressources, de ses voies de communications.

Aussi bien ne sont-ce point les arguments qui nous manqueront pour soutenir notre thèse. Ils se pressent au

---

(1) Voir entre autres 1° *Les forteresses françaises pendant la guerre 1870-1871*, par F. Prévost, *lieutenant-colonel du génie, à Vincennes*. Ce savant écrivain spécialiste a entrepris, avec un plein succès, la réhabilitation des forteresses. Ses arguments sont toujours appuyés de faits exacts et authentiques, ce qui leur prête une force considérable; 2° *Opérations du corps du génie allemand*, par A. Gœtze, traduit de l'allemand par Grillon et Fritz. Dans les *considérations finales* qui terminent cet ouvrage se trouvent les lignes suivantes:

« L'historique de cette guerre prouve jusqu'à l'évidence que les places fortes, même celles d'une importance secondaire jouent un très-grand rôle dans la défense d'un pays; c'est en effet uniquement à leurs nombreuses places que les Français sont redevables du succès de la résistance qu'ils nous ont opposée avec des troupes levées à la hâte et généralement mal disciplinées. Ce qui est inconcevable, c'est l'état d'abandon où ils avaient laissé les petites places décrites précédemment: elles n'étaient nullement à la hauteur des exigences de la guerre moderne et cette infériorité a entraîné au détriment des Français d'incalculables conséquences. »

contraire en foule sous notre plume, et, pour ne point étendre outre mesure les limites de cette étude, nous nous contenterons d'indiquer sommairement les raisons qui nous semblent les plus favorables à notre cause.

Les événements qui se sont produits en 1870 ont démontré, dit-on généralement, l'insuffisance des places fortes construites d'après les anciennes règles de l'art. De ces places, bon nombre ne sauraient être conservées, soit que leur situation, importante autrefois, le soit devenue beaucoup moins depuis la création des chemins de fer, soit que leur assise topographique ne leur permette pas de recevoir les agrandissements rendus nécessaires par les progrès de la stratégie. Enfin, ajoute-t-on, le système des fortifications à la Vauban aurait fait son temps.

En effet, d'après les principes de la tactique actuelle, en raison de la longue portée de l'artillerie perfectionnée, une place ne peut faire de résistance sérieuse qu'à condition d'embrasser tout un système complet de défenses extérieures de nature à contenir l'ennemi à longue distance, à mettre ainsi la ville qu'elle protége hors des atteintes d'un bombardement et à obliger l'assaillant à diviser ses forces. Paris, Metz et Belfort, seules de toutes nos places fortes assiégées, étaient dans ce cas. Aussi les deux premières de ces villes n'ont-elles succombé que devant la famine, tandis que la dernière a pu résister à des attaques de vive force, braver les sauvages fureurs d'un bombardement sans trêve ni répit et retenir des nuées d'Allemands pendant de longs mois sous ses murs.

Les autres forteresses, dépourvues de forts détachés, même les plus vaillamment défendues, telles que Toul et Phalsbourg, même les plus universellement considérées comme imprenables, telles que Strasbourg et Mézières, ont dû capituler devant la destruction qui menaçait de s'étendre à tout ce qu'elles renfermaient, habitants, édifices publics, maisons et propriétés particulières.

Montmédy n'a pas échappé à la loi générale. Après une défense que nous n'avons plus à examiner, ni à apprécier ici, accablée par des coups partis de batteries invisibles, trahie par les éléments qui partout semblaient faire cause commune avec l'ennemi, cette ville n'a échappé à une ruine totale que par une prompte reddition. Dès lors, l'importance défensive de Montmédy aujourd'hui est jugée. D'après les principes qui ont généralement cours, il ne peut rester tel qu'il est et ses destinées militaires sont d'être considérablement agrandi ou de ne plus être. La question ainsi posée, notre tâche se bornera à examiner les causes qui militent en faveur de son maintien.

Il est hors de doute que Montmédy, sentinelle avancée de la frontière, est appelé à remplir un rôle important dans les guerres qui pourraient éclater entre les deux nations à jamais ennemies qui se coudoient dans les plaines de notre belle et infortunée Lorraine.

En tant que place construite d'après les règles de l'ancienne école, Montmédy était encore une de celles qui pouvaient se défendre le plus vigoureusement. A la rigueur, elle pouvait soutenir le rôle honorable qui a illustré la défense de Bitche. Par sa situation escarpée, elle défiait tous les assauts des Prussiens, gens trop soucieux de leur chère personne pour en affronter les aventures et les dangers. Si ses remparts eussent été mieux armés, si la garnison eût été composée seulement de quelques centaines de véritables soldats, disciplinés et aguerris, si ses poudrières eussent été plus sûrement garanties et que des abris improvisés, solidement établis, eussent paré à l'insuffisance de ses casemates, elle eût pu laisser les assiégeants épuiser en vain leur rage contre ses murailles et gaspiller leurs munitions sans aucune utilité, ainsi qu'il est arrivé pour les forts de Paris.

Voilà son état actuel, voici son importance topographique.

Placé sur un contrefort qui domine de tous côtés la

vallée de la Chiers, qui commande une route nationale, deux routes départementales, une infinité de chemins se croisant en tous sens, et, brochant sur le tout, un chemin de fer frontière sur lequel sont accumulées comme à plaisir, sous le canon de la place, toutes espèces de travaux d'art, tunnel et viaduc considérables, ponts, etc.; Montmédy se trouve être la clef des défilés de l'Argonne en même temps que celle des voies d'accès vers le Nord de la France. Et cette importance déjà bien grande telle que nous venons de l'exposer, va s'accroître encore, par suite de la concession faite du chemin international de Montmédy à Virton (Belgique), et de celle toute prochaine des lignes de Montmédy à Dun-Varennes. Comme on le voit, Montmédy est devenu un point central d'où rayonneront quatre voies ferrées. Est-il nécessaire d'insister longtemps sur le relief que donnent à cette ville toutes ces circonstances réunies? Nous ne le pensons pas, et la question ainsi posée nous semble résolue d'avance.

Pour tous ces motifs, Montmédy nous semble mériter d'entrer dans le système défensif de notre frontière de l'Est et d'y occuper un rang considérable. Nous ne nous dissimulerons pas que pour en faire une forteresse importante, il faudrait ériger un système de fortifications très-étendu et assez dispendieux, à cause de la conformation des lieux. En effet, ses environs immédiats sont sillonnés par les vallées étroites, profondes et tortueuses de la Chiers, de l'Othain, de la Thonne, de la Loison et de plusieurs ruisseaux plus ou moins importants qui font de ce coin de terre un des sols les plus tourmentés et les plus accidentés que nous connaissions. Entre toutes ces gorges, s'étagent des contreforts, des mamelons abrupts, tous à peu près d'égale élévation, presque tous couronnés de bois, ce qui forcerait de multiplier les ouvrages. Mais aussi toutes ces dépressions donnent issue à des voies importantes de communications que fermerait hermétiquement l'établissement de forts détachés. Dans ces conditions, Montmédy pourrait devenir un immense camp retranché, embrassant dans son périmètre de fertiles villages, ce qui offrirait, en cas d'investissement, d'abondantes ressources pour l'entretien et l'alimentation de troupes nombreuses. L'ensemble d'une place ou camp retranché ainsi conçu serait formidable et établirait une barrière infranchissable à l'invasion. Il coûtera moins cher d'agrandir une forteresse déjà existante que d'en créer une nouvelle. Et puis qu'importe? Il ne s'agit pas de savoir combien de journées on paiera aux terrassiers, il s'agit de savoir si oui ou non Montmédy a une importance capitale, il ne s'agit pas seulement de faire des forteresses économiques, il nous faut de bonnes forteresses.

La place, telle qu'elle existe aujourd'hui, deviendrait une citadelle, un point central, ou pour emprunter une expression technique, un réduit. A elle reviendrait de droit l'honneur de servir de résidence au commandant supérieur.

Les points principaux de ses alentours qui nous semblent naturellement désignés pour être couronnés de forts, redoutes, etc., sont le sommet du Haut-des-Forêts, pour lequel il avait déjà été élaboré autrefois des projets de fortifications; puis les principales hauteurs sur lesquelles les Prussiens avaient installé leurs batteries, entre autres celles de Villécloye, d'entre Vigneul et Han, le plateau de Géronvaux au-dessus de Thonne-les-Prés et enfin, en dernier plan, les montagnes du Haut-de-Cer et de la Jardinette, au-delà desquelles le terrain commence à s'aplanir et en face desquelles ne se trouvent que des éminences beaucoup plus éloignées et hors de toute portée.

Ainsi poussés jusqu'à Stenay, les travaux de défense de Montmédy intercepteraient tout passage entre la Meuse et la Belgique, commanderaient de ce côté toutes les voies d'accès vers l'intérieur du pays et domineraient la vallée de la Meuse. Les troupes qui occuperaient le massif montagneux ainsi circonscrit, seraient en tout temps maîtresses sur un parcours considérable des diverses lignes de chemin de fer qui se raccordent sous les murs de Montmédy et des inextricables vallées qui s'entremêlent tout autour de cette ville. Elles tiendraient en même temps entre leurs mains la route nationale n° 64, de Verdun à Sedan, qui longe la vallée de la Meuse et qui pendant tout le cours de la dernière guerre a offert un si commode parcours à l'ennemi et lui a permis de ravitailler sans peine son armée de Sedan ; la route nationale n° 47, de Vouziers à Longuyon, qui traverse un passage des Argonnes, celui de Lacroix-aux-Bois ; la route départementale dite de Metz à Landrecies, dont le libre usage par l'ennemi a été si fatal à la France en permettant aux Prussiens de déboucher tranquillement par Etain et Damvillers sur Stenay, sans se heurter à aucune place forte, d'établir ainsi un de leurs grands courants d'envahissement, et de pouvoir, au-delà de Stenay, porter en toute sécurité les troupes saxonnes sur Beaumont, pour y écraser le corps de Failly et opérer ensuite leur jonction avec l'armée allemande de Sedan. Cette même voie ne donne-t-elle pas encore accès à un second passage de l'Argonne, celui du Chêne? On le voit, sur les cinq grands défilés de l'Argonne, si justement qualifiés de Thermopyles de la France, un ensemble de fortifications comme nous le comprenons, s'appuyant à la Belgique et ayant une tête de pont à Stenay, en tiendrait deux en son pouvoir, et ce sont précisément ceux qui ont joué le plus grand rôle dans la dernière campagne.

Nous n'hésitons pas à affirmer que si les choses eussent été dans l'état que nous venons d'indiquer, notre armée n'eût pu être cernée ni anéantie à Sedan. L'occupation permanente de Stenay, relié à Montmédy par des travaux de fortifications, eût opposé un obstacle considérable aux grands mouvements et aux puissantes concentrations que les Prussiens ont pu faire si impunément sur la limite Nord-ouest de notre département.

Le temps qu'ils eussent perdu en tentant de forcer le passage n'eût-il pas suffi pour sauver l'armée française, pour permettre au maréchal Mac-Mahon de gagner du temps et de poursuivre sa route vers Metz, pour aller tendre la main à l'armée du Rhin et prendre entre deux feux celle du prince Frédéric-Charles, avant que les Prussiens lancés à sa poursuite dans les Ardennes, et arrêtés brusquement par une semblable barrière, eussent pu l'atteindre ?

Maintenant que par suite des douloureux événements de 1870 la frontière prussienne n'est plus qu'à quelques lieues de nous, solidement appuyée sur les places de Metz et de Thionville, il est de toute nécessité de refaire à la France une ceinture de défenses. Les points qui se présentent les premiers à l'esprit sont naturellement ceux qui doivent commander les grandes artères qui pénètrent en France par cette nouvelle frontière. Si Belfort commande la ligne de Mulhouse à Paris, si Toul et les autres places que l'on ne manquera pas de construire, à Frouard ou au-delà de Nancy commandent celle de Strasbourg à Paris, si Verdun est appelé à commander le chemin de fer de Metz à Reims et à recevoir des agrandissements qui lui permettront de faire face à Metz, il est tout aussi rationnel de penser que Montmédy doit commander la ligne de Thionville à Mézières et recevoir une extension qui lui permette de tenir tête à Thionville, que les Prussiens renforcent chaque jour. S'il n'en était pas ainsi de cette tête de ligne du chemin de fer des Ardennes, il serait loisible à ceux-ci d'inonder de troupes quand il leur plairait toute la Meuse et les Ardennes. Or, il ne serait ni politique ni patriotique de laisser une telle étendue de pays, comprenant les territoires les plus fertiles et les plus productifs de l'Est de la France, en butte aux incursions des Allemands.

On nous objectera peut-être que tel autre point situé plus à l'Est sur la ligne de Thionville pourrait remplir le même office. Nous ne le pensons pas. Nulle part, en effet, on ne rencontre un tel enchevêtrement de routes qu'à Montmédy. Ensuite, quel que soit le point choisi, il laissera toujours vers le sud une trouée facile à franchir. C'est ce qui n'arriverait pas en adoptant pour pivot de la défense dans le Nord-est Montmédy, placé à cheval sur un isthme montagneux. En outre, puisque la question d'économie prime aujourd'hui toutes les autres, le gouvernement voudrait-il se résigner d'avance à perdre le bénéfice de l'existence de Montmédy qui, en définitive, malgré son mauvais état de défense, a retenu l'ennemi un mois sous ses murs, du 15 novembre au 13 décembre 1870 ; qui, par la destruction des travaux d'art de la ligne des Ardennes à ses abords, lui a fait perdre encore un nouveau mois, du 14 décembre au 15 janvier, jour où enfin le chemin de fer put être remis en circulation ; et qui, s'il eût été dans de meilleures conditions, eût pu tenir longtemps encore sans avoir besoin d'opposer d'autre résistance que l'inertie et la passivité. Kamecke le bombardeur y eût usé sans profit ses grenades et ses poudres. Et que fût-il advenu des Prussiens, si l'explosion du pont de Fontenoy (près Nancy) eût eu lieu avant que les réparations du chemin de fer sous Montmédy fussent terminées ?

En cas de nouvelles guerres entre la France et l'Allemagne, nos contrées sont appelées fatalement, sauf le cas de succès rapides de notre part, à servir de théâtre aux premières rencontres entre les armées des deux nations rivales. N'est-ce point au gouvernement français éclairé par de si tristes précédents, à se prémunir contre le retour des actes déplorables qui ont marqué la dernière campagne : capitulations d'armées entières, retraites désastreuses, et, comme conséquence, invasion facile des plus patriotiques régions de la France ?

Pour éviter le renouvellement de semblables calamités, il faut accumuler et multiplier sur nos frontières les obstacles à la marche de l'ennemi et lui barrer le chemin de la capitale. C'est là une vérité généralement admise et désormais les débats ne roulent plus que sur le choix des points à fortifier. Nous croyons avoir suffisamment établi, par les considérations qui précèdent qu'aucun point ne réunit mieux que Montmédy les conditions géographiques et orographiques qui permettraient d'en faire une place de premier ordre.

Il est de l'intérêt sacré de la défense du pays, il est du devoir du gouvernement de ne point laisser 120 kilomètres d'un chemin de fer, prenant naissance sous les murs d'une forteresse tombée au pouvoir de la Prusse, sans défense stratégique, ce qui arriverait infailliblement, si tout le parcours de la ligne de Thionville à Charleville restait dépourvu de travaux de fortifications quelconques en avant de Mézières, dont on veut faire, paraît-il, une place de premier ordre. Ce serait en vérité faire la partie trop belle à nos ennemis, en cas de nouveaux conflits entre la France et ses puissants et ambitieux voisins.

II.

Le *Moniteur officiel du gouvernement général de Lorraine* publiait, le 31 janvier 1871, d'après la *Gazette générale de l'Allemagne du Nord*, un article sur la manière dont les prisonniers allemands avaient été traités à Montmédy :

Sur l'ordre du commandant Ribaut, les officiers et les soldats furent emprisonnés dans la prison de force, qui reste fermée le jour comme la nuit. Le jour, les officiers se tenaient dans la chambre de l'inspecteur, mais il leur était interdit de s'approcher de la fenêtre. Le soir, on les enfermait deux par deux dans les cellules destinées aux malfaiteurs. Sur la porte de l'une d'elles, on lisait : « Pour les condamnés au-dessous de 16 ans ; » sur une autre : « Pour voleurs et banqueroutiers. » Les prisonniers avaient leurs numéros dans les registres. Trois semaines durant, ils n'ont aperçu ni le commandant ni quelque autre officier, et sont restés à la merci de l'inspecteur, un ancien sous-officier de zouaves, qui s'est même permis des brutalités à leur égard.

Officiers et soldats avaient les mêmes rations, et quelles rations ! Les condamnés français recevaient les premiers la soupe, dont on allongeait le reste pour les Allemands à l'aide de quelques seaux d'eau froide. Pas trace de chauffage dans les salles destinées aux soldats ; de paille, presque point ; les couvertures étaient rares. Pour y suppléer, les prisonniers n'avaient pas même leurs manteaux, qu'on leur avait pris avec tout leur linge, de sorte qu'ils ne pouvaient en changer. Les caporaux français leur avaient *retiré* aussi leurs montres et leurs objets de valeur, sous prétexte de les mettre en lieu sûr, et le commandant, à qui l'on s'était plaint, avait fait la sourde oreille. On disait que la garnison, n'ayant pas reçu de solde depuis le mois d'août, était réduite à prendre son bien où elle le trouvait.

Les soldats avaient la permission dérisoire de se promener dans une cour de trois pas de large sur sept de longueur ; quant aux officiers, neuf semaines durant, ils n'ont littéralement pas pu prendre l'air.

Au début du siège de Montmédy, le commandant voulut d'abord

placer ses prisonniers sur les remparts ; mais il finit par leur assigner une cave où ils se retirèrent le 12. Le lendemain, ils faillirent être assassinés par des zouaves ivres qui pénétrèrent de force dans leur retraite au moment où le feu cessa.

Nous avons fait place au factum qui précède afin de faire justice des allégations qu'il renferme. Trop souvent pendant cette déplorable guerre les Prussiens ont essayé de donner le change à l'Europe en prétendant justifier leurs atrocités par des griefs purement imaginaires. C'est toujours le fameux mot de Basile : « Calomniez, calomniez, il en restera toujours quelque chose. »

Mais pour quiconque a vu de près leurs actes, il est facile de réfuter leurs mensonges. C'est ce que nous allons faire en ce qui concerne les fausses assertions que nous venons de reproduire.

Si les Prussiens capturés en diverses fois par la garnison de Montmédy furent mis en quartier dans la prisons de cette ville, c'est uniquement parce que la forteresse ne renfermait pas d'autre local qui pût les recevoir. En effet, outre que Montmédy-haut ne contient en dehors des bâtiments publics que 108 maisons, le bombardement du 5 septembre en avait encore réduit le nombre ; l'hôtel-de-ville, la sous-préfecture, un magasin de l'Etat et dix maisons avaient été entièrement détruits par l'incendie ; le presbytère, les deux maisons d'école, le tribunal et un grand nombre de maisons particulières étaient percées à jour et rendues inhabitables. L'église remplie de provisions était elle-même considérablement endommagée. Quant aux casernes, elles étaient complètement occupées par les soldats de la garnison et même une grande partie de ceux-ci avaient dû être logés chez l'habitant, s'abriter tant bien que mal dans les ruines du tribunal et du presbytère ou camper dans les fossés fangeux de la ville. Donc, impossibilité matérielle de placer les prisonniers prussiens ailleurs qu'à la prison : aussi le philanthrope, auteur de cet article indigné, oublie-t-il, le digne homme, et pour cause, d'indiquer un autre local qui eût pu servir à loger confortablement ses chers compatriotes.

Quant à la précaution que l'on avait de ne pas les laisser communiquer avec le dehors, elle était parfaitement justifiée par des précédents fâcheux. Un officier prussien, capturé et échangé quelques jours avant le coup de main de Stenay, avait été de la part de la garnison l'objet des plus délicates attentions et logé en ville dans une chambre garnie avec l'autorisation de circuler par toute la forteresse. Ce méprisable individu avait répondu à cette courtoisie par des procédés d'espionnage, essayant d'entretenir des intelligences avec le dehors, levant des plans, dessinant des croquis, prenant force notes, etc., qu'il emporta avec lui lorsqu'il fut échangé et que l'on saisit à Stenay, où il s'était rendu, lors de la surprise du 11 octobre 1870.

Si le commandant Reboul (et non Ribaut) dont nous n'avons pas, du reste, à nous constituer avocats, est resté trois semaines sans les voir ni aucun autre officier de la garnison, ce qui paraît de tous points invraisemblable, il faut convenir que la conduite de l'officier prussien dont nous venons de parler n'était guère de nature à le bien disposer en faveur de ceux que le hasard des armes lui livra ensuite. De plus, un des officiers pris le 11 octobre avait écrit la veille au commandant Reboul, à la suite d'un échange de prisonniers fait le 9 à Chauvency-le-Château, une lettre aussi insolente que grossière, accusant le commandant et la garnison d'avoir volé les prisonniers allemands et le menaçant d'en tirer une éclatante vengeance, s'il n'était pas fait droit à ses réclamations. En outre, le colonel von Bütlar, commandant d'étape de Stenay, qui s'était rendu peu recommandable par les exactions et les violences commises par ses soldats et par lui-même, tant à Stenay que dans les environs, avait répondu d'assez mauvaise grâce et d'un ton rogue aux salutations que lui avaient adressées le commandant Reboul et les officiers de la garnison réunis autour de lui lors de l'entrée dans la forteresse des prisonniers faits à Stenay. On conçoit que la situation n'avait rien de réjouissant ni de glorieux pour lui et ne ressemblait nullement à une entrée triomphale. Mais ce n'était pas là non plus le cas de faire montre d'une arrogance de mauvais goût.

Enfin les lettres pleines des récriminations les plus injustes et des accusations les plus odieuses contre les prétendus mauvais traitements que leur infligeaient les Français, écrites par les prisonniers à leurs familles, étaient loin d'ajouter à l'intérêt peu vif déjà que M. REBOUL portait à des prisonniers si exigeants.

Quant aux inscriptions qui auraient surmonté les portes intérieures de la prison, c'est là une question futile, puisque tracées depuis longtemps et en vue de l'affectation ordinaire du local, elles ne pouvaient constituer une injure permanente aux soldats allemands, qui n'avaient été internés ni comme voleurs ni comme banqueroutiers et qui avaient (leur visage barbu l'attestait) plus de 16 ans.

Ce qui est rapporté de la manière dont les vivres étaient distribués aux Prussiens est faux de tous points. Les officiers prussiens se nourrissaient à l'hôtel. Les soldats touchaient comme la garnison leurs vivres régulièrement. Or, Montmédy qui avait reçu des provisions de bouche en quantités énormes, en prévision de l'arrivée de Mac-Mahon, a toujours été abondamment fourni de ce côté. Tous les jours, cinq soldats allemands descendaient à l'abattoir, situé à la ville basse, et emportaient eux-mêmes la viande à eux destinée, qui était de même qualité et de même quantité que pour les soldats français. La population les considérait toujours pendant tout ce trajet avec une attitude digne et bienveillante. Jamais ils ne furent l'objet de la moindre insulte, nous dirons même de la moindre allusion blessante, malgré les maux que leurs compatriotes nous causaient.

Pour le chauffage et la literie, nous passerions volontiers condamnation à ce sujet. Notre intendance, qui fut si répréhensible partout, ne pouvait faillir à ses fâcheuses traditions à Montmédy. Tandis que l'église regorgeait de draps et couvertures, que les magasins de l'Etat étaient pleins de paille, etc., l'intendance laissait les soldats de la garnison manquer de tout, en proie à la vermine et aux affections épidémiques qui en étaient la conséquence. Rien de surprenant que les Prussiens aient partagé ce régime déplorable. Ce qui l'aurait été, c'est qu'il eût été fait une exception en leur faveur. Ici donc comme pour le reste, égalité parfaite entre les soldats allemands et les nôtres.

Relativement à l'enlèvement des bijoux, nous n'en croyons rien. Tout ce que nous savons, c'est que les sommes d'argent envoyées aux prisonniers par leurs familles leur ont été religieusement remises et qu'ils en disposaient librement. Et puis les faits fussent-ils avérés, et quelques objets eussent-ils été dérobés aux prisonniers par des soldats manquant de tout, vraiment ces plaintes exhalées par les plus rapaces ennemis qui furent jamais, par ces hommes qui pliaient et mouraient sous le poids de leur butin en retournant dans leur pays, ne nous toucheraient guère. Ce ne serait là qu'une querelle entre gens à conscience large, peu digne d'attirer l'attention de l'histoire.

A propos de la promenade dans une cour n'ayant que trois pas de large sur sept de long, il y a là quelque exagération. Du reste, cet état de choses était une des conséquences de la situation indiquée plus haut.

Comme preuve péremptoire que les conditions sanitaires et alimentaires des Prussiens prisonniers n'étaient nullement mauvaises, il nous suffira de rappeler que sur 250 hommes détenus à Montmédy pendant neuf semaines, sur lesquels trente-deux étaient malades lors de leur arrivée, un seul est mort des suites d'une affection parvenue à son plus haut degré lors de l'expédition de

Stenay où il fut pris. Pendant ce temps, la garnison française se voyait décimée par les maladies régnantes. Parmi toutes les villes allemandes qui ont servi de lieux d'internement à nos malheureux prisonniers, qu'on nous en cite une seule où la mortalité ait été, nous ne dirons pas moindre, mais même relativement aussi faible !

Il est vrai qu'au commencement du siége, le commandant de place, irrité déjà par l'œuvre de destruction accomplie si gratuitement le 5 septembre et envisageant les horreurs d'un bombardement terrible, avait menacé d'exposer les prisonniers prussiens aux bombes des leurs, pensant amener ainsi ces derniers sinon à abandonner leurs projets contre Montmédy, du moins à faire un siége en règle et à renoncer à leurs habitudes barbares de faire la guerre aux habitations et aux gens inoffensifs. Mais du propos à l'exécution il y a loin, ainsi que le démontrèrent d'ailleurs les faits subséquents. En effet, tandis que les casemates de la forteresse étaient insuffisantes pour abriter toute la garnison, que les habitants étaient réduits à se tapir dans des caves plus ou moins sûres, les prisonniers allemands étaient logés dans une cave parfaitement solide.

Il est vrai également que le 13 décembre, à l'entrée de la nuit, quelques soldats ivres, furieux de la capitulation prématurée qu'on leur imposait, proférèrent des menaces contre les prisonniers, mais ces propos n'eurent pas de suites, grâce à l'énergie de quelques chefs et au bon esprit de la majeure partie de la garnison.

Et pendant ce temps, l'ennemi continuait à bombarder la ville cinq heures environ après la demande de cessation du feu, l'incendie faisait rage, et la plupart des maisons de la ville haute échappées au premier bombardement s'écroulaient avec fracas ! ! !

Et après cela, qu'un juge impartial prononce et déclare de bonne foi de quel côté il y a eu violation du droit des gens ! ! !

PIÈCES JUSTIFICATIVES

I° Destruction du chemin de fer à Mercy-le-Bas (19 août 1870).

..... Le 12me corps donnait l'assaut à Roncourt, quand le major Klemm, commandant le génie du corps, reçut la mission de couper le chemin de fer de Thionville à Montmédy, dans les environs de Mercy-le-Bas (1). Cet officier partit immédiatement pour Briey avec un détachement de la 4me compagnie de pionniers (premier lieutenant Pievitz), et de là il se rendit à Mercy-le-Bas sous l'escorte d'un peloton de uhlans pendant la nuit du 18 au 19 août. Avant le point du jour, il avait détruit le chemin de fer et le télégraphe : afin de rendre la voie impraticable pour un temps assez long, on avait arraché et jeté dans un cours d'eau (2) un assez grand nombre de rails. Un train de troupes arrivant de Thionville empêcha de pousser plus loin le travail de démolition, et au jour le détachement revint à son corps après une marche de 45 kilomètres (6 milles).

(Extrait de l'ouvrage : *Les opérations du corps du génie allemand, travail rédigé par ordre supérieur et d'après les documents officiels, par Adolphe Gœtze, capitaine du génie prussien, attaché au comité du génie et professeur à l'académie de la guerre, traduit de l'allemand par MM. Grillon et Fritsch, capitaines du génie au dépôt des fortifications. — Paris, librairie militaire de J. Dumaine, 30, passage Dauphine, 1873, in-octavo, — tome 1, 1re partie, chapitre III, page 32*).

---

(1) Entre les stations de Pierrepont et de Joppécourt.
(2) La Pienne, affluent de la Crusne, elle-même affluent de la Chiers.

II° Destruction du tunnel du chemin de fer entre Longuyon et Colmey (27 août 1870).

..... Le 25 août, un détachement de la 2me compagnie de campagne des pionniers du 3me corps partit dans la direction de Longuyon sous la protection du régiment de hussards de Ziethen, et détruisit les 27 et 28 un tunnel et deux ponts en pierre entre Longuyon et Montmédy. La réparation de ces ponts, détruits sur environ 20 mètres de longueur, aurait exigé un temps assez long. On fit également entre Longuyon et Thionville des explosions qui rendirent la voie impraticable.

(Même ouvrage, 2me partie, chapitre II, page 97).

III° Opérations de l'armée de la Meuse dans l'arrondissement de Montmédy pendant les jours qui ont précédé la bataille de Sedan (fin août 1870).

..... Le 26 août, le grand quartier général fut avisé que l'armée française avait abandonné ses cantonnements de Châlons et s'était mise en marche dans la direction du nord. Le 12me corps se dirigea alors à droite et prit une position défensive près de Dun-sur-Meuse, à onze kilomètres (1 mille et demi) au sud de Stenay, pour être en état de résister à des attaques venant du nord ou de l'ouest, en attendant que deux corps d'armée détachés de l'armée de blocus de Metz pussent arriver à son secours.

On avait d'abord eu l'intention de détruire les ponts de Stenay, et le 27 on y avait envoyé le capitaine Portius, de l'état-major du génie, avec un détachement de la 3me compagnie de pionniers; mais quand on eut reconnu que la Meuse était guéable sur plusieurs points, on renonça à couper les ponts et l'on se contenta de les barricader.

D'un autre côté, et sur l'ordre du général en chef, le capitaine Schubert avait miné le pont de Sassey sur la Meuse, à 4 kilomètres (un demi-mille) au nord de Dun, et il avait réussi, en employant 125 kilogrammes de poudre, à renverser l'une des arches en maçonnerie. Le jour suivant, en raison du changement survenu dans la situation générale, on fit des préparatifs pour installer un nouveau passage à côté du pont démoli, et l'on commença des travaux de défense pour protéger la ville de Dun. Ces travaux furent exécutés par les pionniers d'infanterie, sous la direction des officiers de l'état-major du génie saxon.

Le 12ᵐᵉ corps resta dans sa position de Dun jusqu'au 29 : ce jour même, il se trouva en contact avec l'ennemi qui s'était avancé jusqu'à Nouart, et il livra près de ce village un combat qui se termina par la retraite des Français dans la direction de Beaumont.

La garde était arrivée le 25 août à Triaucourt. Elle devait marcher le lendemain sur Sainte-Menehould, mais la situation s'étant modifiée, elle prit, le 26, la direction du nord et arriva le 27 à Montfaucon. Les rapports annonçaient la présence de l'ennemi sur l'Aisne, à Vouziers. On s'attendait généralement à le voir tenter un passage de la Meuse dans les environs de Stenay pour atteindre les routes qui conduisent à Metz. Dans ce cas la garde devait, comme le 12ᵐᵉ corps, prendre sur la rive droite une position défensive et se servir, pour passer la rivière, du pont existant à Consenvoye et d'un pont à jeter entre Dannevoux et Sivry (1). La 1ʳᵉ compagnie de pionniers de la garde avait, à cette fin, jeté un pont à Sivry dans la nuit du 27 au 28 août, quand les dispositions furent modifiées : la garde reçut l'ordre de marcher sur Buzancy, où les reconnaissances avaient signalé plusieurs corps français en marche dans la direction de l'Est.

Le 4ᵐᵉ corps marchait primitivement sur Commercy. Le 26 août, il changea de direction pour aller au Nord-est, et le 27 il franchit la forêt d'Argonne, à cinq kilomètres et demi (2) (trois quarts de mille) à l'Ouest de Verdun. Le même jour, le général commandant le corps, accompagné de l'état-major du génie, reconnut cette place et constata que la garnison avait fait sauter quelques maisons et brûlé une partie des faubourgs, preuve qu'on était décidé à résister sérieusement. Le 27 dans la matinée, on prescrivit de construire deux ponts à Charny, à 5 kilomètres et demi (trois quarts de mille) au nord de Verdun, afin d'être en mesure le jour suivant de porter, si besoin en était, tout le corps d'armée sur la rive droite de la Meuse. Les ponts furent jetés par les 1ʳᵉ et 2ᵐᵉ compagnies de pionniers de campagne, qui employèrent l'équipage d'avant-garde mais en le complétant à l'aide de matériaux trouvés sur les lieux. On ne passa cependant point la Meuse, car dans la nuit du 28 au 29 on fut informé que l'ennemi s'était arrêté à Buzancy.

Quant à la IIIᵐᵉ armée, elle avait déjà commencé à marcher sur Sedan pour envelopper l'ennemi du côté du sud et du sud-ouest.

C'est dans ces conditions que l'armée de la Meuse attaqua le 30 août la gauche des troupes françaises arrêtées à Beaumont, où les 12ᵐᵉ et 4ᵐᵉ corps surprirent l'ennemi, et le rejetèrent jusque sur

(1) Il y en a un à Vilosnes.
(2) Il y a plus que cela.

la Meuse malgré sa résistance opiniâtre. A une heure avancée de la soirée, le 4me corps prit d'assaut la ville de Mouzon, dont la plus grande partie se trouve sur la rive droite de la Meuse, et où l'on s'empara d'un pont militaire que l'ennemi avait construit.

La 1re compagnie de pionniers de campagne, attachée à la 16me brigade fut employée comme troupe d'infanterie et prit part, conjointement avec un bataillon du 96me, aux assauts de Beaumont et de Mouzon ; ses pertes ne furent pas sans importance.

Dans la nuit du 30 au 31 août, l'armée entreprit le passage de la Meuse, en utilisant tant les ponts restés debout que les deux ponts militaires jetés à Létanne par les pionniers de la garde et par ceux du 12me corps. La garde passa la Chiers le 31 août, et occupa Carignan, après avoir fait réparer par sa 1re compagnie de pionniers le pont qui était en partie détruit. L'aile gauche de la IIIme armée ayant le même jour passé la Meuse au-dessous de Sedan, comme on le verra plus bas, toutes les lignes de retraite de l'ennemi se trouvaient coupées, et il ne lui restait plus d'autre parti à prendre que d'accepter une bataille dans des conditions désavantageuses, ou de passer sur le territoire neutre de Belgique.

(Même ouvrage, 1re partie, chapitre IV, pages 35, 36 et 37).

IV. Premier bombardement de Montmédy
(5 septembre 1870).

..... Pendant ce temps la garde faisait une tentative pour enlever la place de Montmédy, distante de Sedan d'environ 40 kilomètres (5 milles). La colonne, placée sous les ordres du général-major prince de Hohenlohe, comprenait la 2me brigade d'infanterie de la garde, 6 escadrons de uhlans, l'artillerie de la 1re division d'infanterie de la garde et la réserve d'artillerie du corps, en tout 10 batteries, et enfin la 1re compagnie de pionniers de la garde (capitaine von Bock) avec son équipage d'avant-garde. Elle avait l'ordre de se trouver le 5 septembre à six heures du matin devant Montmédy, et d'attendre à Thonnelle qu'on eût achevé de reconnaître la place.

En conséquence, les troupes désignées partirent pour Montmédy dans la nuit du 4 au 5. A la suite de la reconnaissance qui fut faite par le commandant de la colonne lui-même, accompagné de l'état-major du génie (lieutenant-colonel von Wangenheim) et des principaux officiers de l'artillerie, on établit une partie des pièces sur les hauteurs qui se trouvent au nord-ouest et à l'ouest de Thonne-les-Prés, l'autre partie au nord de Montmédy ; on les fit soutenir par 4 bataillons d'infanterie, pendant que la cavalerie couvrait les flancs et que 2 bataillons et la compagnie de pionniers restaient en réserve à Thonnelle. La garnison se borna à envoyer quelques coups de canon sur les pelotons de uhlans, à partir de huit heures du matin.

Le feu des batteries allemandes s'ouvrit à dix heures et demie ; peu après on vit éclater dans la ville haute de grands incendies qui s'étendirent rapidement ; à onze heures et demie on interrompit la canonnade pour sommer la place : aucune réponse n'étant arrivée à une heure, on recommença le feu. L'ennemi riposta vivement avec quelques-unes de ses pièces, mais sans nous faire grand mal. A deux heures, la place ne s'étant pas décidée à entrer en négociations malgré de nouveaux incendies, on cessa le bombardement, et la colonne entière battit en retraite dans la direction de l'ouest.

(Même ouvrage, 1re partie, chapitre VII, pages 60 et 61).

Les troupes envoyées pour tenter un coup de main contre Montmédy, le 5 septembre 1870, se composaient donc, comme on vient de le voir, de 7 à 8,000 hommes.

Il y a ici une erreur relativement à la durée du bombardement qui, d'après l'auteur allemand, ne se serait prolongé que pendant deux heures en deux fois. Chacun des deux actes du bombardement a été de deux heures au bas mot, soit quatre heures au moins pour le tout.

V. Projet d'une surprise de la ville de Sedan combiné entre les garnisons de Montmédy, Mézières et Givet (octobre 1870).

.... Le capitaine Küster, nommé commandant du génie de la place (Sedan) prit aussitôt ses dispositions pour l'armer ; il était en effet urgent de la mettre en état de défense à cause de sa situation très-exposée et de la faiblesse de la garnison qu'on devait y laisser. On sut plus tard que les Français ont eu à plusieurs reprises l'intention de tenter sur Sedan un coup de main, dont le succès les aurait remis en possession des nombreuses pièces de canon qui y étaient restées.

(Même ouvrage, 1re partie, chapitre VI, page 59).

VI. Siége et capitulation de Montmédy.

Avec l'obligeante autorisation de l'éditeur, nous détachons du remarquable ouvrage auquel nous avons fait les emprunts précédents tout ce qui a trait au siége et à la capitulation de Montmédy. Cette ville y fait en effet l'objet d'une notice toute spéciale avec carte à l'appui.

...... La 14me division d'infanterie, après avoir laissé en observation devant Longwy un détachement composé de 3 bataillons, 4 escadrons et 1 batterie, marcha sur Montmédy, accompagnée de la plus grande partie des compagnies de pionniers et d'artillerie de place qui venaient de prendre part au siége de Thionville. Une section de chemins de fer de campagne avait remis la voie en état entre Metz et Longuyon, tête de l'embranchement de Longwy ; le transport du matériel de siége pouvait donc s'opérer sans difficulté.

Description générale de la place.

Montmédy, de même que Longwy, est un poste intermédiaire entre les places de la Moselle et celles de la Meuse. La ville est bâtie sur la Chiers, cours d'eau peu abondant dans la saison sèche, mais sujet à des crues subites après les grandes pluies. La Chiers, son affluent le Loison, et divers ruisseaux divisent les environs de Montmédy en plusieurs secteurs qu'il est difficile de mettre en communication pendant la saison des pluies. Les hauteurs qui entourent la place sont limitées par des pentes roides du côté des cours d'eau ; elles sont pour la plupart dominées par la fortification, mais échappent en grande partie à ses vues, à cause des bois qui les couronnent. Sur la rive droite de la Chiers, les pentes commencent au bord même de la rivière dans le voisinage de la ville ; très-douces d'abord (5 à 10°), elles atteignent progressivement l'inclinaison de 40° et se terminent à un plateau élevé de 60 à 65 mètres (1) au-dessus du niveau des eaux, et couronné par l'enceinte principale. Ce plateau, limité dans tous les sens par des pentes très-roides, forme un triangle dont les côtés ont 150 à 300 mètres (200 à 400 pas).

La ville haute est entourée d'une enceinte bastionnée dont la construction remonte à différentes époques, et qui a fait l'objet d'améliorations récentes. Les flancs, très-courts, sont en partie case-

---

(1) L'altitude du plateau de la ville haute est de plus de 100 mètres.

matés; les courtines sont couvertes par des espèces de tenailles; des demi-lunes, des contre-gardes et un chemin couvert complètent cet ensemble fort irrégulier. Les escarpes et contrescarpes sont presque partout taillées dans le roc, et leur hauteur considérable qui atteint 25 mètres, rend à peu près impossible l'escalade de cette partie de la ville. Le front nord-est présente une porte de ville bien couverte, et le front de l'Est une poterne pour les piétons, qui communique avec la ville basse par des rampes et des escaliers.

L'enceinte de la ville basse n'a qu'une médiocre consistance et n'est pas à l'abri de l'escalade; c'est un simple mur crénelé, d'environ 6 mètres de hauteur, flanqué par des tambours, et qui se soude par ses deux extrémités aux ouvrages de la ville haute. La partie est de cette enceinte est couverte par la Chiers, qu'on traversait sur un pont de pierre en partie détruit par les Français.

Montmédy n'a aucune valeur comme place-manœuvre à cause de l'exiguïté de sa surface intérieure; mais son importance est incontestable comme place-barrière du chemin de fer des Ardennes. Cette ligne traverse sous un tunnel de 250 mètres de longueur (1) le contre-fort situé au nord de la ville haute, et franchit ensuite la vallée de la Thonne sur un viaduc élevé. Ces deux ouvrages d'art, situés sous le canon des remparts, avaient été complètement détruits; la place avait donc parfaitement rempli son rôle depuis le début de la guerre jusqu'à la fin de 1870.

Préliminaires du siège.

On a vu que l'artillerie de la garde avait canonné Montmédy après la bataille de Sedan. Les postes d'étapes de Stenay et Damvillers observèrent ensuite la place, mais sans pouvoir empêcher la garnison d'enlever le 11 octobre le commandant d'étapes de Stenay avec deux compagnies de landwehr.

Au milieu de novembre la place fut investie, et après de vifs engagements, serrée de très-près sur une partie de son pourtour par un détachement mixte formé de 4 bataillons d'infanterie, une compagnie de chasseurs, 4 escadrons, une batterie légère et une section de la 2me compagnie de campagne des pionniers du 7me corps (lieutenant Grœning). En même temps une colonne volante postée à Longuyon, et composée de 3 compagnies de chasseurs et deux escadrons, observait Longwy.

Les difficultés du terrain ne permettant pas au détachement dont il vient d'être parlé d'investir complètement la place, on le renforça d'un bataillon d'infanterie vers le milieu de novembre.

---

(1) La longueur du tunnel est de 817 mètres et non de 250.

Pour mieux se garantir contre les sorties de la garnison, le commandant du corps donna l'ordre de faire sauter le pont sur la Chiers situé à 1500 mètres (2000 pas) au sud-ouest de Montmédy, opération qui fut exécutée à l'insu de l'ennemi (1), le 19 novembre à minuit, par le détachement de pionniers sous la protection de postes avancés. Cette destruction nous priva, comme on le verra plus loin, d'une communication fort importante pour les opérations ultérieures du siége.

Le détachement de pionniers jeta un pont de chevalets sur la Chiers à Chauvency, à 3 kilomètres (4000 pas) de la place. Ce pont, enlevé quelques jours après par une crue, fut remplacé par un pont sur pilotis.

Opérations du siége.

Le corps destiné au siége de Montmédy fut composé comme il suit :

Infanterie: 10 bataillons. — Cavalerie: 2 escadrons. — Artillerie de campagne: 5 batteries (4 de 9 c. et une de 8 c.). — Pionniers: 5 compagnies, savoir: 2ᵉ et 3ᵉ compagnies de campagne du 7ᵉ corps, 3ᵉ compagnie de place du 2ᵉ corps, 1ʳᵉ compagnie de place du 4ᵉ corps et 3ᵉ compagnie de place du 7ᵉ corps. — Artillerie de place: 11 compagnies et un détachement de la commission d'expériences, avec un parc de 44 bouches à feu (4 mortiers rayés de 21 cent.; 10 canons de 15 c. long.; 10 canons de 15 c. court, et 20 canons de 12 c.).

Le général lieutenant von Kamecke, commandant du corps de siége, arriva le 5 décembre sous Montmédy et établit son quartier-général à Louppy. Les troupes restées disponibles de la 14ᵉ division observaient Longwy et gardaient le chemin de fer de Metz à Montmédy, qui servait au transport du matériel de siége. Des colonnes volantes dirigées sur Sedan maintenaient la communication (2) avec le détachement chargé du blocus de Mézières et placé sous les ordres du commandant de la 14ᵉ division.

Le major Treumann commandait le génie et le major Schmeltzer l'artillerie du corps de siége.

La première mesure à prendre était de relier par des communications suffisantes les divers secteurs du terrain des attaques, séparés par les eaux alors très-hautes de la Chiers. Dans ce but on établit deux ponts de chevalets, l'un à 1500 mètres (2000 pas) au

---

(1) Les Français en voulaient faire autant de leur côté.
(2) De là sans doute les départs et retours successifs des troupes occupant Avioth, Petit-Verneuil, etc.

nord-ouest de Velosnes, tout près de la frontière belge, et l'autre auprès du pont de Landzécourt détruit par les Français. Ces deux ponts, assez résistants pour permettre le passage de la grosse artillerie, furent construits, le premier par les 2e et 3e compagnies de campagne des pionniers du 7e corps, le second par la 3e compagnie de place du 7e corps et la 1re compagnie de place du 4e.

Le parc du génie fut installé à Juvigny-sur-Loison, à 5 kilomètres et demi (trois quarts de mille) au sud de Montmédy, et l'on y transporta l'équipage de pont pris aux Français, lequel devait donner le moyen de franchir la Chiers pendant le cours des opérations ultérieures.

D'après les reconnaissances entreprises dans les premiers jours de décembre, et en s'aidant des plans et renseignements que l'on possédait sur la place, le commandant de la division choisit le front sud (bastions 12 à 14) comme point d'attaque. Le plan adopté consistait à écraser ce front, ainsi que toute la ville haute, sous un feu violent des batteries de première position, afin de rendre d'autant moins périlleuses les opérations suivantes de l'attaque, et notamment le passage de la Chiers.

Pendant que l'artillerie préparait la construction de ses batteries, les compagnies de pionniers avaient à s'occuper des passages à établir sur la Chiers, en arrière de la première parallèle projetée, travaux d'une difficulté toute particulière à cause du voisinage de la place (1500 à 1800 mètres, soit 2000 à 2500 pas) et de la hauteur des eaux. Cette difficulté se présentait surtout pour le rétablissement du pont de Vigneul, que le premier corps de blocus avait fait sauter comme on l'a vu plus haut, et dont il fallait refaire deux travées d'environ 20 mètres. On éleva sur les ruines de la pile centrale un échafaudage en charpente, sur lequel on fit reposer les fermes qui portaient le tablier. La profondeur de la rivière en ce point était de 3 mètres à 3 mètres 50, et la voie du pont se trouvait à 4 mètres au-dessus du niveau de l'eau. Les préparatifs de ce travail, confié à la 3e compagnie de place des pionniers du 7e corps (capitaine Naumann) furent commencés le 10 décembre ; le 15 au soir le pont était ouvert à la circulation. Quatre autres passages devaient être préparés, savoir : deux ponts de chevalets rapides par la 2e compagnie de campagne des pionniers du 7 corps (premier lieutenant von Huene), et deux ponts de bateaux du matériel français, que la 2e compagnie de place du 4e corps (premier lieutenant Siewert) avait à jeter après s'être préalablement exercée à la manœuvre de ce matériel.

Tandis que les pionniers travaillaient avec la plus grande activité à ces ponts, tout en construisant pour les avant-postes de nombreuses baraques que la rigueur du froid rendait nécessaires, l'artillerie commençait le 9 décembre ses batteries de bombardement. On devait établir en tout 10 batteries pour 42 pièces, et des épaulements pour 20 pièces de 9 c. de campagne, de façon à ouvrir le feu avec 62 pièces.

Voici quels étaient l'armement et la position de ces batteries :

Batteries 1 et 2 (8 canons de 12 c.) au-dessus de Villécloye, à 3100 mètres (4100 pas) à l'est de Montmédy ;

Batteries 3 et 4 (8 canons de 15 c.) dans le bois de Montmédy, à 2700 mètres (3600 pas) au sud de la place ;

Batteries 5 et 6 (10 canons de 15 c. court) à Vigneul, à 2700 mètres (3600 pas) au sud-ouest de Montmédy ;

Batteries 7, 8 et 9 (12 canons de 12 c.) dans le bois de Géranvaux, à 2100-2600 mètres (2800-3500 pas) au nord-ouest de Montmédy ;

Batterie 10 (4 mortiers rayés de 21 c.) à Vigneul, à 2200 mètres (2900 pas) au sud-ouest de la place.

Trois des batteries de 9 c. de campagne installèrent leurs pièces au nord et au nord-est de Montmédy, à Thonne-les-Prés, Petit-Verneuil et Thonnelle, à 2200-3000 mètres (3000-4000 pas) des ouvrages; une section d'une quatrième batterie prit position au sud-ouest entre les batteries de siége n°s 4 et 5.

La construction de ces batteries se poursuivit les 9, 10 et 11 décembre avec le concours de l'infanterie, dans des conditions très-difficiles et fut retardée par l'intensité du froid et par le verglas qui couvrait les routes. Neuf compagnies d'infanterie furent employées comme auxiliaires le 9 et le 10. Les batteries se trouvaient presque toutes dans les bois, en sorte qu'on put y travailler sans être aperçu de l'ennemi. Mais il fallut démasquer leur champ de tir, et cette opération fut exécutée pendant la nuit du 11 au 12 décembre par 3 compagnies de pionniers (3e de campagne du 7e corps, 3e de place du 2e, et 3e de place du 7e).

Dans la même nuit on arma toutes les batteries, et pour couvrir ce travail on fit occuper par 6 compagnies d'infanterie les villages de Villécloye, Iré-le-Sec, Vigneul, Thonne-les-Prés et Fresnoy, sur le pourtour de la place. Des soutiens d'une force à peu près double étaient placés dans les villages en arrière de la première ligne.

Le bombardement commença le 12 décembre à 7 heures et demie du matin. Le feu avait été réglé pour les canons à 5 coups par heure de jour et 1 coup par heure de nuit, et pour les mortiers à 3 coups par heure pendant le jour et 1 coup toutes les deux heures pendant la nuit ; on était autorisé, bien entendu, à dépasser cette limite si l'intérêt de la défense des batteries l'exigeait. Quant aux batteries de campagne, elles ne devaient tirer que le jour.

Peu après le début du bombardement le temps changea subitement, le brouillard et la pluie rendirent le pointage très-difficile, et il fallut ralentir le feu. La place riposta très-vivement d'abord, et tira avec beaucoup de justesse sur la batterie n° 5, sur la batterie de mortiers n° 10 (1) et sur l'une des batteries de campagne.

Le feu fut continué le 13 décembre jusqu'à neuf heures du soir malgré le brouillard ; la place ne répondait plus que faiblement (2). On tira en tout 2985 projectiles. Des pourparlers s'engagèrent alors et aboutirent à la capitulation de Montmédy, qui fut occupé le 14 décembre au matin. On put dès lors contremander l'établissement des quatre ponts dont il a été question plus haut ; cette opération était commandée pour la nuit du 13 au 14, et la hauteur des eaux de la Chiers l'aurait rendue extrêmement difficile.

La chute de Montmédy livra à la 14e division 2600 prisonniers (3), 65 bouches à feu (4), une grande quantité de vivres, et rendit la liberté à 5 officiers et 237 soldats allemands prisonniers appartenant pour la plupart au commandement d'étapes de Stenay.

La place était encore en parfait état de défense lors de la reddition. La ville haute et ses bâtiments militaires avaient beaucoup souffert du bombardement, mais il n'y avait pas là un motif suffisant pour se rendre, car la population civile avait presque entièrement abandonné cette partie de la ville, et la faible garnison nécessaire pour sa défense était suffisamment pourvue d'abris à l'épreuve.

Si la défense avait évacué en temps opportun la ville basse, mal fortifiée et incapable de soutenir une attaque sérieuse, la place aurait pu prolonger sa résistance, et rendre longtemps (5) encore le seul service qu'on pouvait attendre d'elle, qui était de barrer le chemin de fer des Ardennes. Le fort dégel qui survint après la

---

(1) L'auteur allemand se trompe de batterie car celle dont il s'agit resta ignorée de la place et ne reçut pas un seul boulet.

(2) Si le pointage était devenu très-difficile pour l'ennemi, il était impossible pour la place. Voyez *supra* page 233.

(3) 1700 d'entre eux s'échappèrent à Vezin.

(4) Sur ces 65 bouches à feu, il n'y avait que 8 canons rayés. Voyez p. 93.

(5) L'auteur allemand exagère évidemment la difficulté pour rehausser le succès de ses compatriotes. En effet, quelques jours eussent suffi à l'ennemi pour percer, comme il en avait l'intention, les casemates du bastion 12, lequel contenait pêle-mêle les mobiles de la 1re compagnie, un nombre considérable de projectiles chargés et des tonneaux de poudre, celles du bastion 14 où était abritée une bonne partie de la garnison, et la poudrière située entre ces bastions. Que cette poudrière ou celle du bastion 12 eût sauté, et la plus grande partie des troupes et de la population eût été écrasée sous les ruines de la forteresse. C'est la crainte de ce péril non pas encore imminent mais prochain, et à coup sûr effrayant, qui fit rendre la ville. Si des poudrières plus solides et mieux abritées étaient construites, si les bois qui ont été si utiles à l'ennemi étaient abattus, si les remparts étaient armés de quelques grosses pièces blindées avec une extrême solidité, et que la défense fût confiée à un petit nombre de troupes aguerries, pouvant, une fois les casemates les plus exposées percées, trouver un abri dans les autres, Montmédy, tel qu'il est, et même sans fort détaché, pourrait, comme le dit l'auteur allemand, retenir longtemps l'ennemi sous ses murs.

capitulation aurait augmenté extraordinairement la difficulté d'exécution des tranchées d'une attaque en règle contre la haute ville; l'ouverture d'une brèche praticable à ses escarpes taillées en grande partie dans le roc vif n'était possible qu'au prix d'une énorme consommation de munitions ; enfin l'assaut de cette brèche n'aurait eu que bien peu de chances de succès en face d'une garnison tant soit peu vigilante, protégée par des contrescarpes de 7 à 8 mètres de hauteur et par des escarpes élevées qui, même ruinées, auraient opposé des obstacles presque insurmontables aux colonnes d'assaut.

Le major Treumann et le premier lieutenant von Düring furent nommés l'un gouverneur intérimaire, l'autre commandant du génie de la place de Montmédy. Elle ne fut pas réarmée pour le moment (1).

VII. Composition du détachement du génie allemand employé au siége de Montmédy.

Commandant du génie du siége..	Major Treumann.
Adjudant......................	Second lieutenant Schneider.

Compagnies de Pionniers.

2ᵉ compagnie de campagne du 7ᵉ corps....................	Premier lieutenant baron von Huene.
3ᵉ compagnie de campagne du 7ᵉ corps....................	Capitaine Cleinow.
3ᵉ compagnie de place du 2ᵉ corps	Premier lieutenant von Düring.
1ʳᵉ compagnie de place du 4ᵉ corps....................	Premier lieutenant de landwehr Siewert.
3ᵉ compagnie de place du 7ᵉ corps	Capitaine de landwehr Naumann.

---

(1) Elle le fut un peu en présence des craintes qu'inspirait la diversion de l'armée de Bourbaki.

ERRATA

Page 123, au sous-titre du chapitre III, lisez : du 6 septembre au 15 novembre 1870, au lieu de : du 6 septembre au 11 décembre 1870.

Page 147, ligne 6, lisez : M. Félix d'Huart, au lieu de : M. Alexandre d'Huart.

Page 236 *in fine*. A Strasbourg il en avait été lancé 600.

Page 375. C'est par erreur que nous avons annoncé la promotion au grade de lieutenant-colonel de M. Tessier, ancien commandant supérieur de Montmédy. Soit que ce grade ne lui ait pas été conféré ou qu'il n'ait pas été ratifié par la commission de révision des grades, M. Tessier est encore chef de bataillon du génie au moment où nous écrivons ces lignes.

Page 374. Victimes du combat de Chauvency. (Renseignements recueillis postérieurement à l'impression de cette partie de l'ouvrage) :

61° Aubert Fernand-Henry, était originaire de Paris ;
63° Cirou Pierre-Ernest, était également originaire de Paris ;
64° Gérard Auguste, était originaire de Fays-Billot (Haute-Marne), et non de Glaires (Ardennes) ;
65° Probst Jean, de Lutter (Bas-Rhin), a été porté comme disparu.

Aux noms des victimes du siége de Montmédy, il faut ajouter :
Daubian Jean-Baptiste, de Nismes (Gard), 19 ans, caporal au 3e de ligne, décédé à l'hôpital de Montmédy, le 13 décembre 1870, de suites de blessures.

Outre ces renseignements, nous en avons reçu d'autres assez incertains sur des victimes du siége de Montmédy, non portées sur nos listes. Faute de documents officiels, la vérité ne se fera jamais jour d'une manière précise et absolue sur cette triste page de nos revers, pas plus ailleurs, du reste, qu'à Montmédy.

TABLEAU des batteries construites pendant le siége de Montmédy.

Nos DES BATTERIES.	ARMEMENT		DISTANCE aux points à battre.	OBJECTIF OU DESTINATION DES BATTERIES.
	NOMBRE DE PIÈCES.	Calibre		
1	4	Canons de 12 c.	MÈTRES. 3100—3400	Battre la porte et la communication de la ville basse ainsi que la caserne située près de cette porte : prendre à revers la partie sud du front d'attaque.
2	4	Idem.	Idem	
3	4	Canons de 15 c. long.	2600—2800	Enfiler le front nord-ouest; prendre d'écharpe le front d'attaque ; démolir la casemate du flanc gauche du bastion 12, l'hôtel de ville (1) et le magasin d'artillerie.
4	4	Idem.	Idem.	
5	5	Canons de 15 c. court.	2500—2600	Contrebattre la courtine 12-14 et les faces adjacentes des bastions 12 et 14 ; essayer d'ouvrir deux brèches aux maçonneries ; enfiler le front sud ; tirer sur un magasin à poudre.
6	5	Idem.	Idem.	
7	4	Canons de 12 c.	2100—2850	Contre-battre la face droite du bastion 12 : battre la porte de ville du front nord-ouest ; détruire les casemates de flanc du bastion 14, le bureau de la place et la caserne.
8	4	Idem.	Idem.	
9	4	Idem.	Idem.	Même objet que les deux précédentes, et de plus enfiler le front 12-14
10	4	Mortiers rayés de 21 c	2000	Tirer sur les deux faces du front 12-14. Enfoncer les traverses-abris et bouleverser les parapets et les terre-pleins.
a	6	Pièces de campagne.	2900	Prendre d'écharpe le front sud-ouest et contre-battre l'artillerie de la place.
b	6	Idem.	1950—2200	Enfiler le front d'attaque 12-14 et contre-battre l'artillerie de la place
c	6	Idem.	3000	Enfiler le front est et contre-battre l'artillerie de la place.
d	2	Idem.	2600—3000	Bombarder la haute-ville, contre-battre l'artillerie de la place ; nettoyer au besoin le bois de Moncey
TOTAL, 62 bouches à feu, savoir :				8 canons de 15 c. long 10 canons de 15 c. court 20 canons de 12 c. 4 mortiers rayés de 21 c. 20 canons de campagne de 9 c.

(1) Le texte allemand dit : *gouvernement* (*).   (NOTE DES TRADUCTEURS).

(*) Ce n'est pas sans raison, que l'auteur allemand s'est servi du mot *Gouvernement*. Il s'agit en effet, ici, non pas de l'hôtel de ville, incendié le 5 septembre 1870, lors du premier bombardement, mais bien de l'hôtel du Gouvernement, ancien château des comtes de Chiny, résidence des commandants de place ou *gouverneurs* de la ville.   (NOTE DES AUTEURS).

NOTE COMPLÉTIVE

SUR LA

CAPITULATION DE MONTMÉDY

(14 décembre 1870).

Les Prussiens ayant opposé des fins de non-recevoir aux premiers émissaires français, qui s'étaient présentés à leurs avant-postes pendant la soirée du 13 décembre, deux parlementaires, le commandant Reboul, accompagné du capitaine Simon, furent députés à Iré-le-Sec par le commandant supérieur pour traiter de la reddition de la ville. Les conditions en furent discutées au presbytère d'Iré-le-Sec, entre le commandant Reboul d'une part et deux officiers de hussards prussiens d'autre part.

Le projet, une fois rédigé, fut porté à Montmédy, où il fut soumis à l'approbation du commandant supérieur Tessier, tandis qu'il était présenté en même temps au général von Kamecke par les officiers prussiens. Ayant été ratifié de part et d'autre, le texte de la capitulation fut transcrit en double copie : l'une signée d'abord à Montmédy par le commandant Tessier, reçut à Louppy la signature du général en chef prussien qui la garda. L'autre fut portée non signée à Louppy, où elle reçut la signature du général von Kamecke, et ensuite remise par le parlementaire français au commandant Tessier, qui la revêtit à son tour de sa signature et la conserva.

TABLE DES MATIÈRES

		PAGES.
Avant-Propos		III
Introduction		1
Chapitre Ier.	Les préliminaires de la campagne	7
	La déclaration de guerre	7
	L'entrée en campagne	15
	Les Prussiens dans la Meuse	55
	Beaumont-Sedan	79
Chapitre II.	Premier bombardement de Montmédy et épisodes qui l'ont précédé (du 1er au 5 septembre 1870)	89
Chapitre III.	Montmédy entre les deux bombardements (du 6 septembre au 15 novembre 1870)	123
	Surprise de Stenay	157
Chapitre IV.	Siège et investissement de Montmédy (du 15 novembre au 11 décembre 1870)	177
Chapitre V.	Deuxième bombardement de Montmédy. Capitulation de la place (12, 13 et 14 décembre 1870)	231
Chapitre VI.	Montmédy pendant l'occupation allemande	284
	L'armistice	305
	La paix	309
	La libération	351
Épilogue		367
Appendice		366
	1° Noms et qualités des enfants de Montmédy tués pendant la campagne 1870-1871	369
	2° Noms et qualités des soldats et bourgeois tués pendant le siège ou morts de suites de blessures ou maladies épidémiques	370
	3° Liste des distinctions et avancements conférés à la suite du siège de Montmédy	375
Notes diverses		377
	I. Montmédy au point de vue militaire	377
	II. Réfutation de calomnies prussiennes	387
Pièces justificatives		393
Note complétive sur la capitulation de Montmédy		407
Errata		409
Table des matières		411

MONTMÉDY

IMPRIMERIE DE Ph. PIERROT-CAUMONT.

En vente chez PÉTRÉ

LIBRAIRE-PHOTOGRAPHE A MONTMÉDY (VILLE-HAUTE).

PHOTOGRAPHIES DES RUINES DE MONTMÉDY

comprenant plusieurs vues différentes

1º et 2º Hôtel de ville et Sous-Préfecture (2 aspects);
3º Hôtel du Gouvernement avec les restes de l'arsenal, etc.
4º L'Église;
5º Le pont-levis, ou entrée de la forteresse;
6º Brèche faite au rempart par l'explosion d'une mine.

Vue de Montmédy, ensemble extérieur
ET DIFFÉRENTS PAYSAGES ET MONUMENTS DES ENVIRONS DE MONTMÉDY.
Ces vues sont faites en différentes grandeurs.

1º Sur format carte, à .... 0 fr. 60
2º Sur format demi-plaque, à........ 2 »
3º Sur format plaque entière, à..... 3 »

Notice sur Montmédy, in-8º avec plans et gravures, par RAGOT, prix : 2 fr.

EN VENTE

aux bureaux du JOURNAL DE L'ARRONDISSEMENT DE MONTMÉDY.

Notice sur les plantes vénéneuses de l'arrondissement de Montmédy, par Ph. PIERROT, in-18 jésus, prix : 1 fr.

Journal de Montmédy, paraissant deux fois la semaine. Prix : 10 fr. par an, et 5 fr. 50 pour six mois (Meuse et départements limitrophes);

12 Fr. par an, et 7 fr. pour six mois, pour le reste de la France et l'Algérie;

14 Fr. par an pour la Belgique.

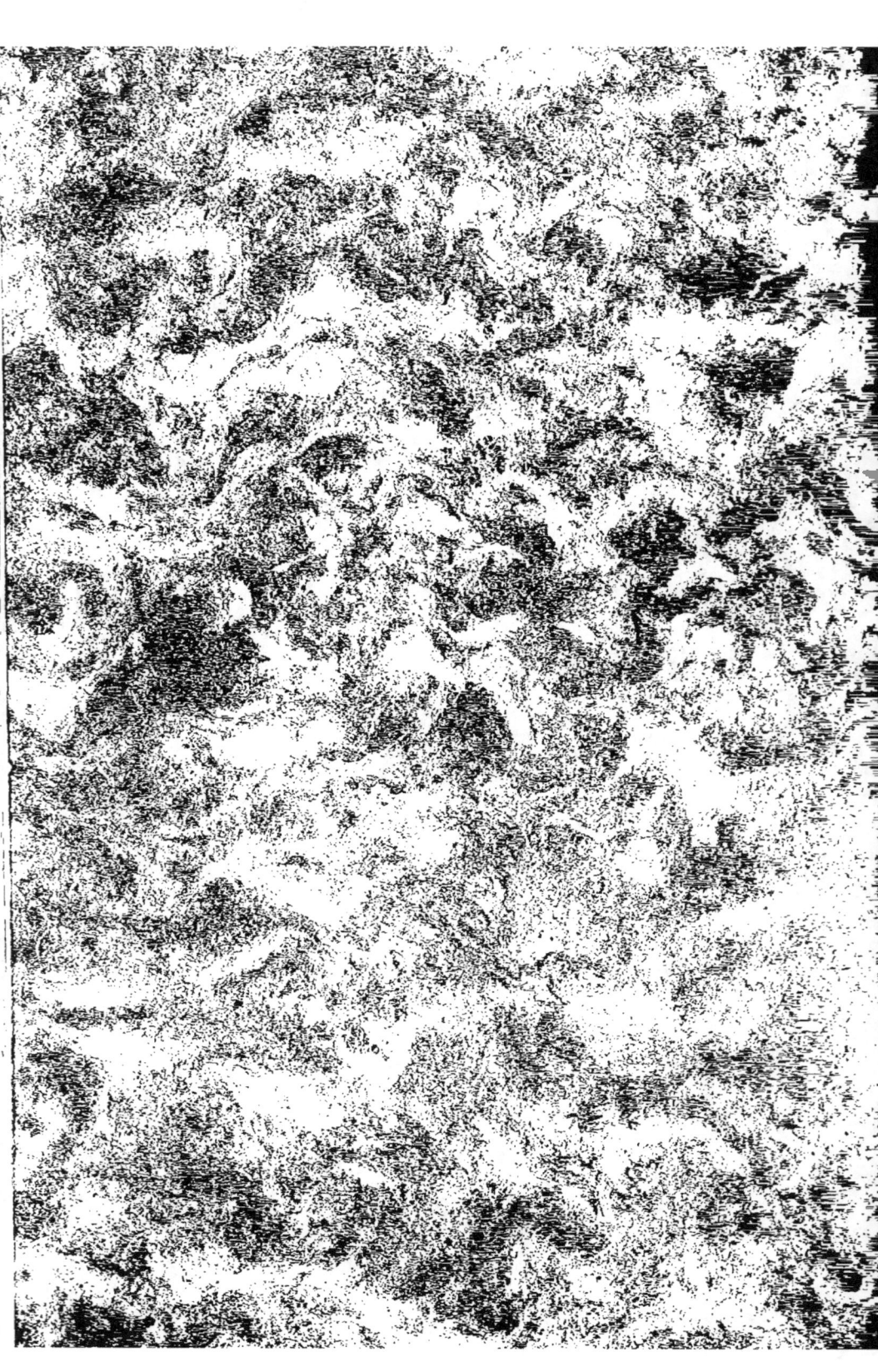

www.ingramcontent.com/pod-product-compliance
Lightning Source LLC
Chambersburg PA
CBHW060935230426
43665CB00015B/1950